大学体育与健康教程

李 清 王晓东 朱丽莉 主 编

北京体育大学出版社

策划编辑：李志诚　郑　谦
责任编辑：仝杨杨
责任校对：贾　婷
版式设计：水分子

图书在版编目（CIP）数据

大学体育与健康教程 / 李清，王晓东，朱丽莉主编
. — 北京：北京体育大学出版社，2023.8（2025.7 重印）
ISBN 978-7-5644-3827-2

Ⅰ. ①大… Ⅱ. ①李… ②王… ③朱… Ⅲ. ①体育－高等学校－教材②健康教育－高等学校－教材 Ⅳ. ① G807.4 ② G647.9

中国国家版本馆 CIP 数据核字（2023）第 079191 号

大学体育与健康教程
DAXUE TIYU YU JIANKANG JIAOCHENG　　李　清　王晓东　朱丽莉　主　编

出版发行：北京体育大学出版社
地　　址：北京市海淀区农大南路 1 号院 2 号楼 2 层办公 B－212
邮　　编：100084
网　　址：http://cbs.bsu.edu.cn
发 行 部：010－62989320
邮 购 部：北京体育大学出版社读者服务部 010－62989432
印　　刷：北京昌联印刷有限公司
开　　本：787mm × 1092mm　1/16
成品尺寸：185mm × 260mm
印　　张：16.25
字　　数：400 千字
版　　次：2023 年 8 月第 1 版
印　　次：2025 年 7 月第 5 次印刷
定　　价：45.00 元

编 委 会

前言 Preface

习近平总书记在2022年4月召开的北京冬奥会、冬残奥会总结表彰大会上发表重要讲话，强调要坚持以增强人民体质、提高全民族身体素质和生活质量为目标，高度重视并充分发挥体育在促进人的全面发展中的重要作用，继续推进体育改革创新，加强体育科技研发，完善全民健身体系，增强广大人民群众特别是青少年体育健身意识，增强我国竞技体育的综合实力和国际竞争力，加快建设体育强国步伐。党的二十大报告在“推进文化自信自强，铸就社会主义文化新辉煌”部分提出，“促进群众体育和竞技体育全面发展，加快建设体育强国”，为我国的体育事业发展指明了方向；在“增进民生福祉，提高人民生活品质”部分提出，“把保障人民健康放在优先发展的战略位置，完善人民健康促进政策”，表明了国家对人民健康的重视。

大学体育课程是大学课程的重要组成部分，是以身体练习为主要手段，以传授科学的体育与健康知识、增进学生的身体健康、提高学生的素养为主要目标的公共必修课程。它是实施素质教育、培养高素质和高技能人才不可或缺的重要途径。大学体育课程作为高等院校的重要课程，不仅具有立德树人、促进身心健康、增强社会适应能力、提升综合职业能力等价值，更重要的是在教学中紧密结合职业需求，对学生进行针对性培养，使学生在日后的工作生活中能更好地适应社会发展。

为了满足普通高校教育快速发展的需要，经过长期调研，依据《国家中长期教育改革和发展规划纲要（2010—2020年）》的指导精神并结合教育部发布的《关于深化教学改革，培养适应21世纪需要的高质量人才的意见》，根据普通高校教育人才培养目标及要求，结合普通高校体育教学特点与教学实践，针对普通高校学生的实际情况，我们编写了本教材。

本教材分为理论篇和实践篇。其中，理论篇包括体育概论、运动与健康、运动处方、运动与营养，实践篇包括足球、篮球、排球、乒乓球、羽毛球、网球、健美操、啦啦操、体育舞蹈、健美运动、瑜伽、武术、飞盘运动、体育与生存。

本教材符合普通高校学生的身心特点和认知规律，遵循体育课程建设的客观规律，在体育教学中立足“三维健康观”，运用人体科学、教育科学、生命科学和社会科学等理论知识，具有时代性和职业性，不仅有利于提高学生的体能素质、职业技能、生活质量、文化内涵与人文素养，还有利于促进学生身心健康。本教材中的基本技术包含了简单易行的练习方法，并指出了技术要点，便于学生更好地学习。本教材中的各类练习方法不仅适合初学者，也适合进阶的爱好者。每个人都可以从中找到所需的练习方法来提升技能。本教材语言简洁凝练、结构系统明了、知识点丰富，具有科学性、系统性、实用性、时效性等显著特点。本教材既可作为各高校教材，也可作为从事相关工作的人员的参考用书。

对于为本教材的编写提供资料的老师，编者在此表示诚挚的谢意！由于编写人员的水平有限，不妥之处在所难免，敬请读者指正。

目录 Contents

理论篇

实践篇

理论篇

第一章　体育概论

第一节　体育的概念与分类

一、体育的概念

体育是一种复杂的社会文化现象，它是以身体与智力活动为基本手段，根据人体生长发育、技能形成和机能提高等规律，以全面发展身体素质与提高教育水平、增强体质与提高运动能力、改善生活方式与提高生活质量、丰富社会文化生活和促进精神文明建设为目的的一种有意识、有目的、有组织的社会活动。它既受一定的政治、经济条件的制约，也为一定的政治、经济发展服务。

随着国际交往的扩大，体育事业发展的规模和水平成为衡量一个国家、社会发展进步的一项重要标志，也成为国家间外交及文化交流的重要手段。

“体育”一词在含义上也有一个演化过程。它刚传入我国时是指身体的教育，是作为教育的一部分出现的，是一种与维持和发展身体的各种活动相关的教育过程，与国际上理解的“体育”是一致的。随着社会的进步和体育事业的不断发展，体育的目的和内容都远远超出了原来“体育”的范畴，体育的概念也出现了广义与狭义的解释。广义的体育一般是指体育运动，其包括了体育教育、竞技运动和身体锻炼3个方面。狭义的体育一般是指体育教育，即以身体活动为媒介，以谋求个体身心健康、全面发展为直接目的，以培养完善的社会公民为终极目标的一种社会文化现象或教育过程。体育的这一定义既说明了它的本质属性，又指出了它的归属范畴，同时把它与其邻近或相似的社会文化现象区别开来。体育的概念并不是一成不变的，随着社会的发展和进步，对体育的认识也将有所发展。

二、体育的分类

体育可分为竞技体育、学校体育、群众体育、娱乐体育、医疗体育、军队体育等不同种类。

（一）竞技体育

竞技体育是指为了战胜对手，取得优异的运动成绩，最大限度地发挥和提高个人或集体在体格、体能、心理及运动能力等方面的潜力所进行的科学的、系统的训练与竞赛。竞技体育必须在公平竞争的情况下完成。竞技体育包含运动训练和运动竞赛两种形式。

远在公元前700多年的古希腊时代，就出现了赛跑、投掷、角力等项目，发展至今已有数百种之多。普遍开展的项目有田径、体操、篮球、排球、足球、乒乓球、羽毛球、举重、游泳、自行车等。各国、各地区也有自己特殊的民族传统体育项目，如中国的传统武术，东南亚地区的藤球、卡巴迪等。竞技体育的发展与国家、地区的政治、经济、文化教育、科学技术密切相关。

（二）学校体育

学校是体育教学与体育活动开展的主要领域。学校体育是教育的组成部分，是全面发展身体素质、增强体质、传授体育知识与技能、提高运动技术水平、培养道德和意志品质的有目的、有计划、有组织的教育过程。

（三）群众体育

群众体育是指为了娱乐身心、增强体质和培养体育后备人才，在社会上广泛开展的体育活动的总称，也称“社会体育”和“大众体育”。群众体育包括职工体育、农民体育、社区体育、老年人体育、妇女体育、伤残人体育等。群众体育的主要形式有锻炼小组、运动队、辅导站、体育之家、体育活动中心、体育俱乐部、棋社以及个人自由体育锻炼等。开展群众体育应遵循因人、因地、因时制宜和业余、自愿、小型、多样、文明的原则。广泛开展群众体育是发挥体育的社会功能、提高民族素质和完成体育任务的重要途径。

（四）娱乐体育

娱乐体育是指在闲暇或特定时间所进行的一种以愉悦身心为目的的体育活动。娱乐体育具有业余性、消遣性、文娱性等特点。娱乐体育的内容包括球类游戏、活动性游戏、旅游类活动、棋类活动以及民族传统体育活动等。按活动的组织方式分类，娱乐体育可分为个人的、家庭的和集体的；按活动条件分类，娱乐体育可分为室内的、室外的；按竞争性分类，娱乐体育可分为竞赛性的和非竞赛性的；按经营方式分类，娱乐体育可分为商业性的和非商业性的；按参加活动的方式分类，娱乐体育可分为观赏性的和运动性的。开展娱乐体育，有益于身心健康、陶冶情操、培养高尚品格。

（五）医疗体育

医疗体育是指运用体育手段治疗某些疾病与创伤，恢复和改善机体功能的一种医疗方法。医疗体育一般不受时间、地点、设备条件的限制。

（六）军队体育

军队体育是指部队官兵通过各种身体练习，以增强体质、提高运动技术水平、丰富业余生活、提高部队战斗力等有目的、有计划、有组织的实践活动。

第二节 体育的产生与发展

体育作为人类文化的重要组成部分是随着人类社会的发展而逐渐形成和发展起来的。根据史学家和考古学家的研究，人类早在原始时代就把走、跑、跳跃、投掷、攀登、爬越等作为基本的生产劳动和日常生活的技能与本领传授给下一代。这是人类教育的萌芽，也是体育的萌芽。

体育的发展与教育、军事、科学技术的发展，以及人们的宗教活动、休闲娱乐活动有着密切的关系。

体育的发展大致经过了以下3个时期，即原始的体育萌芽时期、自觉从事体育时期、形成与完善体育制度时期。经过这3个时期，逐步形成了现代体育体系，其中竞技体育的发展更是推动现代体育发展的主要动力。

中国是一个文明古国，拥有5000多年的文明史。体育运动自古就有，早在春秋时期，中国就已出现角抵、击剑、射、御等体育活动。而汉唐以来，捶丸、投壶、剑术、弓矢、击壤等体育活动层出不穷，如摔跤、拔河、秋千、马球与蹴鞠，女子也有参加。这些体育活动到明清之际仍有所发展。至于拔河、秋千等体育活动则历久不衰。

武术是中华优秀传统文化中的瑰宝，是传统的健身项目，几千年来源远流长；骑马、射箭、摔跤、钓鱼、龙舟、棋类等体育活动也流传广泛。

拓展阅读

体 育 颂

顾拜旦

啊，体育，天神的欢娱，生命的动力！你猝然降临在灰蒙蒙的林间空地，受难者激动不已，你像是容光焕发的使者，向暮年人微笑致意。你像高山之巅出现的晨曦，照亮了昏暗的大地。

啊，体育，你就是美丽！你塑造的人体变得高尚还是卑鄙，要看它是被可耻的欲望引向堕落，还是由健康的力量悉心培育。没有匀称协调，便谈不上什么美丽。你的作用无与伦比，可使二者和谐统一；可使人体运动富有节律；使动作变得优美，柔中含有刚毅。

啊，体育，你就是正义！你体现了社会生活中追求不到的公平合理。任何人不可超过速度一分一秒，逾越高度一分一厘，取得成功的关键，只能是体力与精神融为一体。

啊，体育，你就是勇气！肌肉用力的全部含义是勇于搏击。若不为此，敏捷、强健有何用？肌肉发达有何益？我们所说的勇气，不是冒险家押上全部赌注似的蛮干，而是经过慎重的深思熟虑。

啊，体育，你就是荣誉！荣誉的赢得要公正无私，反之便毫无意义。有人要弄见不得人的诡计，以此达到欺骗队友的目的。但他内心深处受着耻辱的绞缢。有朝一日被人识破，就会落得名声扫地。

啊，体育，你就是乐趣！想起你，内心充满欢喜，血液循环加剧，思路更加开阔，条理更加清晰。你可使忧伤的人散心解闷，你可使快乐的人生活更加甜蜜。

啊，体育，你就是培育人类的沃地！你通过最直接的途径，增强民族体质，矫正畸形躯体，防病患于未然，使运动员得到启迪；让后代长得茁壮有力，继往开来，夺取桂冠的荣誉。

啊，体育，你就是进步！为了人类的日新月异，身体和精神的改变要同时抓起，你规定良好的生活习惯，要求人们对过度行为引起警惕。你告诉人们遵守规则，发挥人类最大的能力而又无损健康的肌体。

啊，体育，你就是和平！你在各民族间建立愉快的联系。你在有节制、有组织、有技艺的体力较量中产生，使全世界的青年学会相互尊重和学习，使不同民族特质成为高尚而公平竞赛的动力！

思考与练习

1. 简述广义体育与狭义体育的概念。
2. 简述体育的分类。
3. 简述体育的产生与发展。

第二章　运动与健康

健康是人类的基本需求之一，是人类生存和发展的基本条件，也是创造社会物质文明和精神文明的基础。对于健康的理解，长期以来人们普遍认为“健康就是没有疾病，有疾病就是不健康”。但其实早在古代，我国的中医理论就以阴阳五行学说提出了“阴平阳秘，精神乃治”“天人合一”的整体健康观。现代社会，随着医学科学、社会学的发展，健康的概念越来越全面。现代健康观中健康已不再仅仅指无病，除身体健康外，还需要精神上有一个良好的状态。人的精神状态、心理状态和行为举止对自己、对他人、对社会都有影响，所以更深层次的健康观还应包括人的心理、行为的正常和社会道德规范，以及环境因素的完美。可以说，健康的含义是多元的、相当广泛的。

第一节　健康的定义

一、世界卫生组织对健康的定义

世界卫生组织对健康的定义：健康乃是一种在身体上、精神上的完满状态，以及良好的适应力，而不仅仅是没有疾病和衰弱的状态。这就是人们所指的身心健康，也就是说，一个人只有在身体健康、心理健康、社会适应良好和道德健康4个方面都健全，才是完全健康的人。

（一）身体健康

身体健康一般指人体生理的健康。

（二）心理健康

心理健康一般有以下3个方面的标志。

（1）人格完整，自我感觉良好，情绪稳定，积极情绪多于消极情绪，有较强的自控能力，能保持心理上的平衡；自尊、自爱、自信以及有自知之明。

（2）一个人在自己所处的环境中，有充分的安全感，且能保持正常的人际关系，能受到他人的欢迎和信赖。

（3）对未来有明确的生活目标，能切合实际地不断进取，有理想和事业的追求。

（三）社会适应良好

社会适应良好指一个人的心理活动和行为能适应当时复杂的环境变化，为他人所理解，为大家所接受。

（四）道德健康

道德健康最主要的是不以损害他人利益来满足自己的需要，有辨别真伪、善恶、荣辱、美丑等是非观念，能按社会规范的准则约束、支配自己的行为，能为人类的幸福做贡献。

二、世界卫生组织提出的健康的10条标准

（1）精力充沛，能从容不迫地应对日常生活和工作的压力而不感到过分紧张。

（2）处事乐观，态度积极，乐于承担责任，事无巨细，不挑剔。

（3）善于休息，睡眠良好。

（4）应变能力强，能适应环境的各种变化。

（5）能够抵抗一般性感冒和传染病。

（6）体重得当，身材均匀，站立时，头、肩、臂位置协调。

（7）眼睛明亮，反应敏捷，眼睑不发炎。

（8）牙齿清洁，无龋齿，无痛感；牙龈颜色正常，不出血。

（9）头发有光泽，无头皮屑。

（10）肌肉、皮肤富有弹性，走路轻松有力。

思政课堂

党的二十大报告提出：“人民健康是民族昌盛和国家强盛的重要标志。把保障人民健康放在优先发展的战略位置，完善人民健康促进政策。”

第二节　运动与健康的关系

随着现代社会的发展，健康越来越受到人们的关注。受环境污染、营养过剩、运动不足等的影响，人体的健康越来越难以保证。人们正在寻找新的方式来促进身体健康，而运动锻炼成了目前人们关注的焦点，全国各地正积极开展全民健身运动。

一、运动锻炼对心血管系统的影响

心血管系统由心脏、血管（动脉血管、静脉血管和毛细血管）和血液组成。血管是血液流通的渠道，遍布人体全身。血液的主要机能是运输营养物质和氧气，排出代谢产物。血液在心血管中周而复始地流动称为血液循环。人们经常参加运动锻炼对心血管系统的影响主要体现在以下几个方面。

（1）经常参加运动锻炼可以增强心血管系统的机能。

运动锻炼能够促进心肌增厚，增加心肌纤维中收缩蛋白和肌红蛋白的含量，使

心肌中的毛细血管大量增生，使心脏的质量、容量、横断面等有所增大。运动锻炼能够使心肌强壮有力，心搏徐缓，心肌收缩力增大和每搏输出量增多，使心脏机能得以增强。脉搏降低可使心肌在每次收缩后都有一段较长的时间休息，为参加剧烈运动提供了很大的心力储备。经常参加运动锻炼的人群，活动开始后能迅速使心血管系统进入工作状态，以满足运动的需要；在超负荷的运动中，心血管系统可以发挥最大的机能潜力，充分调动人体的储备力量；运动后心血管系统可以快速恢复到安静状态时的水平。

（2）经常参加运动锻炼能够改善血液成分，增加红细胞的数量和血红蛋白的含量，增加白细胞分类中淋巴细胞的数量。一般人每毫升血液中红细胞的数量，男子为400万~550万个，女子为350万~500万个；而经常参加锻炼的人可以达到600万~650万个。一般人每100毫升血液中血红蛋白的含量，男子为12~16克，女子为11~15克；而经常参加锻炼的人，无论男女均可以达到16~17克，甚至更多。一般人与经常参加运动锻炼的人的白细胞数基本相同，但后者的白细胞分类中的淋巴细胞较多，淋巴细胞会产生一种球蛋白免疫物质，它能抵御侵入人体的细菌、毒素，起到免疫作用。

（3）经常参加运动锻炼，可以增加血浆中缓冲物质的含量，提高血液对运动后产生的酸性物质的缓冲能力。血液中有数对具有缓冲作用的物质，其中最为重要的是碳酸和碳酸氢钠这一对。当组织代谢产生的酸性物质进入血液后，碳酸氢钠将这些酸性物质中和成弱酸，弱酸再转化成二氧化碳，由呼吸系统排出体外。

（4）经常参加运动锻炼，可以预防心血管疾病。

二、运动锻炼对运动系统的影响

人体运动系统主要由骨骼、肌肉和关节3个部分组成。骨骼是人体内部最坚固的结构，由骨组织、疏松结缔组织、神经组织等构成。骨骼在有机体生活中起机械作用。正常人体有206块骨头。关节是连接骨与骨的枢纽，主要结构有关节面、关节囊和关节腔。关节可分为单轴关节、双轴关节、多轴关节。肌肉是运动系统的主要组成部分，它附着在骨骼之上，收缩引起运动。肌肉由肌纤维、血管和神经以及筋膜、腱鞘等辅助结构构成。肌肉按形状可以分为长肌、短肌、轮匝肌和阔肌等几种类型。经常参加运动锻炼对运动系统的影响主要包括以下几个方面。

（1）经常参加运动锻炼能够促进骨骼的生长发育。运动锻炼能使骨骼的结构及性能产生良性变化，增强骨骼的坚固性，主要表现为骨密质增厚、骨骼变粗、骨小梁排列更加规则。少年儿童时期是骨骼软骨发育旺盛的时期，尤其是在11~12岁和15~16岁两个时期，骨骼加速生长。这两个时期如经常参加运动锻炼，可刺激骨骼加速生长。

（2）经常参加运动锻炼能够增强关节的稳固性和灵活性。任何动作都离不开关节的配合与支持。有的动作要求关节具有很大的活动幅度才能完成，有的动作则需要关节非常稳固地固定在某一角度。经常参加运动锻炼可以加强关节周围肌肉的力量，提高关节周围韧带和肌肉的伸展度，从而扩大关节的活动幅度，增强关节的稳固性和灵活性。

（3）经常参加运动锻炼能够使肌肉变得更加粗壮、结实。经常参加运动锻炼能使肌肉的力量加强，新陈代谢旺盛，毛细血管开放的数量大大增加。随着血液循环加快，人体对各种营养物质的吸收与储存能力增强，肌肉横断面增大，肌肉变得粗壮、结实。

（4）运动锻炼可以消除多余脂肪，预防肥胖症。

三、运动锻炼对神经系统的影响

神经系统是人体中一个十分复杂和重要的功能系统，它由中枢神经（脑和脊髓）及与之相连的周围神经所组成。人体的一切活动，其本质都是神经系统的反射活动，是经过感知—分析—判断—做出反应这个过程来完成的。经常参加运动锻炼对神经系统的影响主要包括以下几个方面。

（1）经常参加运动锻炼有助于改善和提高神经系统的反应能力。经常参加运动锻炼可以改善和提高神经系统的反应能力，使之更加灵活、准确、协调。一般来说，经常参加运动锻炼的人，大脑神经系统的反应快、敏捷性强。不常参加运动锻炼的人，一般反应时长为0.4秒，而经常参加运动锻炼的人反应时长为0.1~0.3秒。对于简单信号的反应速度，一般人为217.5毫秒，经常参加运动锻炼的人为161.5毫秒；对于复杂信号的反应速度，一般人为327.5毫秒，而经常参加运动锻炼的人仅为248.7毫秒。

（2）经常参加运动锻炼有助于消除大脑的疲劳，提高学习和工作效率。经常参加运动锻炼能诱导脑源性神经营养因子增加，有效地消除大脑的疲劳，提高学习和工作效率。神经系统由神经细胞构成，其活动是依靠神经细胞的兴奋、抑制过程不断相互转换、相互平衡来实现的。脑源性神经营养因子是维持脑神经元的正常生理机能的重要因子。当人在一定的脑力劳动强度下出现疲劳、头昏脑涨和效率降低的现象时，就说明人相应的细胞需要休息了。消除疲劳的方法通常有两种：第一种是静止性（消极）休息，主要通过睡眠，使脑细胞产生广泛抑制，从而使已经疲劳的脑细胞恢复机能；第二种是活动性（积极）休息，主要通过一定的户外活动，使大脑皮层不同功能的细胞产生兴奋与抑制过程相互诱导，从而使脑细胞得到交替休息。

（3）经常参加运动锻炼有助于预防和帮助治疗神经衰弱。神经衰弱一般是指长期长时间用脑，不注意休息，使大脑皮层兴奋、抑制长时间失衡而引起的神经系统机能下降的一种功能性疾病，经常参加运动锻炼不仅可以有效地预防和帮助治疗神经衰弱，还可以使大脑皮层的兴奋与抑制经常保持平衡状态，及时消除大脑的疲劳。

四、运动锻炼对呼吸系统和消化系统的影响

呼吸系统由交换气体的肺和输送气体的呼吸道组成。其中，呼吸道由鼻、咽、喉、气管和支气管组成，并以骨或软骨为支架，使管道通畅，以利于呼吸。在运动时，肌肉活动需要消耗大量的养料和氧气，以供应运动时所需要的能量，同时产生大量二氧化碳并排出体外，从而增强呼吸系统的功能。经常参加运动锻炼对呼吸系统的影响主要包括以下几个方面。

（1）经常参加运动锻炼，可以促使呼吸肌（主要是膈肌和肋间外肌）发达有力，使胸廓活动范围增大，肺活量、最大通气量增加，使机体能承担大强度、大运动量的活动。

（2）经常参加运动锻炼，可以提高有效呼吸量。在呼吸过程中，会出现慢而深的呼

吸，这种慢而深的呼吸有很大的优点，它既能保证肺有足够的通气量，又可以使呼吸肌有较长时间休息，不易疲劳。呼吸系统机能的改善，还能提高人体在缺氧状态下活动的耐受能力。

（3）经常参加运动锻炼，有助于预防呼吸道疾病。运动锻炼不仅能使新陈代谢旺盛，心肺功能增强，还能使呼吸道的毛细血管更加密实，上皮细胞的纤毛活动和肺内白细胞的吞噬能力得到增强，减少感染的机会，预防呼吸道疾病。

消化系统包括消化管和消化腺。其中，消化管由口腔、咽、食管、胃、大肠、小肠和肛门组成，消化腺由唾液腺、胃腺、胰腺、肝脏、肠腺等组成。消化腺分泌各种消化液，消化液中主要含有各种消化酶。消化酶将食物中的糖、脂肪、蛋白质水解成可以吸收的简单物质，如把淀粉分解为葡萄糖，把脂肪分解为甘油和脂肪酸，把蛋白质分解为氨基酸，这些物质大部分由小肠吸收而进入人体。食物在消化管内分解的过程称为消化。食物经过消化后通过消化管进入血液循环的过程称为吸收。运动锻炼能提高迷走神经的紧张性，促进胃肠道运动和消化液的分泌，从而改善消化机能，使运动者吸收和储存更多的营养供机体使用。同时，经常参加运动锻炼能增强腹肌，强化消化道的平滑肌，使腹腔内的消化器保持正常的位置，预防内脏下垂和便秘。良好的消化系统是人体新陈代谢正常进行的保证。实践证明，经常参加运动锻炼的人对食物中的营养吸收得更好，不至于热能过剩转化成脂肪储存于体内使人发胖。需要特别注意的是，运动锻炼时由于交感神经的兴奋，迷走神经的抑制，消化液分泌会大大减少，所以在饭前或饭后的半小时内都不宜做剧烈运动。

五、运动锻炼对发展身体素质和提高人体基本活动能力的影响

人的一切活动（包括日常生活中的行动、劳动和体育运动）都是不同形式的肌肉活动。人体在进行各种活动时，必然会出现力量的大小、速度的快慢、持续时间的长短、关节活动幅度的大小、韧带柔韧度的大小等，这都是身体素质在人体上的充分体现。身体素质就是人体在体育活动中表现出的各种能力，包括力量、速度、耐力、柔韧和灵敏等。身体素质是在先天的基础上和后天的劳动、运动中发展起来的。对于现代人而言，经常参加运动锻炼，能强健四肢，增强内脏器官的功能，发展身体素质，使人有一个健康的体魄，以保证生活和学习的顺利进行。

（一）发展力量素质

人体的所有运动几乎都是对抗阻力而发生的，所以力量在人们的生活和各项运动中都是非常重要的身体素质。经常参加运动锻炼的人，肌肉发生形态改变的同时，内在条件也会发生一系列的变化，如神经系统调节机能改善、肌肉中毛细血管开放的数量增加、三磷酸腺苷酶活性提高、储氧能力增强等，这些都有助于肌肉力量的增强。例如，经过良好的力量锻炼的人，随意做大块肌肉收缩时，肌肉中90%的肌纤维都能在一瞬间收缩并发挥出很大的力量；而没有经过力量锻炼的人，只有60%的肌纤维在收缩，所以其力量不如经常参加力量锻炼的人。

（二）发展速度素质

速度素质是指人体进行快速运动的一种能力，其表现形式有反应速度、动作速度以

及位移速度。反应速度是人体对各种刺激信号做出反应的快慢，如起跑快慢、球场上的应变速度等。动作速度是完成单个动作或成套动作时间的长短，如投掷出手的速度、跳远踏跳的速度等，取决于肌肉收缩的速度。位移速度是在周期性运动中人体通过一定距离的时间，如跑速等。位移速度包括加速度和最高速度两个因素。运动锻炼能促进大脑皮层神经兴奋、抑制过程的转换，使神经系统有较高的灵活性，即兴奋、抑制过程的转换快，从而使肌肉的收缩和放松交替迅速，加快了动作频率，提高了反应速度，缩短了完成单个动作的时间。另外，运动锻炼使体内能量物质储备增加，无氧代谢过程加强，三磷酸腺苷无氧分解及再合成能力提高，中枢神经对缺氧的耐受能力加强。

（三）发展耐力素质

耐力素质是指人体在尽可能长的时间内进行肌肉活动的能力，也指人体抵抗疲劳的能力。耐力可分为一般耐力、速度耐力、力量耐力和静力性耐力。耐力素质是健康身体的必备条件。

耐力运动锻炼对发展身体素质和提高人体基本活动能力的影响主要包括以下几个方面。

（1）坚持耐力运动锻炼可使大脑皮层长时间保持兴奋与抑制有节律地转换，使大脑皮层神经过程的均衡性得到改善，使神经系统的工作能力得到提高，使支配肌肉活动的各运动中枢之间的协调性得到改善。

（2）耐力运动锻炼可使心脏容积增大而心率降低，使心肌肥厚有力，提高每搏输出量。

（3）经过耐力运动锻炼，肺内和肌肉中的毛细血管增加，使肺表面与血液之间进行更多的气体交换。

（4）经过耐力运动锻炼，血液量增加与毛细血管增加大致成正比。血液量增加了，循环系统运输的能力也就提高了。

（5）耐力运动锻炼可使血压保持稳定，运动后血压能很快恢复到安静水平。

（6）耐力运动锻炼能增强呼吸肌的力量和耐力，并使肺内容积增大，实现更多的气体交换。因此，耐力运动锻炼可使平时呼吸频率变慢，在进行繁重工作时，呼吸频率增加得也不多，工作后能很快恢复到安静状态。

（7）耐力运动锻炼提高了肌肉工作的效率，肌肉能以较少的能量完成定量负荷。

（8）耐力运动锻炼使肌肉及肝脏中储存的能量物质增多，肌肉能长时间坚持工作。

（四）发展灵敏、柔韧素质

灵敏素质是指人体在变化的条件下表现出来的对动作的准确、协调、机敏、易变的操纵能力和迅速改变身体或某一部位运动方向的能力。一个人的年龄、性别、体重及速度、力量、柔韧等素质水平以及身体的疲劳程度对灵敏素质有直接影响。灵敏素质是各种素质在运动中的综合表现。也就是说，经常参加运动锻炼，身体素质会全面提高，灵敏素质自然也会提高。

柔韧素质是各关节完成大幅度运动的能力。影响柔韧素质的因素有4点：①关节的形态和机能结构；②关节周围的体积；③关节的韧带、肌腱、肌肉的伸展性；④天气的冷热、不同的时间，如中午柔韧性比早上好，锻炼40~60分钟后柔韧性比锻炼前好。经常参加运动锻炼可以使关节的活动幅度加大，使肌肉活动的协调性增强，这些都有助于柔韧素质的发展。

（五）提高人体基本活动能力

基本活动能力是指人的各种基本技能，如走、跑、跳、投掷、攀登、爬越、翻转、支撑、腾越等。这些技能是人类生活中的基本动作，都是人们在生活实践中学会，并在体育活动中加以发挥和改进的。

总而言之，人的身体素质和基本活动能力是随着不断参加运动锻炼而提高的。

思政课堂

党的二十大报告提出：“广泛开展全民健身活动，加强青少年体育工作，促进群众体育和竞技体育全面发展，加快建设体育强国。”

第三节　大学生体质健康评价

一、实施说明

《国家学生体质健康标准（2014年修订）》（以下简称《标准》）是国家学校教育工作的基础性指导文件和教育质量基本标准，是评价学生综合素质、评估学校工作和衡量各地教育发展的重要依据，是《国家体育锻炼标准》在学校的具体实施，适用于全日制普通小学、初中、普通高中、中等职业学校、普通高等学校的学生。

《标准》从身体形态、身体机能和身体素质等方面综合评定学生的体质健康水平，是促进学生体质健康发展、激励学生积极进行身体锻炼的教育手段，是学生发展核心素养体系和学业质量标准的重要组成部分，是学生体质健康的个体评价标准。

《标准》将适用对象中高校部分大学一、二年级划分为一组，三、四年级划分为一组。大学各组别的测试指标均为必测指标。其中，身体形态类中的身高、体重，身体机能类中的肺活量，以及身体素质类中的50米跑、坐位体前屈、立定跳远为各年级大学生共性指标。

《标准》的学年总分由标准分与附加分构成，满分为120分。标准分为各单项指标得分与权重乘积之和，满分为100分。附加分根据实测成绩确定，即对成绩超过100分的加分指标进行加分，满分为20分；大学的加分指标为男生引体向上和1000米跑，女生1分钟仰卧起坐和800米跑，各指标加分幅度均为10分。

根据大学生学年总分评定等级：90.0分及以上为优秀，80.0～89.9分为良好，60.0～79.9分为及格，59.9分及以下为不及格。

评价指标与权重见表2–1。

表 2-1 评价指标与权重

测试对象	单项指标	权重 /%
大学各年级	体重指数(BMI)	15
	肺活量	15
	50 米跑	20
	坐位体前屈	10
	立定跳远	10
	引体向上(男)/1 分钟仰卧起坐(女)	10
	1000 米跑(男)/800 米跑(女)	20

注：体重指数（BMI）= 体重（千克）/ 身高 ^{2}（米 ^{2}）。

二、测试方法

(一) 身高

1. 测试目的

测试学生的身高，与体重测试相配合，评定学生的身体匀称度，评价学生生长发育水平及营养状况。

2. 场地器材

身高计。使用前应校对0点，以钢尺测量基准板平面至立柱前面红色刻线的高度是否为10.0厘米，误差不得大于0.1厘米。同时，应检查立柱是否垂直、连接处是否紧密、有无晃动、零件有无松脱等情况，并及时加以纠正。

3. 测试方法

受试者赤足，立正姿势站在身高计的底板上（上肢自然下垂，脚跟并拢，足尖分开约60°）。脚跟、骶骨部及两肩胛区与立柱相接触，躯干自然挺直，头部正直，耳屏上缘与眼眶下缘水平，成绩以厘米为单位，精确到小数点后一位。测试误差不得超过0.5厘米。

(二) 体重

1. 测试目的

测试学生的体重，与身高测试相配合，评定学生的身体匀称度，评价学生生长发育水平及营养状况。

2. 场地器材

杠杆秤或电子体重计。使用前需检验其准确度和灵敏度。准确度要求误差不得超过0.1%，即每100千克误差小于0.1千克。检验方法：以备用的10千克、20千克、30千克标准砝码（或用等重标定重物代替）分别进行称量，检查指标读数与标准砝码误差是否在允许范围内。灵敏度的检验方法：置100克重砝码，观察刻度尺变化，如果刻度抬高了3

毫米或游标向远处移动0.1千克而刻度尺维持水平位，则达到要求。

3. 测试方法

测试时，杠杆秤应放在平坦地面上，受试者赤足，男性受试者身着短裤，女性受试者身着短裤短袖衫，站在秤台中央。读数以千克为单位，精确到小数点后一位。测试误差不得超过0.1千克。

（三）肺活量

1. 测试目的

测试学生的通气功能。

2. 场地器材

电子肺活量计。

3. 测试方法

使用干净的吹嘴。受试者进行一两次较平日深一些的呼吸动作后，更深地吸一口气，向吹嘴处慢慢呼气至不能再呼出为止。每位受试者测一次，以毫升为单位，不保留小数。

（四）50 米跑

1. 测试目的

测试学生速度、灵敏素质及神经系统灵活性的发展水平。

2. 场地器材

50米直线跑道若干条，地面平坦，地质不限，跑道线要清晰。发令旗一面，秒表若干块（一道一表）。秒表使用前应用标准秒表校正，每分钟误差不得超过0.2秒。标准秒表的选定，以北京时间为准，每小时误差不得超过0.3秒。

3. 测试方法

受试者至少两人一组测试，站立式起跑，受试者听到“跑”的口令后开始起跑。发令员在发出口令的同时要摆动发令旗。计时员视旗动开表计时，当受试者的躯干部到达终点线垂直面时停表。记录以秒为单位，精确到小数点后一位。小数点后第二位数按非0进1原则进位，如10.11秒读成10.2秒，并记录。

（五）立定跳远

1. 测试目的

测试学生下肢肌肉爆发力及身体协调能力的发展水平。

2. 场地器材

在沙坑（沙面与地面齐平）或土质松软的平地上进行。起跳线至沙坑近端不得少于30厘米。起跳地面要平坦，不得有坑凹。

3. 测试方法

受试者两脚自然分开站立，站在起跳线后，脚尖不得踩线（最好用线绳做起跳线）。两脚原地同时起跳，不得有垫步或连跳动作。丈量起跳线后缘至最近着地点后缘的垂直距离。每人试跳1次。以厘米为单位，不计小数。

（六）坐位体前屈

1. 测试目的

测试学生在静止状态下的腰、髋等部位可能达到的活动幅度，主要反映这些部位关节韧带和肌肉的伸展性和弹性及学生身体柔韧素质的发展水平。

2. 场地器材

使用坐位体前屈测试仪测量。将仪器放在平坦地面上。测试前用直尺进行校正，即将直尺放在平台上，使游标的上面与平台水平，将游标的刻度调到0位。

3. 测试方法

受试者两腿伸直，两脚平蹬测试仪的脚蹬纵板坐在平地上，两脚分开10～15厘米，上体前屈，两臂伸直向前，用两手中指指尖逐渐向前推动游标，直到不能前推。测试仪的脚蹬纵板内沿平面为0点，向内为负值，向前为正值。记录以厘米为单位，保留一位小数。测试2次，取最好成绩。

（七）800 米跑（女）或 1000 米跑（男）

1. 测试目的

测试学生耐力素质的发展水平，特别是心血管系统、呼吸系统的机能及肌肉耐力。

2. 场地器材

400米、300米或200米田径场跑道，地质不限。也可以使用其他不规则场地，但必须丈量准确，地面平坦。发令旗一面，秒表若干块，秒表使用前需要校正，要求同50米跑。

3. 测试方法

受试者至少两人一组测试，站立式起跑，受试者听到“跑”的口令后开始起跑。发令员在发出口令的同时要摆动发令旗。计时员视旗动开表计时，当受试者的躯干部位到达终点线垂直面时停表。以分·秒为单位记录测试成绩，不计小数。

（八）引体向上（男）

1. 测试目的

测试学生上肢肌肉力量的发展水平。

2. 场地器材

高单杠或高横杠，杠粗以手能握住为准。

3. 测试方法

受试者跳起两手正握杠，与肩同宽成直臂悬垂。静止后，两臂同时用力引体（身体不能有附加动作），上拉到下颌超过横杠上缘为完成一次。记录引体次数。

（九）1 分钟仰卧起坐（女）

1. 测试目的

测试学生腹肌耐力的发展水平。

2. 场地器材

垫子若干块（或代用品），并铺放平坦。秒表若干块，秒表使用前需要校正，要求同50米跑。

3. 测试方法

受试者全身仰卧于垫上，两腿稍分开，屈膝成90°角左右，两手指交叉贴于脑后。队友压住其踝关节，以便固定下肢。受试者起坐时两肘触及或超过两膝为完成一次。仰卧时两肩胛必须触垫。测试人员发出“开始”口令的同时开表计时，记录1分钟内完成次数。1分钟到时，受试者虽已坐起但未触及两膝者不计次数，精确到个位。

三、评分标准

（一）大学生体重指数（BMI）单项评分标准

大学生体重指数（BMI）单项评分标准见表2–2。

表 2–2　大学生体重指数（BMI）单项评分标准

单位：千克 / 米 ^{2}

等级	单项得分	男生	女生
		体重指数	体重指数
正常	100	17.9 ~ 23.9	17.2 ~ 23.9
低体重	80	≤ 17.8	≤ 17.1
超重		24.0 ~ 27.9	24.0 ~ 27.9
肥胖	60	≥ 28.0	≥ 28.0

（二）大学生身体素质评分标准

大学男生身体素质评分标准见表2–3，大学女生身体素质评分标准见表2–4。

表 2–3　大学男生身体素质评分标准

项目		肺活量		50 米跑		坐位体前屈		立定跳远		引体向上		1000 米跑	
单位		毫升		秒		厘米		厘米		次		分·秒	
等级	得分	大一、大二	大三、大四	大一、大二	大三、大四	大一、大二	大三、大四	大一、大二	大三、大四	大一、大二	大三、大四	大一、大二	大三、大四
优秀	100	5040	5140	6.7	6.6	24.9	25.1	273	275	19	20	3'17"	3'15"
	95	4920	5020	6.8	6.7	23.1	23.3	268	270	18	19	3'22"	3'20"
	90	4800	4900	6.9	6.8	19.5	21.5	263	265	17	18	3'27"	3'25"
良好	85	4550	4650	7.0	6.9	19.5	19.9	256	258	16	17	3'34"	3'32"
	80	4300	4400	7.1	7.0	17.7	18.2	248	250	15	16	3'42"	3'40"
及格	78	4180	4280	7.3	7.2	16.3	16.8	244	246	—	—	3'47"	3'45"
	76	4060	4160	7.5	7.4	14.9	15.4	240	242	14	15	3'52"	3'50"
	74	3940	4040	7.7	7.6	13.5	14.0	236	238	—	—	3'57"	3'55"

续表

项目		肺活量		50 米跑		坐位体前屈		立定跳远		引体向上		1000 米跑	
单位		毫升		秒		厘米		厘米		次		分·秒	
等级	得分	大一、大二	大三、大四	大一、大二	大三、大四	大一、大二	大三、大四	大一、大二	大三、大四	大一、大二	大三、大四	大一、大二	大三、大四
及格	72	3820	3920	7.9	7.8	12.1	12.6	232	234	13	14	4'02"	4'00"
	70	3700	3800	8.1	8.0	10.7	11.2	228	230	—	—	4'07"	4'05"
	68	3580	3680	8.3	8.2	9.3	9.8	224	226	12	13	4'12"	4'10"
	66	3460	3560	8.5	8.4	7.9	8.4	220	222	—	—	4'17"	4'15"
	64	3340	3440	8.7	8.6	6.5	7.0	216	218	11	12	4'22"	4'20"
	62	3220	3320	8.9	8.8	5.1	5.6	212	214	—	—	4'27"	4'25"
	60	3100	3200	9.1	9.0	3.7	4.2	208	210	10	11	4'32"	4'30"
不及格	50	2940	3030	9.3	9.2	2.7	3.2	203	205	9	10	4'52"	4'50"
	40	2780	2860	9.5	9.4	1.7	2.2	198	200	8	9	5'12"	5'10"
	30	2620	2690	9.7	9.6	0.7	1.2	193	195	7	8	5'32"	5'30"
	20	2460	2520	9.9	9.8	-0.3	0.2	188	190	6	7	5'52"	5'50"
	10	2300	2350	10.1	10.0	-1.3	-0.8	183	185	5	6	6'12"	6'10"

表 2-4　大学女生身体素质评分标准

项目		肺活量		50 米跑		坐位体前屈		立定跳远		1 分钟仰卧起坐		800 米跑	
单位		毫升		秒		厘米		厘米		次		分·秒	
等级	得分	大一、大二	大三、大四	大一、大二	大三、大四	大一、大二	大三、大四	大一、大二	大三、大四	大一、大二	大三、大四	大一、大二	大三、大四
优秀	100	3400	3450	7.5	7.4	25.8	26.3	207	208	56	57	3'18"	3'16"
	95	3350	3400	7.6	7.5	24.0	24.4	201	202	54	55	3'24"	3'22"
	90	3300	3350	7.7	7.6	22.2	22.4	195	196	52	53	3.30"	3'28"
良好	85	3150	3200	8.0	7.9	20.6	21.0	188	189	49	50	3'37"	3'35"
	80	3000	3050	8.3	8.2	19.0	19.5	181	182	46	47	3'44"	3'42"

续表

项目		肺活量		50 米跑		坐位体前屈		立定跳远		1 分钟仰卧起坐		800 米跑	
单位		毫升		秒		厘米		厘米		次		分·秒	
等级	得分	大一、大二	大三、大四	大一、大二	大三、大四	大一、大二	大三、大四	大一、大二	大三、大四	大一、大二	大三、大四	大一、大二	大三、大四
及格	78	2900	2950	8.5	8.4	17.7	18.2	178	179	44	45	3'49"	3'47"
	76	2800	2850	8.7	8.6	16.4	16.9	175	176	42	43	3'54"	3'52"
	74	2700	2750	8.9	8.8	15.1	15.6	172	173	40	41	3'59"	3'57"
	72	2600	2650	9.1	9.0	13.8	14.3	169	170	38	39	4'04"	4'02"
	70	2500	2550	9.3	9.2	12.5	13.0	166	167	36	37	4'09"	4'07"
	68	2400	2450	9.5	9.4	11.2	11.7	163	164	34	35	4'14"	4'12"
	66	2300	2350	9.7	9.6	9.9	10.4	160	161	32	33	4'19"	4'17"
	64	2200	2250	9.9	9.8	8.6	9.1	157	158	30	31	4'24"	4'22"
	62	2100	2150	10.1	10.0	7.3	7.8	154	155	28	29	4'29"	4'27"
	60	2000	2050	10.3	10.2	6.0	6.5	151	152	26	27	4'34"	4'32"
不及格	50	1960	2010	10.5	10.4	5.2	5.7	146	147	24	25	4'44"	4'42"
	40	1920	1970	10.7	10.6	4.4	4.9	141	142	22	23	4'54"	4'52"
	30	1880	1930	10.9	10.8	3.6	4.1	136	137	20	21	5'04"	5'02"
	20	1840	1890	11.1	11.0	2.8	3.3	131	132	18	19	5'14"	5'12"
	10	1800	1850	11.3	11.2	2.0	2.5	126	127	16	17	5'24"	5'22"

（三）加分指标评分

引体向上、1分钟仰卧起坐均为高优项目，学生成绩超过单项评分100分对应的成绩后，应以超过的次数所对应的分数进行加分，具体见表2–5、表2–6。1000米跑、800米跑均为低优指标，学生成绩低于单项100分对应的成绩后，应以减少的秒数所对应的分数进行加分，具体见表2–7。

表 2-5 男生引体向上加分表

单位：次

加分	大一、大二	大三、大四
10	10	10
9	9	9
8	8	8
7	7	7
6	6	6
5	5	5
4	4	4
3	3	3
2	2	2
1	1	1

表 2-6 女生 1 分钟仰卧起坐加分表

单位：次

加分	大一、大二	大三、大四
10	13	13
9	12	12
8	11	11
7	10	10
6	9	9
5	8	8
4	7	7
3	6	6
2	4	4
1	2	2

表 2-7　男生 1000 米跑、女生 800 米跑加分表

单位：秒

	男生 1000 米跑		女生 800 米跑	
	大一、大二	大三、大四	大一、大二	大三、大四
10	-35	-35	-50	-50
9	-32	-32	-45	-45
8	-29	-29	-40	-40
7	-26	-26	-35	-35
6	-23	-23	-30	-30
5	-20	-20	-25	-25
4	-16	-16	-20	-20
3	-12	-12	-15	-15
2	-8	-8	-10	-10
1	-4	-4	-5	-5

第四节　运动损伤与运动性疾病

一、运动损伤

（一）运动损伤的概念和分类

运动损伤是指在运动过程中所发生的各种损伤。运动损伤的发生与运动训练安排、运动项目和技术动作、运动训练水平、运动环境与条件等因素有关。运动时，个体必须预防运动损伤以增进健康、增强体质。

运动损伤按时间可分为新伤和旧伤，按病程可分为急性损伤和慢性损伤，按性质可分为开放性损伤和闭合性损伤。认识运动损伤的分类是处理运动损伤的前提，也是诊治的依据。

（二）运动损伤的预防

运动损伤的预防包括以下几个方面：一要坚持以预防为主的原则，增强体育意识，加强体育道德，遵守规则；二要认真检查场地、器材、设备和衣着；三要明白运动损伤不可避免，克服对运动损伤的恐惧心理；四要根据年龄、性别、身体素质、技术水平、运动训练水平等实际情况，合理安排运动负荷；五要根据气候、运动内容、运动时间以及锻炼原则，充分做好准备活动和整理活动；六要加强身体的全面锻炼，提高身体素质，使身体各个器官、系统的机能都得到发展；七要加强保护和帮助，以防运动损

伤的发生；八要加强自我医务监督，有伤病或尚未痊愈的人要在医生的指导下参加体育运动。

（三）常见的运动损伤与处理方法

1. 开放性软组织损伤与处理方法

（1）开放性软组织损伤。

开放性软组织损伤是指局部皮肤或黏膜破裂的机械性损伤。常见的开放性软组织损伤有擦伤、撕裂伤和刺伤。这些损伤均有伤口与外界相通，并有出血或组织液渗出，容易引起感染。

① 擦伤。擦伤是外伤中伤势较轻、较常见的一种。擦伤是皮肤被粗糙物件摩擦所致。例如，运动中摔倒，体表与地面相互摩擦，发生皮肤擦伤，伤处有擦痕，并有小出血点和组织液渗出。

② 撕裂伤。撕裂伤是指由钝器打击所引起的皮肤和软组织裂开的损伤，以头、面部较为多见。例如，器械体操中，头部碰撞器械，致使头部破裂；打篮球时眉弓被对方肘关节鹰嘴部碰撞而造成眉际皮肤破裂；等等。撕裂伤的伤口边缘不整齐，周围组织受到破坏，引起出血和肿胀。

③ 刺伤。刺伤是由细长尖锐的器物刺入人体所致。例如，被运动场上的钉子，或钉鞋的钉子，或标枪与器械上的木刺等刺入人体，造成刺伤。

（2）处理方法。

开放性软组织损伤都有不同程度的外出血，因此首先要及时止血，随后处理伤口，以预防感染。严重者立即送医院治疗。

2. 闭合性软组织损伤与处理方法

（1）闭合性软组织损伤。

闭合性软组织损伤是指局部皮肤和黏膜完整的机械性损伤。常见的闭合性软组织损伤有挫伤、拉伤和扭伤。常见的损伤部位有肌肉、肌腱、筋膜、韧带、滑囊和关节囊等。这些损伤无伤口与外界相通，损伤时的出血积聚在组织内。

① 挫伤。挫伤是指由钝力（包括打击、挤压、碰撞、摔倒等）直接作用于人体所引起的局部软组织损伤。例如，运动中互相冲撞、被踢打或与器械撞击，均可造成挫伤。挫伤轻者如皮下组织肌肉、韧带的挫伤，重者如头、胸、腹或睾丸挫伤，伴随肌纤维断裂或深部血肿。

② 拉伤。拉伤是指由于外力的作用，肌肉、肌腱、筋膜和韧带过度牵拉而引起的损伤。例如，短跑中后蹬结束屈膝前摆腿，或跨栏中摆动腿过栏，或跳高中摆动腿上摆时，原动肌（大腿前肌群）猛烈收缩，而对抗肌（大腿后肌群）不能及时放松或伸展，以致被迫拉长而发生大腿后肌群的拉伤。又如，在进行压腿、劈叉等练习时，也可能因肌肉拉长范围超过原来的伸展程度而致伤。

③ 扭伤。扭伤是指动作不慎而造成的损伤。例如，拧转、挤压等，使关节发生超常范围的活动，造成关节囊、韧带、肌腱损伤。常见的扭伤有踝关节扭伤、膝关节扭伤和肘关节扭伤。例如，跑、跳过程中踝关节内翻、扭伤；体操下器械时和球类运动中的腾空落地不稳引起膝关节内侧副韧带扭伤；投掷标枪时，动作不正确，出手时前臂处于极

度外展的状态，又有较大的反作用力，引起肘关节内侧副韧带扭伤等。此外，在体操、举重练习中，也常发生急性腰扭伤。

发生闭合性软组织损伤后，伤部均有不同程度的疼痛、肿胀、皮肤青紫、皮下出血、活动受限。急性损伤的疼痛部位明显，慢性损伤的疼痛部位多不固定，并且时轻时重，多为酸胀痛。肿胀是由组织出血和组织液渗出所致，局部有隆起或波动感。伤部活动功能一般不会完全丧失，但其活动功能受限，同时受伤组织发生炎症反应而产生一种灼热感，也可能有肌肉痉挛或肌肉紧张，摸之发硬。若属于断裂损伤，则在断裂处可摸到凹陷或一端异常膨大。

（2）处理方法。

损伤后伤部活动功能受限，若继续勉强进行活动，会加重组织的损伤和出血，不利于恢复。因此，损伤后应根据伤势程度减少或停止伤部的活动或进行局部固定。损伤后若发生内出血，出血越多，血肿越严重，恢复过程也就越慢，易形成组织粘连，影响以后功能的恢复。所以，闭合性软组织损伤后应尽快止血消肿，一般可采用冰敷、加压包扎、抬高伤肢等方法。冰敷可用冰水、冰袋或冷水毛巾裹住伤部，使局部组织降温和血管收缩，以达到止血的目的。切不可用热水冲淋伤部，以免伤部周围毛细血管扩张而增加出血。一般经过24~48小时后，出血停止，这时可以拆除包扎，进行热敷、按摩、理疗等，以促进伤部的血液循环，缓解肌肉痉挛，加速血肿和渗出液的吸收，减轻疼痛和肿胀，以达到活血祛瘀、消肿止痛的目的。此外，功能锻炼也可以促进受伤肢体较快康复，改善受伤肢体的血液循环和代谢，预防损伤组织粘连，加速愈合。进行功能锻炼时，其活动的幅度、强度和负荷量应逐渐增加。忌用暴力，以免造成再次损伤。

3. 骨折与处理方法

（1）骨折。

骨的完整性和连续性中断，称为骨折。骨折常在直接或间接的暴力作用下发生。根据骨折处是否与外界相通，骨折可分为闭合性骨折和开放性骨折；根据骨折的程度和形态，骨折可分为不完全性骨折和完全性骨折。体育锻炼中发生骨折是较为严重的损伤事故。骨折以闭合性骨折为多，开放性骨折较少，多见四肢长骨完全性骨折。

外力的过度牵拉和暴力打击都可能导致骨折。例如，在运动中突然跌倒、手掌擦地时，可能发生前臂骨远端骨折；在跌倒膝部跪地时，可能发生髌骨骨折；在投掷运动中动作不正确，用力过猛，可能发生肱骨骨折；在踢足球小腿被踢时，可能发生胫骨骨折；等等。青少年易发生肱骨外上髁骨折或肱骨内上髁骨折。

骨折发生后，伤处有疼痛与压痛感，局部肿胀并有瘀斑，伤处可能出现畸形（肢体变长或变短或角度畸形），并由于肢体内部支架断裂，失去杠杆的支持作用，导致功能性障碍或丧失活动功能。完全性骨折后，局部可能出现类似关节的活动，搬动患肢可能听到骨擦声。严重骨折常伴有出血和神经损伤，因此容易发生休克，甚至危及生命。

（2）处理方法。

骨折发生后，具体处理方法如下。①止痛抗休克。骨折发生后若疼痛剧烈，容易发生休克。休克的症状表现为脸色苍白、血压下降、血流缓慢、四肢发冷、体温下降，因神志不清而昏迷，这时应立即止痛抗休克。其方法是：让伤员安静躺下，略放低头部，以增加头部供血量，同时注意保暖，并给予止痛药或镇痛剂。如伤员出现呼吸困难，应松开其衣领使其呼吸畅通，或进行心肺复苏。如伤员昏迷不醒，可用手指掐其人中穴、合谷穴，使其苏醒。②伤口处理。发生开放性骨折时，不要把刺出皮肤的断骨送回伤口，以免感染。伤口出血时，应先迅速止血后消毒覆盖包扎。搬动伤肢时动作要轻柔，避免伤肢移位。③安全转送医院。在没有把握或条件不具备的情况下，严禁随意复位，不无故移动伤员或伤肢。为了暴露伤口，可松开衣服，但不可脱衣，应尽快护送伤员到医院救治，途中应减少震荡并注意观察。

4. 关节脱位与处理方法

（1）关节脱位。

关节脱位（又称脱臼）是指组成关节的各骨之间的关节面彼此失去正常的对合关系。在体育锻炼中，外力作用使关节正常解剖位置发生改变，属外伤性关节脱位。一般上肢关节脱位多于下肢，且以肩关节、肘关节脱位为多见。其原因是上肢关节结构较下肢关节结构薄弱。例如，篮球、足球比赛中腾空夺球时相互碰撞，身体失去平衡而使肩部着地，肱骨头突然遭到暴力直接撞击，致使关节脱位。摔倒后，上臂外震，手或肘部着地，外力通过传导引起肘关节和肩关节脱位。关节脱位一般会引起关节囊和韧带损伤。关节脱位后有疼痛、压痛、肿胀感，导致畸形、关节功能丧失。严重者合并血管、神经受伤或骨折，甚至发生休克。

（2）处理方法。

发生外伤性关节脱位后，应止痛抗休克，让伤员安静躺下，注意保暖，并观察其变化。如伤员休克昏迷，应及时采取抢救措施（与骨折同），然后固定脱位关节以制动。固定时要注意保持脱位关节的位置，使之不得转动，更不能随意使用整复手法。做简易处理后，从速护送伤员到医院进行整复与治疗。

5. 脑震荡与处理方法

（1）脑震荡。

脑震荡是指大脑神经细胞和神经纤维受到强烈的外力震荡所引起的意识和机能暂时性的障碍，不久即可恢复。这是最轻度的脑损伤。例如，投掷、足球、篮球或排球练习中，头部受到硬物打击或头部与地面、器械等碰撞常引起脑震荡。

脑震荡发生后，伤员会立即出现一时性意识丧失或精神恍惚、肌肉松弛、呼吸表浅、脉搏稍缓、瞳孔稍大但对称、神经反射减弱或消失等情况。这些情况持续的时间长短不一，短则数秒，长则数分钟到0.5小时。昏迷时间越长，伤势越重。意识清醒后，伤员遗忘受伤的情景，并有不同程度的头痛、头晕、耳鸣、恶心、呕吐等症状。

（2）处理方法。

脑震荡发生后，要立即让伤员安静平卧，头部冷敷，身体保暖，严禁动摇、牵扯、随意移动位置，头部两侧要用衣物填塞，以免左右摇晃。对昏迷者可掐其人中穴、合谷穴，使其苏醒。对发生呼吸障碍者，可以实施心肺复苏术。对昏迷超过4分钟，两侧瞳孔大小不一，鼻、口、耳出血，眼球青紫，清醒后剧烈头痛、呕吐或再度昏迷者，应立即送医院抢救。对短时间意识恢复的轻伤者，要尽早让其卧床休息，不宜让其过早参加体育运动，否则易留下头痛、头晕等后遗症。

二、运动性疾病

体育运动直接引起的疾病或症状称为运动性疾病。根据高校体育的实际情况，常见的运动性疾病有以下几种。

（一）肌肉痉挛

运动中，肌肉不由自主地强直收缩（痉挛性收缩）被称为肌肉痉挛，俗称抽筋。最易发生痉挛的肌肉为小腿腓肠肌和足底的屈拇肌及屈趾肌。

原因：寒冷的刺激、大量排汗、肌肉收缩失调或者受损，过快的连续收缩。

症状：发病部位的肌肉剧烈挛缩，张力增强，坚硬、隆起、疼痛剧烈难忍。

处理：要沉着冷静，不可慌乱失措，可牵拉、屈曲、蹬伸患部；离开寒冷的环境，热敷患处；配合局部按摩，喝些盐开水。

预防：加强锻炼，提高适应力，做好充分的准备活动；冬季运动时注意保暖，下水游泳前先淋擦全身，水温低时不能在水中停留太久，更不能停止活动。

（二）运动中腹痛

运动中腹痛是指在运动过程中或者运动结束时产生的腹部疼痛。运动中腹痛多发生在脐部周围，轻则钝痛，重则有阵发性绞痛。随着运动的停止，症状会逐渐缓解并消失。

原因：没有做准备活动或准备活动做得不够充分；开始运动时速度过快或运动比较剧烈，内脏器官的生理机能无法适应剧烈运动；残留在肠道中的粪便和食物因运动的震动，刺激了邻近的内脏器官；运动时呼吸节奏调节不匀而引起腹痛；持久的剧烈运动，引起血液回流受阻，血液淤积在肝脏部位，引起肝脏部位疼痛；由于呼吸节律紊乱，膈肌产生异常活动。

症状：腹部局部疼痛。

处理：疼痛轻者可用拇指按揉疼痛部位，适当调节呼吸，减缓运动速度，一般可消除腹痛；疼痛加剧者，应立即停止运动，送医院治疗。

预防：运动要讲科学性，运动前充分做好准备活动；运动中合理安排运动负荷，注意呼吸节奏。运动前食用易于消化的食物，不宜过饱，少饮水，运动前0.5小时内不宜进食；运动中，失水过多应及时补充水分和盐。

（三）运动性昏厥

运动性昏厥是指由于脑部突然血液供给不足而发生的一时性知觉丧失的现象。

原因：下肢活动多时，血液大量积聚在下肢，使回心血量减少，大脑暂时性供血不足；下蹲过久骤然站立；精神过度紧张或身体有病；等等。

症状：昏厥前伤员感到全身软弱，头昏眼花；昏厥后，面色苍白，手足冰凉，遍体冷汗，心率快，血压下降，脉搏微弱，呼吸缓慢，瞳孔缩小。

处理：使伤员身体平卧，注意保暖，头稍低，下肢高抬，一般经过短暂休息神志可恢复。向下推挤和揉捏小腿。轻微的“重力休克”伤员，可由他人搀扶着缓慢走一段时间，做些深呼吸。对晕倒者可用手指掐其人中穴、合谷穴加以处理。有呕吐者，头应侧偏。严重者立即送医院治疗。

预防：伤员有昏厥前兆时，应立即停止运动，经常参加运动锻炼，能增强心肌适应能力；同时注意疾跑后，不要马上站立不动；身体有疾病者或体质虚弱者不宜参加剧烈运动；遵守生活规律，定时进食，不在饥饿状态下参加剧烈运动；等等。

（四）运动性低血糖

运动后，血液中血糖水平下降，称为运动性低血糖。

原因：在饥饿情况下，从事体育运动时间较长。

症状：轻者感觉饥饿、疲乏、头晕、心悸，面色苍白，出冷汗；重者神志不清、语言含糊、四肢发抖、烦躁、脉搏快且弱、呼吸急促甚至昏厥。

处理：轻者喝些糖水，保暖休息，短时便会恢复；对于重者，若其已经昏迷，应及时送医院治疗。

预防：不要在饥饿的状态下从事体育运动。从事长时间的运动项目时应途中补充些含糖、盐的饮料。有轻度症状出现时，应停止运动，迅速进食。身体不适或病后未愈者，应避免剧烈运动。

（五）运动中中暑

长时间在高温环境中或在烈日照射下从事体育运动产生的急性病，称为运动中中暑。运动中中暑分为热痉挛、热衰竭、热中风3种类型。运动中中暑也是夏季运动中常见的疾病。

原因：日光暴晒、通风不良、气温太高。

症状：热痉挛表现为肌肉痉挛，大量出汗、疲劳、体温正常；热衰竭表现为极度虚弱、力竭、头痛、恶心、头晕、大量出汗、肤冷、体温正常，脉搏快，有时失去知觉；热中风表现为无汗，皮肤干燥、头痛、恶心、精神错乱、步履慢而不稳、体温升高、虚脱、失去知觉，有时会导致死亡。

处理：通气换气，到阴凉处休息，喝些冷开水，中暑现象就会消失。严重者，宜平卧身体，头部稍高，冷敷前额，立即送医院治疗。

预防：夏季运动时，应穿浅色服装，在日光下运动时，负荷不宜太大，时间不宜太长，场地要注意通风和降温。

拓展阅读

养生功法五禽戏

五禽戏是中国传统导引养生的一个重要功法，其创编者是华佗。华佗在《庄子》“二禽戏”（熊经鸟伸）的基础上创编了五禽戏。五禽戏是以模仿动物的动作和神态为主要内容的组合功法。“五”是一个约数，并非限于五种功式；“禽”在古代泛指动物；“戏”在古代指歌舞杂技之类的活动，在此指特殊的运动方式。五禽戏的动作遍及全身，是一套能使全身肌肉和关节、骨骼都得到放松舒展的养生操，其实用性非常强。所以，华佗直言，平常健康状况下做之能使“身体轻便”，身体不舒服、生病的时候做之则“亦以除疾”。其指导思想是“动摇则谷气得消，血脉流通，病不得生，譬犹户枢不朽是也”(引自《华佗传》)。这一精辟见解有相当的科学内涵。隋唐时期，著名医学家孙思邈“凡病皆由血气壅滞，不得宣通”的著名论述，可以说是这一精辟见解的总结与发扬，对后世医学的发展有极其重要的影响。

思考与练习

1. 什么是健康？健康的标准是什么？
2. 运动锻炼能发展人体的哪些素质？
3. 对体质健康进行自我评价有哪些重要的作用？
4. 什么是运动损伤？常见的运动损伤有哪些？

第三章　运动处方

随着经济的发展和生活水平的提高，人们的体育锻炼意识也得到了增强，越来越多的人认识到体育锻炼的重要性。运动处方的应用有着非常重要的作用，按照运动处方科学地锻炼，已普遍被人们所接受。什么是运动处方？运动处方又包括哪些内容？本章主要介绍运动处方概述和运动处方中常用的锻炼方式，使大学生学会用科学的理念和方法来锻炼身体。

第一节　运动处方概述

为了让大学生在学习之余形成一个良好的体育锻炼习惯，国家发布了一系列有关运动指导建议的文件。但是由于缺乏基本的体育知识，很多大学生不知道如何科学、有效地锻炼，因此运动处方就起到了非常重要的作用。

运动处方的概念于1954年由美国生理学家卡波维奇提出，世界卫生组织在1969年开始使用运动处方这一术语，也使运动处方这一概念在国际上得到了确认。

一、运动处方的概念

运动处方是指针对个人的身体状况，采用科学的处方形式规定锻炼者的锻炼内容和运动量的方法。锻炼者按照运动处方进行科学、有目的、有计划的锻炼，能达到增强体质和预防疾病的目的。

实施运动处方的前提是了解和熟知锻炼者的身体状况、健康程度，只有这样才能有针对性地制订运动处方的内容和方法，采用科学、有效、实用、安全的锻炼方式。早期的运动处方以增强心肺功能为主，现在的运动处方不仅侧重于心肺锻炼，更侧重于身体功能的锻炼，以实现科学、有效的锻炼。

大量实践与研究证实，参加科学的体育锻炼能有效地增强体质、增进健康，但是如果锻炼不当则会对锻炼者的身心健康产生不良影响。而运动处方的制订与实施正是针对锻炼者的身体状况、兴趣爱好等进行的。按照科学的运动处方进行有效的体育锻炼，既能保障锻炼者的身心健康，又能有针对性地达到健身的效果。

二、运动处方的分类

随着运动处方应用范围的扩大，其种类也不断增加。根据锻炼者的需求，运动处方可分为康复性运动处方、健身性运动处方和锻炼运动处方，这是比较常用的分类方法。

（一）康复性运动处方

康复性运动处方的对象是已经经过临床医学治疗判定能达到痊愈，但身体运动机能尚未完全康复的患者。康复性运动处方可以帮助患者尽快恢复身体机能。康复性运动处方适用于预防和治疗某些疾病和运动损伤。康复性运动处方使运动处方更加个性化、新颖化、实用化。

（二）健身性运动处方

健身性运动处方的对象是全民健身运动者、身体基本健康者以及处于亚健康状态的人群。这类人群通过具有指导性的运动锻炼增强体质、增进健康、预防慢性疾病。

（三）竞技训练运动处方

竞技训练运动处方主要运用在运动员训练上，以提高运动员的运动能力和保持运动员的体能为目的。

三、运动处方的运动种类

运动处方的运动种类可分为以下3类。

（一）耐力性（有氧）运动

耐力性（有氧）运动是运动处方最主要和最基本的运动手段，它能锻炼心肺功能，使心血管系统更有效、更快速地把氧运输到身体的每一个部位。在康复性运动处方和健身性运动处方中，耐力性（有氧）运动主要用于心血管、呼吸、内分泌等系统的慢性疾病的康复和预防。在竞技训练运动处方中，耐力性（有氧）运动是保持身心全面健康和理想体重的有效运动方式。

耐力性（有氧）运动的项目有步行、慢跑、走跑交替、上下楼梯、游泳、骑自行车、跳绳、划船、滑冰、滑雪、球类运动等。

耐力性（有氧）运动的注意事项如下。

（1）运动处方的制订要具有针对性和安全性。例如，患有较严重冠心病者，或患有较严重心肌炎者，或运动功能失常者，要注意自身状况，适当地进行练习。

（2）运动中，锻炼者出现运动不适现象应立即停止运动并进行自我调节。例如，患有高血压、心脏病者在运动中出现恶心、呕吐、胸闷、气短、四肢无力、头晕目眩等现象时要立即停止运动。

（3）运动中，锻炼者要学会观察自身，在器械练习时要有相应的人员进行观察、预判与评价，以免在运动中造成不必要的运动损伤。

（4）运动前既要做一般准备活动，又要做专项准备活动。

（5）运动时，锻炼者要学会保护和自我保护，明确运动的目的与性质，不要盲目地进行练习。在高难度练习或器械练习时，如有必要可以聘请专业的指导人员进行科学的指导练习，以免在运动当中出现错误练习和身体伤害。

（二）力量性运动

力量性运动在运动处方中主要适用于神经麻痹或关节功能障碍的患者，以恢复其肌肉力量和肢体活动功能为主要目的。在矫正畸形和预防肌力平衡被破坏所致的慢性疾病患者的康复中，力量性运动通过有选择地增强肌肉力量，调整肌力平衡，从而改善躯干和肢体的形态和功能。

力量性运动的注意事项如下。

（1）运动时要注意身体的状况，注意运动时不应出现身体某部位明显的疼痛。

（2）运动前应充分做好准备活动，既要做一般准备活动，又要做专项准备活动，运动后还要进行局部放松活动。

（3）运动时，要使用科学的方法，不要盲目进行。

（4）运动时，锻炼者要学会进行保护和自我保护，必要时要请专业人员进行科学指导。

（5）运动时，锻炼者要注意身体组织，如肌肉不能长时间地拉伸与收缩，长时间地拉伸与收缩很容易使肌肉造成一定的损伤。

（6）要经常检查器械，对器械定时进行保养，出现损坏要及时维修，确保运动时的安全。

（三）伸展运动和健身操

伸展运动和健身操较广泛地被应用在各类运动处方中，其主要作用有放松精神，消除疲劳，改善体形，预防高血压、神经衰弱等疾病。

伸展运动和健身操的项目主要有太极拳、健身气功、五禽戏、广播体操、医疗体操、矫正体操等。

伸展运动和健身操的注意事项如下。

（1）运动时，锻炼者要根据动作的难易程度适当进行锻炼，要遵循由易到难、由分解动作到完整动作循序渐进的原则。

（2）运动时，锻炼者要事先了解所参加的运动是否适合自身，如心脏病、高血压患者要慎重地选择锻炼方式，避免运动对自身造成二次损伤。

（3）运动时，锻炼者要学会自我调节，使呼吸、身体、动作相互协调。

第二节　运动处方中常用的锻炼方式

一、步行

步行是运动处方中的一种锻炼方式。步行是一种简单易行、锻炼效果较好的锻炼方式。步行被广泛用于身体素质较差及体弱者的锻炼及其他康复练习。步行的主要优点：运动方法简单、运动损伤少、危险性小、运动量容易掌握、速度和距离灵活多变、条件要求较低等。锻炼者步行的步幅要比一般行走大一些，上体正直，两臂前后摆动，呼吸要自然，注意力要集中。

常用的步行方法有散步和医疗步行。

（一）散步

散步是指速度缓慢、全身放松的步行。散步的运动强度小，适合心血管疾病、神经衰弱、手术后、身体素质较差人群的锻炼。

散步的距离可长可短，运动时间一般为10~30分钟。

（二）医疗步行

医疗步行是指规定运动量的步行。在制订运动处方时，医师根据锻炼者的具体情况对步行的速度、距离、时间等提出一定的要求。一般的医疗步行速度为50~100米/分钟，距离为1000~3000米，运动时间为10~30分钟。

二、慢跑

在运动处方中，慢跑是一种重要的锻炼方式，属中等强度运动。慢跑常用于有较好锻炼基础的慢性疾病患者进行康复锻炼，也常作为准备活动和整理活动被用在年轻人的运动中。

常用的慢跑方法有走跑交替、短距离慢跑和长距离慢跑3种。

（一）走跑交替

走跑交替是指步行和慢跑交替的一种锻炼方式，适用于刚参加锻炼的、身体素质较差或慢性疾病恢复期的人群进行锻炼。走跑交替的时间可由短逐渐延长。

（二）短距离慢跑

慢跑的距离从50米增加至1000米，慢跑的速度为100米/（30~40）秒。慢跑的距离每周增加一次，当增加至1000米后，不再增加距离，而是用提高慢跑的速度来增加运动强度，每周运动3~6次。

（三）长距离慢跑

慢跑的距离从1000米增加至5000米及以上，每1周或2周增加1000米，慢跑的速度为1000米/（6~8）分钟。锻炼者可用靶心率来调节运动强度，每周运动3~6次。

拓展阅读

运动损伤的应急措施

当运动损伤发生的时候，发生损伤的部位就会出现疼痛、肿胀、炎症反应等症状，为防止这些症状的加重所采取的应急手段称为应急措施。应急措施也称RICE原则（R——休息，I——冷敷，C——加压包扎，E——抬高）。

RICE原则包括以下4个方面。

（1）休息。休息对于运动损伤来说是不可缺少的。休息的意思是立即停止运动，让患部处于不动的状态。休息可以控制肿胀和炎症，可以把出血控制在最小的限度内，然后用夹板把处置过的患部固定住。受伤后固定患部2~3天，不仅可防止并发症的发生，而且对治疗也有一定的帮助。如果过早地活动患部，不仅会出现出血等症状，还可能会使其机能损伤进一步加重，延长恢复时间。

（2）冷敷。冷敷在应急处置过程中是效果最为明显的，因为冷敷既可以减轻疼痛和痉挛，又可以减少机体组织坏疽的产生，在受伤后4~6小时内使产生的肿胀得到一定程度的控制。此外，冷敷还可以增加血液的黏度，使毛细血管的浸透性变小，减少或限制流向患部的血流量。

（3）加压包扎。几乎所有的急性损伤都会采用加压包扎的方法。加压包扎不仅可以减轻患部内出血及淤血的现象，还可以防止浸出的体液渗入组织内部，并且能促进其吸收。加压包扎的方法有很多，可以把浸过水的弹力绷带放进冷冻室冷藏一段时间再拿出来做加压包扎，起到冷敷和加压的作用，也可以使用毛巾及海绵橡胶垫子来进行加压包扎。例如，踝关节扭伤时，可以将“U”字形的海绵橡胶垫子套在踝关节上，然后用胶布或弹力绷带固定。采用以上的加压包扎可以防止和减轻踝关节周围的浮肿。冷敷是间断性的，而加压包扎则在一天中可以连续使用。

（4）抬高。抬高是把患部提到比心脏高的位置。同冷敷、加压包扎一样，抬高对减轻内出血是非常有效的。它不仅可以减少通向损伤部位的血液及来自体液的压力以促进静脉回流，还可以减轻患部的肿胀及淤血症状。

思考与练习

1. 什么是运动处方?
2. 简述运动处方的分类。
3. 请你结合自己的身体情况和需求制订一份属于自己的运动处方。
4. 简述运动处方实施过程中各类运动的注意事项。

第四章　运动与营养

第一节　运动中的能量来源

一、糖

糖又称碳水化合物，是人体最主要的能源物质。糖具有供应热能、构成机体成分、保护肝脏、维持心肌和骨骼肌正常工作等功能。对于绝大多数人来说，经常参加体育锻炼要消耗比平时更多的糖。人体内糖储备很少，大约为300克，因此，需要及时摄取糖类食物，以保证及时补充耗去的糖。另外，气候的不同也会影响人体对糖的需求，相比炎热的夏天，寒冷的天气使人体对糖的需求量更大。为了保证人体对热量的需求，人们每天必须进食适量的糖类食物。

二、蛋白质

蛋白质是人体一切细胞、组织的主要成分，是生命的物质基础。蛋白质的功能包括构成机体成分、调节生理功能、供给热能。体育锻炼时，体内蛋白质代谢加快，因此需要额外补充。科学家计算过，参加体育锻炼的青少年，男性每天大约需要摄入90克蛋白质，女性每天大约需要摄入80克蛋白质。富含蛋白质的食物种类有肉类、鱼类、奶类、蛋类、坚果类和豆类等。锻炼者要特别注意以上食物的摄取，因为这些食物所含的蛋白质是优质蛋白质，富含人体所必需的8种氨基酸，营养丰富。这些蛋白质与人体蛋白质相近，摄入后便于人体吸收，对于跳跃类、投掷类等项目的成绩提高有很大的帮助。体育锻炼后，如果长时间得不到蛋白质补充，锻炼者会出现疲倦、体重下降、肌肉无力等症状，同时对疾病的抵抗能力下降，严重时会影响生长发育和身体健康。

三、脂肪

脂肪是人体不可缺少的重要营养素。脂肪具有供给热能、构成机体成分、促进脂溶性维生素的吸收利用、保护机体、增加食物的美味感和饱腹感等功能。参加体育锻炼，特别是进行有氧耐力练习，脂肪就成为能量供应的重要来源，此时消耗的脂肪就多一些，需要适当进行补充，推荐每天摄取脂肪的量大约为60克。需要注意的是，脂肪必须在供氧充分的条件下才能氧化放能。脂肪来源于两个方面：一是动物性食物，如牛油、奶油、鱼油、蛋黄等；二是植物性食物，如芝麻、菜籽、大豆、花生等。

第二节　运动员膳食营养基础

一、能量需求

在训练和比赛期间，运动员的能量代谢强度大。其具体的能量需求量主要取决于运动的强度、密度和持续时间。运动员一日能量的总消耗量由基础代谢、运动消耗、食物的生热效应及其他活动4个部分组成。

二、糖的摄入

糖是运动员最理想的能量来源。因为糖的分子结构比蛋白质、脂肪简单，容易被机体吸收，氧化时耗氧少，产能效率高。在运动前、运动中适量补充葡萄糖，有利于运动中维持血糖水平。糖的供给量应为总能量的50%~60%。

三、蛋白质的摄入

提供足量的优质蛋白质，对于运动员补充体能、增加肌肉力量、加速疲劳的恢复都很有帮助。优质蛋白质摄入量应该占总蛋白质摄入量的30%以上，运动员应多采用谷类食物和豆类食物混合食用的方式。蛋白质的供给量应为1.5~2.5克/千克。

四、脂肪的摄入

脂肪的产能量高、体积小，是运动员较理想的储能形式。在进行中等强度的运动时，短时间内的能量消耗来自糖和脂肪，1个小时或更长时间后，脂肪能量的利用率逐渐增加；在耐力运动中，脂肪可提供约80%的能量。运动员不宜从饮食中摄入过多脂肪，因为脂肪不易消化，代谢时耗氧量高，会影响氧的供给。脂肪的供给量应为总能量的25%~30%。

五、补液原则

运动员应根据个人体质、运动训练或比赛的情况和环境因素，以及以往的经验及时补液。最好在运动前、运动中进行预防性补液，以避免脱水，防止运动能力下降。运动后及时补液，有利于促进恢复。补液应遵循少量多次的原则，避免一次性大量补液加重胃肠道和心血管系统的负担。补液的总量一定要大于失水的总量。另外，要正确选择运动饮料。

六、钠、钾、镁的摄入

钠、钾、镁对维持神经信息传导和肌肉收缩具有重要作用。钠、钾、镁会随着汗液排至体外。因出汗量大，运动员对钠、钾、镁的需求量高于普通人。运动员每日钠、钾、镁的适宜摄入量分别为钠<5克（在高温环境下训练钠<8克），钾3~4克，镁400~500克。

七、钙、铁、锌的摄入

由于运动项目不同，运动员对钙的需求量也不同。运动员每日钙的适宜摄入量为1000~1500毫克。对于大运动量的运动员，在高温环境下训练或比赛时钙的摄入量上限为1500毫克。运动会加快铁和锌的代谢，使铁和锌吸收受到影响，排出增多，所以运动员也要注意铁、锌的摄入。

拓展阅读

人体三大营养素的生理功能

1. 糖

糖的主要生理功能是提供能量。每克葡萄糖在人体内氧化产生4千卡（16.74千焦）能量，人体所需要的70%左右的能量由糖提供。此外，糖还是构成组织和保护肝脏的重要物质。

2. 蛋白质

蛋白质的生理功能包括如下3个方面。

（1）构造人的身体。蛋白质是一切生命的物质基础，是机体细胞的重要组成部分，是人体组织更新和修补的主要原料。人体的每个组织都由蛋白质组成，所以蛋白质对人的生长发育具有非常重要的作用。

（2）修补人体组织。人的身体由百兆亿个细胞组成，细胞是生命的最小单位，它们处于永不停息的衰老、死亡、新生的新陈代谢过程中。例如，年轻人的表皮28天更新1次，而胃黏膜2~3天就要全部更新。所以，一个人如果蛋白质的摄入、吸收、利用都很好，那么其皮肤就是光泽而有弹性的；反之，人则经常处于亚健康状态。如果人体组织受损，包括外伤，不能得到及时和高质量的修补，便会加速机体衰弱。

（3）维持机体正常的新陈代谢和各类物质在体内的运输。载体蛋白对维持人体的正常生命活动是至关重要的。它可以在体内运输各种物质，如血红蛋白运输氧、脂蛋白运输脂肪等。

3. 脂肪

脂肪的生理功能包括如下3个方面。

（1）供给人体热量。脂肪在人体内氧化后变成二氧化碳和水，释放热量。脂肪所产生的热量约为等量蛋白质或碳水化合物的2.2倍。由此可见，脂肪是身体内热量的重要来源。

（2）构成人体组织和生物活性物质。脂肪是构成身体细胞的重要成分之一，肝脏、肾脏等重要器官中含有很多脂肪。脂肪还是细胞膜的主要成分，形成磷脂、糖脂等。

（3）调节生理机能。因为脂肪不是良好的导热体，所以皮下的脂肪组织构成保护身体的隔离层，有保持体温的作用。脂肪可以为身体储存“燃料”，即一时消耗不完的部分可以存在体内，等身体需要热量时再利用。此外，脂肪还有保护内脏器官、滋润皮肤、防震、溶解营养素等作用。有些不溶于水而只溶于脂类的维生素，只有在脂肪存在时才能被人体吸收利用。

思考与练习

1. 简述运动中的能量来源。
2. 请你运用所学知识为自己制订一份与运动生活方式相适应的膳食摄入计划。

实践篇

第五章　足球

第一节　足球运动概述

古代足球起源于中国，中国古代就有蹴鞠的游戏。现代足球起源于英国。1863年10月26日，第一部统一的足球竞赛规则在英国诞生。之后，足球比赛开始进入商业化阶段并走向职业化。1904年5月21日，法国、比利时、西班牙、荷兰、丹麦、瑞典和瑞士的足球协会代表在巴黎成立了国际足球联合会（以下简称国际足联），用来协调各国足球运动的开展，组织世界各国的足球竞赛活动。

20世纪五六十年代，我国的足球运动水平有了大幅度的提高，并在亚洲处于领先地位，与欧美强国有了一定的抗衡能力。1994年，中国开始举办职业足球联赛，从此我国的足球运动步入了职业化道路，更好地与国际足球接轨。在职业化的推动下，2002年，在第17届男足世界杯上，中国国家男子足球队首次打入决赛圈，冲出亚洲，走向世界。中国国家女子足球队是亚洲劲旅，曾获得女足亚洲杯七连冠，并获得第26届奥运会亚军和第3届女足世界杯亚军。2022年2月，中国国家女子足球队在女足亚洲杯决赛中战胜韩国队，第9次夺得女足亚洲杯冠军。

第二节　足球基本技术

足球基本技术是指运动员在足球比赛中所采用的合理动作的总称。足球基本技术是在足球比赛实践中逐步形成、发展和完善起来的。随着足球运动的日益发展，足球基本技术不仅内容更加丰富，而且动作难度不断提高。特别是当今的足球比赛要求运动员在快速运动中和激烈对抗的条件下，准确地完成踢、停、顶、运、抢截，以及起动、快跑、转身和急停等技术动作。因此，运动员只有熟练地掌握足球基本技术，才能在足球比赛中有目的地采取行动和正确地处理球，以达到战术上的要求。

一、颠球

(一) 颠球的动作方法

颠球可分为拉挑球、脚背正面颠球、脚内侧颠球、大腿颠球等。

1. 拉挑球

拉挑球

动作方法：支撑脚踏在球的后侧方约30厘米处，膝关节微屈，身体重心移到支撑脚上。拉挑球脚的前脚掌踏在球的上方并向后轻拉。在球开始向后滚动的同时，脚尖、脚掌迅速着地。在球滚上脚背的同时，脚尖稍翘起将球向上挑起。

2. 脚背正面颠球

脚背正面颠球

动作方法：支撑腿膝关节微屈，身体重心移至支撑脚。当球落至低于膝关节时，颠球腿的膝关节、踝关节适当放松，并柔和地向前稍上方甩动小腿，脚尖稍翘起，用脚背轻击球的底部，将球向上颠起。

3. 脚内侧颠球

脚内侧颠球

动作方法：支撑腿膝关节微屈，身体重心移至支撑脚。当球落至膝关节高度时，颠球腿屈膝盘腿，脚内侧向上摆、内翻（脚内侧呈水平状态），轻击球的底部，将球向上颠起。

4. 大腿颠球

大腿颠球

动作方法：支撑腿膝关节微屈，身体重心移至支撑脚。当球落至接近髋关节时，颠球腿屈膝，大腿上摆，当摆到水平位置时，击球的底部，将球向上颠起。

(二) 颠球技术的练习

颠球技术的练习分两个阶段：第一个阶段，运动员用身体的合理部位反复接触球的颠球练习，建立触球部位对球的敏感性，即本体感受。通过反复练习，运动员逐步了解、熟悉球的性能，掌握球在各种状态下的运动规律。第二个阶段，随着足球基本技术的提高，颠球技术的练习必须在快速运动中进行，在这个基础上再进一步反复练习，运动员就能在复杂的条件下熟练地掌握颠球技术，从而为自由地做动作和进一步掌握高难度技术动作奠定基础。因此，对任何水平的运动员来说，都要坚持经常性的颠球练习。

1. 练习建议

（1）练习颠球技术，首先从手坠落球开始，并应以一个部位只颠一次用手接住，再坠再颠；然后连续颠几次，逐渐过渡到连续颠多次；最后交替使用2个或3个不同部位连续颠球，直到多个部位连续颠球。

（2）开始进行颠球练习时，要防止为了追求颠球的连续次数而使用不符合要求的动作进行颠球，应注重颠球动作的正确性和协调性，从而为熟练地掌握控球技术夯实基础。

2. 练习方法示例

（1）原地颠自己手坠的下落球。

（2）原地拉挑球练习。

（3）原地拉挑球接颠球。

（4）原地拉挑球接两脚交替颠球。

（5）原地拉挑球接两脚交替颠低球（球颠起的高度不超过膝关节）。

（6）原地拉挑球接高、低交替颠球（3次或4次低球，1次高球）。

（7）原地拉挑球接用脚的各个部位颠球。

（8）拉挑球接颠球过顶转身再接颠球。

（9）拉挑球接走动中颠球。

（10）两人面对面，一人拉挑球颠给对方，对方接着颠回。

（11）两人面对面进行对颠（每人颠1次或几次，或规定使用几个部位颠球）。

3. 易犯错误与纠正方法

（1）直腿颠球，动作僵硬。纠正方法：膝关节要放松，摆动小腿发力。

（2）脚尖翘起时间过长，形成“勾”脚背，使球离身体过近。纠正方法：踝关节在自然状态下固定。

二、踢球

踢球是指运动员有目的地用脚的某一部位将球击向预定目标的动作。踢球是足球运动的主要动作，也是足球基本技术中最重要的技术之一，在足球比赛中运用最多，多用于传球和射门。另外，踢球还用于抢截球或破坏球等。

（一）踢球的动作方法

1. 脚内侧踢球

脚内侧踢球是指用脚的内侧（跖趾关节、舟骨和跟骨所构成的三角部位）接触球的一种踢球动作。它的特点是脚与球的接触面积大，出球平稳而准确。但是，踢球时，由于踢球腿必须屈膝外展，腿的摆幅和摆速都受到一定程度的限制，因此出球力量小。

脚内侧踢球

脚内侧踢定位球的动作方法：直线助跑，支撑脚踏在球的侧方15厘米左右处，膝关节微屈。在支撑脚着地的同时，踢球腿以髋关节为轴由后向前摆，在前摆的过程中屈膝外展。踢球脚的脚内侧正对出球方向，小腿急速前摆，脚尖稍翘起，脚底与地面平行，用脚内侧踢球的后中部，踢球脚随球前摆落地。

2. 脚背正面踢球

脚背正面踢球是指用脚背的正面（楔骨和趾骨末端）部位接触球的一种踢球动作。它的特点是踢球腿的摆幅大、摆速快，踢球力量大，出球方向比较单一。

脚背正面踢球

（1）脚背正面踢定位球的动作方法：直线助跑，最后一步稍大并且积极着地，支撑脚踏在球的侧方10厘米左右处，脚尖正对出球方向，膝关节微屈。踢球腿要在支撑脚前跨和助跑的最后一步蹬离地面时，顺势向后摆起，小腿屈曲。在支撑脚着地的同时，踢球腿以髋关节为轴，大腿带动小腿由后向前摆，在膝关节摆至接近球的正上方的刹那，小腿做爆发式前摆，脚背趾屈，脚趾扣紧，以脚背正面踢球的后中部，踢球腿提膝随球继续前摆。

（2）脚背正面踢反弹球的动作方法：要根据球的落点、落地时间和反弹路线，助跑到位，身体正对来球的反弹路线，支撑脚踏在球的侧面。当球将要落地时，踢球腿的小腿急速前摆。在球刚反弹离地时，用脚背正面踢球的后中部，踢球腿提膝随球继续前摆。

3. 脚背内侧踢球

脚背内侧踢球是指用脚背内侧部位几块楔骨、趾骨的末端部位接触球的一种踢球动作。它的特点是踢球腿的摆幅大、摆速快，踢球的力量大。由于助跑方向、支撑脚的站位灵活性较大，因此出球方向的变化也较大。

脚背内侧踢球

脚背内侧踢定位球的动作方法：斜线助跑，助跑方向与出球方向约成45°角，支撑脚先以脚掌外沿积极着地，踏在球的侧后方20~25厘米处，膝关节微屈，脚尖指向出球方向，身体稍向支撑脚一侧倾斜。在支撑脚着地的同时，踢球腿以髋关节为轴，大腿带动小腿由后向前摆动，在身体转向出球方向，膝关节摆至接近球的内侧上方的刹那，小腿做爆发式前摆，脚尖稍外转，脚背趾屈，脚趾扣紧，脚尖指向斜下方，用脚背内侧踢球的后中部（若要求出高球，则踢球的后下部），踢球腿随球继续前摆。

4. 脚背外侧踢球

脚背外侧踢球是指用脚背外侧部位几块趾骨的背面部位接触球的一种踢球动作。它的特点同脚背正面踢球。由于踢球时，踝关节转动的灵活性和摆腿方向变化较多等特点，因此脚背外侧踢球有着较广的用途。

脚背外侧踢球

（1）脚背外侧踢定位球的动作方法（直线球）：助跑，支撑脚的位置和踢球腿的摆动基本上与脚背正面踢球的动作方法相同，只是接触球的部位是用脚背外侧。在踢球腿的膝关节摆至接近球的正上方的刹那，小腿做爆发式前摆，膝关节、脚尖内转，脚背屈，脚趾扣紧，用脚背外侧踢球的后中部，踢球腿提膝随球继续前摆。

（2）脚背外侧踢弧线球的动作方法：支撑脚踏在球的侧后方15~20厘米处，踢球脚的踝关节紧张用力，脚尖内转，由后外侧向前内侧摆腿，用脚背外侧踢球的后中部，踢球腿与出球方向交叉随球继续前摆。

5. 脚尖踢球

脚尖踢球是指用脚尖接触球的一种踢球动作。它的特点是踢球腿的摆幅大、摆速快，踢球的着力点集中，出球快而有力。但因脚尖与球的接触面积小，脚尖踢球出球的准确性较差，通常极少使用。

脚尖踢球

（1）脚尖踢球的动作方法：支撑脚踏在球的侧后方，击球时脚尖翘起，踝关节、趾关节紧张用力并保持固定，用脚尖踢球的后中偏下部位。

（2）脚尖捅球的动作方法：在支撑脚离球过远的情况下，踢球腿屈膝前跨，髋关节前送，两臂向上摆，踢球腿前伸，在踢球脚落地之前，用脚尖捅球的后中部。

6. 脚跟踢球

脚跟踢球是指用脚跟（跟骨）将球踢到身体后面的一种踢球动作。它的特点是摆幅小，向后出球。脚跟踢球虽然出球力量小，但是具有一定的隐蔽性和突然性。脚跟踢球要根据人与球的位置而采用不同的踢球方法。

脚跟踢球

（1）球在支撑脚的内侧时脚跟踢球的动作方法：踢球脚自然提跨到球的前方，接着以膝关节为轴，小腿突然快速向后摆，脚尖翘起，踝关节紧张用力，用脚跟踢球的前中部，将球向后踢出。

（2）球在支撑脚的外侧时脚跟踢球的动作方法：踢球脚先自然前摆，当摆过支撑脚时，立即向支撑脚一侧呈交叉后摆，脚尖翘起，踝关节紧张用力，用脚跟踢球的前中部，将球向后踢出。

（二）踢球技术的练习

1. 练习建议

（1）练习踢球技术应先从踢静止球、地滚球开始，在初步掌握了这些技术动作之后，再进行踢反弹球、空中球的练习。踢球练习要以支撑脚的站位、踢球腿的摆动和脚触球的部位这3个环节为重点，并结合示范和讲解。对出现的错误动作要找出原因并及时进行纠正。

（2）当初步掌握了一只脚踢球的技术之后，要注意使用另一只脚进行踢球练习，使两只脚都掌握踢球技术。

（3）对每一种踢球技术都要认真反复练习，严格要求，做到动作正确，出球有目的，并且养成踢球前观察场上情况、对来自各个方向的球主动迎球踢球、踢球之后立即起动的习惯。

（4）在条件简单的情况下能较正确地完成踢球动作，之后要在移动中练习踢来自不同方向的球，并要逐渐加大动作难度，提高踢球动作质量。

（5）结合实战进行对抗练习，在实战中踢球动作自如。

2. 练习方法示例

（1）踢定位球练习。

① 各种踢球动作的模仿练习。首先进行助跑和支撑脚的站位的练习，然后进行助跑、支撑脚的站位、摆腿和脚触球的练习，最后进行从助跑直到随前动作的完整的踢球练习。

② 两人一组，一人用脚挡球（挡球脚脚尖稍翘起，脚掌对球，离球约10厘米），另一人做助跑踢球练习，主要练习支撑脚的站位、摆腿，体会脚触球的部位。

③ 对着足球墙进行踢球练习。开始时离墙3~5米，踢球力量要小，然后逐渐加长离墙的距离，增大踢球力量。

④ 两人一组，相距15米左右，中间放一个低栏，要求踢出的球从栏间通过。

⑤ 在角球区向罚球区大力踢球。

⑥ 在罚球区线上，向中圈踢高球给队友。

（2）踢来自各个方向的球的练习。

① 学生在罚球弧线处站成一路纵队，依次向守门员踢球，守门员接球后掷地滚球，学生依次助跑踢球。

② 学生在罚球区外排成一路纵队，依次踢球给端线处的供球者，供球者再回传地滚球，学生依次助跑踢球射门。

③ 两人一组。甲与两根分别竖立的标杆组成三角形，乙站在其中一根标杆前。在甲向两根标杆中间传球时，乙起动跑到中间把球踢还给甲，并继续向前跑绕过另一根标杆，再跑到中间，做与前次相同的练习，依次进行。

（3）迎球跑动踢球和后退中踢球练习。

① 迎球跑动踢球：两人一组，相距15米左右，甲踢球给乙，乙跑上去迎球踢还给甲，并回到原来的位置，甲接球后再将球向乙的另一侧踢出，乙也像之前那样跑上去迎球踢还给甲，依次进行。

② 后退中踢球：两人一组，相距8米左右，甲后退跑，乙踢球给甲并继续往前跑。甲再将球回踢给乙，并继续后退跑，依次进行。

（4）抢球练习。

在规定的范围内，几个人围成圆圈传球，一人或两人在中间抢球。抢球者只要触到球即与传球失误者交换位置。抢球练习可规定某种踢球动作和触球次数等。

（5）踢反弹球、空中球练习。

① 面向足球墙，距墙10米左右，对墙踢自抛反弹球。

② 面向足球墙，距墙10米左右，对墙踢自抛下落球。

③ 两人一组，相距10米左右，一人用手抛球给对方，对方踢反弹球或空中球给抛球者。这个练习两人可每次交换，也可每人做几次后再交换。

以上练习开始时，踢球力量要轻，初步掌握之后可加长彼此之间的距离，同时加大踢球力量。

3. 易犯错误与纠正方法

（1）脚内侧踢球。

① 踢球腿屈膝外展不充分，脚尖没有翘起。

纠正方法：加强无球摆腿练习，膝关节要充分外展；踢球脚脚尖微微向上翘起，固定踝关节发力。

② 摆腿动作过分紧张，使摆速受到限制。

纠正方法：放松身体，摆腿时由大腿带动小腿。

③ 在踢球腿前摆时，膝关节伸直，形成直腿扫踢。

纠正方法：踢球腿触球后随球方向前摆，保持踢球腿膝关节微屈至球踢出。

④ 踢球时上体向踢球腿一侧倾斜，脚掌内翻。

纠正方法：踢球时身体重心移向支撑脚一侧，使踢球腿充分摆动发力。

（2）脚背正面踢定位球。

① 支撑脚的位置靠后，造成踢球时身体后仰，脚背正面踢在球的后下部，出球偏高。

纠正方法：支撑脚的站位稍向前移，身体重心提高前移，用脚背正面踢球的正后方。

② 当踢球腿前摆时，小腿过早地做爆发式前摆，造成直腿击球，出球无力。

纠正方法：判断球的位置与速度，调整摆腿发力的时机。

③ 摆腿方向不正，造成脚触球部位不准。

纠正方法：向着踢球方向摆腿，摆腿时速度要快，大腿带动小腿发力。

④ 因怕脚尖触地，脚背没有充分屈趾，造成脚趾背面触球。

纠正方法：踢球脚充分屈趾，脚背绷紧。

（3）脚背正面踢反弹球。

① 对球的落点判断不准而不能正确地选择支撑脚的位置。

纠正方法：提高对球落点的判断。

② 对球的落地时间掌握得不准而摆腿过晚，踢球的后底部，致使出球偏高或无力。

纠正方法：提高对球落点的判断，加快踢球腿踢球时的摆动速度。

（4）脚背内侧踢球。

① 助跑的斜线角度过小，击球点偏外，出球不准。

纠正方法：助跑角度约45°，踢球的后下方。

② 支撑脚的位置偏后，踢球时上体后仰，出球过高。

纠正方法：支撑脚的站位在球的侧面，踢球时上体后仰角度不能过大。

③ 踢球脚的脚背外转不够，脚的触球部位不准确。

纠正方法：踢球时脚背向外转，膝关节向前，用脚背内侧踢球。

（5）脚背外侧踢球。

① 踢球时，膝关节和脚尖内转不够，致使触球的部位不准确。

纠正方法：踢球时绷紧脚背，脚尖内转，用脚背外侧踢球。

② 支撑脚的位置靠后，造成身体后仰，出球偏高。

纠正方法：支撑脚的站位前移，身体重心提高，上体向前倾。

③ 踢球腿的摆动与出球方向交叉，使出球呈弧线运行或出球无力。

纠正方法：练习无球摆腿，使踢球腿摆动与出球方向一致。

三、停球

停球是指运动员有目的地用身体的合理部位，把运行中的球停挡在所需要的控制范围内的动作。停球仅指把比赛中的来球控制下来的“接球”或截（断）球等技术动作，而不含把来球直接处理出去的运、传、射等“接球”或截（断）球等技术动作。

足球比赛中停球不是目的，而运用停球是因为在争夺激烈、快速多变的比赛中，不是所有的来球都能直接踢、顶出去，也不是一切来球都应立即踢、顶出去。当遇到难以应对的球，或需要等待队友跑到有利位置，或需要自己运球摆脱等情况时，都需要把球控制下来，这就需要停球。

随着足球运动的发展和技术水平的提高，比赛中直接出球次数增多，因而停球技术的运用相对减少，但对每次停球效果的可靠性要求却越来越高。

（一）停球的动作方法

1. 脚内侧停球

脚内侧停球由于脚与球的接触面积大，容易把球停稳，是停球技术中最容易掌握的动作，并且便于改变停球方向和衔接下一个动作，是停球技术中运用得最多的动作。脚内侧停球包括脚内侧停地滚球、反弹球和空中球。

（1）脚内侧停地滚球的动作方法：根据球的运行路线和选择的停球位置，及时移动到位。支撑脚正对来球，膝关节微屈。停球腿屈膝外展并前迎，脚尖翘起，脚在与球接触前的刹那开始后撤，在后撤过程中用脚内侧接触球，将球控制在衔接下一个动作需要的位置上。例如，需把球停到自己的侧后方，则在停球脚撤到支撑脚的侧面时，再继续以转体、展髋和停球脚外展的动作将球停向侧后方，同时以支撑脚为轴使身体转向出球方向。

脚内侧停地滚球

脚内侧停地滚球可以用压推法和挡压法。当球运行到支撑脚的侧面或侧前方时，停球脚以脚内侧挡压球的后上部。当需要把球停到支撑脚外侧时，停球脚的脚尖稍向前，脚内侧挡压球的侧后上部，同时脚尖内转，支撑脚以前脚掌为轴使身体转向出球方向。

（2）脚内侧停反弹球的动作方法：根据球的运行路线和落点，及时移动到位，支撑脚踏在球的落点的侧前方，膝关节微屈，上体稍前倾并且向停球方向微转，同时停球脚提起，踝关节放松，脚内侧对准球的反弹路线。当球落地反弹刚离地时，用脚内侧挡压球的中上部。如需把球停向左侧，支撑脚应踏在球的落点的左侧方，脚尖指向左侧，同时上体向左侧稍前倾。

脚内侧停反弹球

（3）脚内侧停空中球的动作方法：一种方法是根据球的运行路线和选择的停球位置，及时移动到位，并根据来球的高度，将停球脚举起前迎，脚内侧对准来球路线，在脚与球接触前的刹那开始后撤；在后撤过程中用脚内侧接触球，将球控制在衔接下一个动作需要的位置上。另一种方法是将停球脚举到稍高于选择的停球点，在脚与球接触前的刹那开始下切；在下切过程中用脚内侧切球的侧上部，将球切向地面。用下切动作停下来的球落地后一般都会继续跳动，需要立即接做下一个动作，否则易被防守队员抢球。

脚内侧停空中球

2. 脚底停球

脚底停球是指用脚掌和地面形成的两面夹角来停球的动作。由于脚与球的接触面积大，因此脚底停球容易把球停稳。脚底停球包括脚底停地滚球和反弹球。

脚底停球

（1）脚底停地滚球的动作方法：根据球的运行路线和选择的停球位置，及时移动到位，面对来球，支撑脚踏在球的侧后方，膝关节微屈，脚尖正对来球，同时停球脚提起，膝关节自然弯曲，脚尖翘起高于脚跟（脚跟离地面稍低于球），踝关节放松，用前脚掌挡压球的中上部，并根据下一个动作需要，用脚掌推球或拉球。

（2）脚底停反弹球的动作方法：根据球的运行路线和落点，及时移动到位，面对来球，支撑脚踏在球的落点的侧后方。停球腿屈膝抬起，在球落地的刹那，脚尖上翘，小腿稍前伸，用脚掌覆盖在球的反弹路线上，触压球的后上部。

3. 脚背外侧停球

脚背外侧停球常与假动作结合起来使用，因此具有一定的隐蔽性。但由于重心移动较大，该动作比较难掌握。脚背外侧停球包括脚背外侧停地滚球和反弹球。

脚背外侧停球

（1）脚背外侧停地滚球的动作方法：根据球的运行路线和选择的停球位置，及时移动到位。侧对或面对来球，停球脚稍提起，膝关节和脚尖内转，以脚背外侧正对来球，在支撑脚的前侧接触球的侧后方，并向停球脚外侧轻拨，把球停在侧前方或侧方的控制范围内。

（2）脚背外侧停反弹球的动作方法：根据球的运行路线和落点，及时移动到位，面对或侧对来球，支撑腿的膝关节微屈。停球脚在支撑脚前方或前侧方，稍提起并内翻，使停球脚的脚背与地面形成一定的角度，踝关节放松。当球刚反弹离地时，用脚背外侧向前侧方轻拨球，把球停在体侧的控制范围内。

4. 胸部停球

胸部是人体较高的部位，对高空球能较早地控制，并且由于面积大、有弹性，容易较稳地停好球。胸部能停高球和平球。胸部停球有挺胸停球和收胸停球两种动作。

停高于胸部的空中下落球时，一般可采用挺胸停球动作；停胸部高度的平直球时，一般可采用收胸停球动作。

挺胸停球

（1）挺胸停球的动作方法：根据球的运行路线和选择的停球位置，及时移动到位，面对来球。准备停球时，稍收下颌，两臂屈肘自然张开，两脚前后（左右）开立，两膝微屈，重心落在两脚间。在球运行到与胸部接触前的刹那，两脚蹬地上挺的同时展腹、上体后仰，用胸大肌触球，使球向预定的方向稍弹起，改变原运行路线，然后落于控制范围内。

收胸停球

（2）收胸停球的动作方法：根据球的运行路线和选择的停球位置，及时移动到位，面对来球。准备停球时，两臂屈肘自然张开，两脚前后开立，身体重心前移，挺胸迎球。在球运行到与胸部接触前的刹那，重心迅速后移的同时收胸、收腹挡压或拍击球，使球向预定的方向落于地面的控制范围内。如需要把球停向右（左）侧，则应在接触球前的刹那向右（左）侧转体，并用胸大肌将球拍击到衔接下一个动作需要的位置上。

5. 腹部停球

腹部停球

在快速跑动中遇到落地反弹较高的球时，为了争取时间，不降低跑动速度，可用腹部停球。

腹部停球的动作方法：根据球的运行路线和选择的停球位置，及时迎球前跑，在球落地反弹与腹部接触前的刹那，主动挺腹推球或上体前屈推压，将球挡落在体前衔接下一个动作需要的位置上。

6. 大腿停球

大腿停球一般适用于停弧度较大的高空下落球，或停平行于大腿高度的来球。大腿停球分为大腿停高球和大腿停低平球两种动作。

（1）大腿停高球的动作方法：根据球的运行路线和选择的停球位置，及时移动到位，面对来球。停球腿屈膝抬起，以大腿中部对准下落的球，肌肉适当放松。大腿在与球接触的刹那，快速后撤将球挡落在身体前衔接下一个动作需要的位置上。

（2）大腿停低平球的动作方法：根据球的运行路线和选择的停球位置，及时移动到位，面对来球。停球腿以大腿中部对准来球，屈膝前迎，肌肉适当放松。大腿在与球接触前的刹那，快速后撤将球挡落在衔接下一个动作需要的位置上。

（二）停球技术的练习

1. 练习建议

（1）停球技术的练习应从停地滚球开始，并应按照停地滚球、停反弹球和停空中球的顺序，同时，应按照原地停、前迎停、转身停和顺势停的顺序，练习上述各种性质、状态的来球。

（2）在开始练习停球时，要注意停球时的触球部位（身体和脚踝），要适当放松，并做好迎撤动作。

（3）在停球的刹那，身体重心要稳固地放在支撑脚上，以保证停球脚自如地进行动作。

（4）养成停球前后观察周围情况的习惯，以便将球停在需要的位置上，为及时、正确地停球和加快进攻速度创造条件。

（5）要隐藏自己的停球意图，以利于摆脱防守队员的争抢。

（6）停球要与运球、传球、过人和射门紧密衔接，以适应快速进攻的要求。

2. 练习方法示例

（1）停地滚球练习。

① 停球动作的模仿练习。

② 停迎面来的地滚球。两人一组，相距6~8米，相对站立，一人踢（掷）地滚球，另一人停球。

③ 跑上去停迎面来的地滚球。两人一组，相距10米左右，相对站立，一人踢（掷）地滚球，另一人跑上去停球。

④ 跑上去停对足球墙踢出的反弹回来的球。

⑤ 停正面来球。两人一组，相距20米左右，甲踢地滚球给乙，乙跑上去停球，然后踢给甲，依次进行。

⑥ 停侧面来球。两人一组，相距15米左右，甲向乙的侧面踢球，乙跑动中用规定部位停球，乙停球后再踢球给甲，依次进行。

（2）停反弹球练习。

① 自抛自停反弹球。自己向上抛球，待球落地时停反弹球；或自己向足球墙掷、踢高球，然后跑上去停反弹球。

② 两人一组，相距15米左右，一人踢（抛）有一定高度的抛物线下落球，另一人向

侧方或侧后方停反弹球。

③ 两人一组，相距15米左右，一人向另一人侧方或侧前方踢（抛）有一定弧度的抛物线下落球，另一人跑上去向侧方或侧后方停反弹球。

（3）停空中球练习。

① 自抛自停下落的空中球。

② 两人一组，相距10米左右，相对站立，一人掷球，另一人停空中球。要求掷出去的球有一定的力量。

③ 两人一组，相互踢高球和停高空下落的空中球。

3. 易犯错误及纠正方法

（1）脚内侧停球。

① 停球脚的踝关节没有充分放松，使球触脚后弹离过远，从而失去控制。

纠正方法：停球时踝关节放松。

② 停地滚球时，脚离地过高，使球漏过。

纠正方法：做无球的模仿练习，提示抬脚不能过高，用脚内侧停球。

③ 停反弹球时，对球的落地时间判断不准，使球漏过；或用力下压而停不稳球。

纠正方法：加强对球落点判断的准确性，停球脚的踝关节放松，用脚内侧停球。停球的位置在身体重心下方，不能远离身体，用脚内侧停反弹球。

（2）脚底停球。

① 停球脚抬起过高，使球漏过。

纠正方法：加强对球落点判断的准确性，抬脚不能过高，利用停球脚与地面形成的夹角，用前脚掌停球。

② 停球脚用力踩球，使球停不稳。

纠正方法：停球时不能用力踩球，用前脚掌给球一个缓冲，使球停在控制范围内。

③ 停反弹球时，对球的落点和落地时间判断不准确，使球漏过。

纠正方法：加强对球落点判断的准确性，抬脚不能过高，利用停球脚与地面形成的夹角，用前脚掌停球。

（3）脚背外侧停球。

① 停球脚的踝关节没有充分放松，使球停得不稳。

纠正方法：停球脚的踝关节放松，利用脚背外侧与地面形成的夹角，给球缓冲，使球停在控制范围内。

② 对球的落点和落地时间判断不准，使球漏过。

纠正方法：加强对球落点判断的准确性和停球时机的练习。

（4）胸部停球。

① 停球时，对球在空间的位置选择不恰当。

纠正方法：根据球落点的高低选择停球的位置，不能在球落点很低时还用胸部停球。

② 不能用正确的部位接触球。

纠正方法：加强无球的模仿练习，克服对球的恐惧心理。对球落点的准确判断也是胸部停球的前提。

③ 挺胸停球时没有收下颌。

纠正方法：停球时用两眼注视球，不能因为害怕而转头或者抬头，造成停球部位的偏差。

④ 没有充分展腹，造成挺胸而不能后仰，使球弹得过远，难以控制。

纠正方法：停球时上肢稍后仰，给球向上的缓冲力，使球停在控制范围内。

（5）大腿停球。

① 腿部不够放松，使球弹离身体过远。

纠正方法：停球时腿部放松，给球缓冲，使球停在控制范围内。

② 抬腿过高，用力过大，使停球远离身体。

纠正方法：抬腿的高度应根据球的运行路线，正面迎球，放松腿部肌肉，给球缓冲。

（6）腹部停球。

对球的落地时间判断不准确或移动没有到位而停不到球。

纠正方法：提高对球的运行路线和落点的判断能力，脚步移动快。

四、头顶球

头顶球是指运动员有目的地用头的前额把球击向预定目标的一种动作。

足球比赛中球经常在空中运行，运动员为了获得和利用空中球，就经常会用头去顶球。运动员掌握了头顶球技术，顶出去的球准确而有力，会有一定的优势。

头顶球是足球基本技术中不可缺少的重要技术之一。掌握了头顶球技术，在进攻时就可以利用头顶球进行传球，以加快进攻速度，最后完成射门任务；在防守时可以利用头顶球抢截或破坏进攻队员的传球、抢救险球，解除门前危急，阻止进攻队员方射门等，转守为攻。

（一）头顶球的动作方法

1. 前额正面顶球

通常在前后摆体顶球时用前额正面顶球技术。前额正面顶球主要有以下3种动作。

前额正面顶球

（1）原地前额正面顶球的动作方法：根据球的运行路线和选择的击球点（顶球时球在空中的位置），及时移动到位，身体正对来球，两脚前后（左右）开立，膝关节微屈，上体稍后仰，重心放在后脚上，两臂微屈自然张开，眼睛注视来球。在球运行到身体的垂直部位前的刹那，后脚用力蹬地，身体重心在由后脚移向前脚的同时，迅速向前摆体，收下颌，颈部紧张，快速甩头，用前额正面顶球的后中部，上体随球继续前摆。

（2）原地跳起前额正面顶球的动作方法：根据球的运行路线和选择的击球点，及时移动到位。准备起跳时，两腿屈膝，重心下降，然后两脚同时用力蹬地，两臂屈肘上摆向上跳起，在跳起上升过程中挺胸展腹，两臂自然张开，眼睛注视来球。在跳起接近最高点准备顶球时，身体成背弓姿势。在球运行到身体的垂直部位前的刹那，快速收腹、折体前屈并甩头，用前额正面将球顶出，顶球后两腿同时自然屈膝、屈踝落地。

（3）助跑单脚起跳前额正面顶球的动作方法：根据球的运行路线和选择的击球点，及时移动到位。助跑的最后一步要稍大些并用力蹬地，使身体向上腾起，在跳起上升过程中身体成背弓姿势。在球运行到身体的垂直部位前的刹那，快速收腹、折体前屈并甩头，用前额正面将球顶出，顶球后两腿自然屈膝、屈踝落地。

2. 前额侧面顶球

通常在由一侧向另一侧摆体顶球时用前额侧面顶球技术。前额侧面顶球有以下两种动作。

前额侧面顶球

（1）原地前额侧面顶球的动作方法：根据球的运行路线和选择的击球点，及时移动到位，两脚前后开立（出球方向的同侧脚在前），两膝微屈，上体和头部稍向出球的相反方向回旋侧屈，身体重心落在后脚上，两臂屈肘自然张开，眼睛注视来球。在球运行到出球方向同侧肩前上方的刹那，后脚用力蹬地，上体迅速向出球方向扭摆，同时颈部紧张用力甩头，以前额侧面顶球的后中部。

（2）跳起前额侧面顶球的动作方法：跳起前额侧面顶球又分为原地跳起前额侧面顶球和助跑跳起前额侧面顶球。其移动和起跳动作与前额正面顶球的移动和起跳动作相同。但是，不论是原地跳起前额侧面顶球还是助跑跳起前额侧面顶球，上体都要在跳起上升的过程中向出球的相反方向回旋侧屈，侧对来球。在跳起接近最高点时，上体急速向出球方向扭摆、甩头，在头到达最高点时用前额侧面将球顶出。顶球后，两腿屈膝、屈踝落地。

3. 鱼跃头顶球

在面对离身体较远的平直球，又来不及移动到位的情况下，为了争取时间射门或救险，可运用鱼跃头顶球。

鱼跃头顶球

鱼跃头顶球的动作方法：根据球的运行路线和选择的击球点，以单脚或两脚用力蹬地，身体呈水平状态跃出，同时两臂微屈向前伸，眼睛注视来球，颈部紧张用力，利用向前跃出的惯性冲力，以前额上部将球顶出。顶球后，身体背弓，两臂屈肘前伸，两手着地，接着胸部、腹部和大腿依次着地，或稍屈体侧转滚动着地。

（二）头顶球技术的练习

1. 练习建议

（1）头顶球技术的练习一般应按前额正面顶球和前额侧面顶球的顺序进行，并且按原地顶球、跑动中顶球和跳起顶球的顺序进行。其中，跳起顶球应先原地跳起，再助跑跳起。在这些顶球动作都能熟练掌握之后再试做鱼跃头顶球练习。

（2）头部是人体重要的部位之一，且容易受伤，一般人对用头去顶球存在一定程度的惧怕心理。因此，教师首先要讲明用头的正确部位去顶球，一般不会对人脑产生伤害；其次要讲明头顶球在足球比赛中的重要作用；最后，教师的示范动作要给学生以轻松自如的感觉，以消除其恐惧心理。

（3）开始练习头顶球时，要强调用头击球的时间，即在身体摆动到与地面垂直的刹那击球是比较理想的，要充分利用腰腹部力量与颈部紧张用力进行协调一致的配合以及注意养成目迎球、目送球的习惯。

（4）注意培养根据球的运行路线和选择的击球点及时移动到位，以及掌握准确的起跳时间，并在预定的击球时间顶到球的能力。

2. 练习方法示例

（1）原地顶球练习。

① 做顶球的模仿练习（各种球）。

② 两人一组，相对站立，一人举球至另一人面前头高位置，另一人原地摆体，用前额正面顶球。认真体会顶球部位和练习顶球动作，要求看着球去顶球。

③ 向自己的垂直上方抛球，待球下落到自己的头高位置时顶球，以体会向后摆体和前摆击球的时间。

④ 两人一组，相距10米左右，一人抛球，另一人顶球。

（2）移动中顶球练习。

① 三人一组，站成三角形，各相距10米左右，一抛、一顶、一按，连续进行。

② 两人一组，一人在移动中把球抛到另一人的侧面，让其在快速移动中顶球，连续进行。

③ 顶球射门。学生在罚球弧线处掷球给站在罚球点侧面的教师，并立即起动跑上去顶教师抛起来的球射门。

（3）跳起顶球练习。

① 跳起顶球的模仿练习（各种跳起顶球的模仿动作）。

② 原地跳起顶球与助跑跳起顶球。

③ 两人一组，相距10米左右，一人抛球，另一人跳起顶球。

④ 两人一组，相距10米左右，一人跳起，把球抛到离另一人3~4米的身前位置，另一人跑上跳起顶球。

⑤ 学生成一路纵队站在罚球点附近，从第一人开始掷球给处在球门柱旁的教师后，立即起动去顶教师抛起的高空下落球射门。

3. 易犯错误及纠正方法

（1）顶球时闭眼、缩脖子，不敢主动迎击球。

纠正方法：可用球轻轻触击前额。之后自抛体会顶球，感觉触球部位不对，可反复练习顶吊球，体会正确的触球部位。

（2）顶球点选择不正确，顶不到球或只是蹭击球。

纠正方法：加强对球的运行路线和速度的判断，用前额顶球。

（3）击球的用力摆体动作过早，出球无力。

纠正方法：注意顶球的时机，准确地判断球的运行路线和速度后，掌握好蹬地、摆体、收腹、甩头用力的时机。

（4）蹬地、摆体或收腹、折体与颈部紧张用力不协调。

纠正方法：加强无球的模仿练习，使头顶球的用力过程协调连贯。

五、运球

运球是运动员在跑动中有目的地用脚连续推球、拨球使其处在自己控制之下的触球动作。

比赛的高速度是现代足球运动的重要特点之一。比赛中，即使是20米/秒左右的中速度的传球也比5~8米/秒左右的最快速度的运球要快2~3秒。因此，凡是应该传的球并且能够传出去的球，都不应该采用运球推进。然而，在攻守对抗中运用运球可以变换进攻速度和调节比赛节奏；在防守队员紧逼和密集防守的情况下，运用运球技术可以摆脱防守队员的拦截、争抢或诱使防守队员离开防守位置而暴露空当，为传球或射门创造有利时机；在突破最后一个后卫仍距球门较远的情况下，为了提高射门命中的概率，可利用快速运球迫近对方球门。所以，熟练地掌握运球技术对运动员提高个人作战能力和完成全队配合具有十分重要的意义。

（一）运球技术分析

1. 运球的动作方法

运球分为脚背正面运球、脚背内侧运球、脚背外侧运球和脚内侧运球等。

（1）脚背正面运球。

脚背正面运球

脚背正面运球适用于直线运球。该动作多用于越过防守队员后，前方纵深距离较长，仍需快速运球前进的情况。

脚背正面运球的动作方法：运球跑动时，身体自然放松，上体稍前倾，两臂屈肘自然摆动，步幅适中；运球脚提起，膝关节微屈，脚跟提起，脚尖下压，在迈步脚前伸着地前，用脚背正面推球前进。

（2）脚背内侧运球。

脚背内侧运球

脚背内侧运球适用于变向运球。该动作多用于向内改变方向并需要用身体掩护球的情况。

脚背内侧运球的动作方法：运球跑动时，身体自然放松，步幅稍小，上体稍前倾并向运球方向扭转，两臂屈肘自然摆动，膝关节微屈，脚跟提起，脚尖稍外转，在迈步脚前伸着地前，用脚背内侧推（拨）球前进。

（3）脚背外侧运球。

脚背外侧运球

脚背外侧运球动作由于能充分发挥跑动速度和具有用身体掩护球的特点，比赛中多在快速奔跑和向外改变方向时使用。

脚背外侧运球的动作方法：运球跑动时，身体自然放松，上体稍前倾，两臂屈肘自然摆动，步幅适中，运球脚稍提起，膝关节微屈，脚跟提起，脚尖稍内转，在迈步脚前伸着地前，用脚背外侧推（拨）球前进。

（4）脚内侧运球。

脚内侧运球

脚内侧运球是运球技术中速度最慢的一种运球动作。但是，当运球靠近防守队员需要牢固地控制好球而用身体掩护时，可采用脚内侧运球。

脚内侧运球的动作方法：运球跑动时，支撑脚稍向前跨，踏在球的前侧方，膝关节微屈，上体稍前倾并向里转。随着身体前移，运球脚提起，脚内侧对球，推球前进。

比赛中的情况是瞬息万变的，所以运用运球技术也必须根据比赛临场的变化。比赛中的运球经常是几种运球动作变换运用的。在改变方向运球时，经常是两脚交替推球或拨球。

2. 运球时的常用动作

运球时的常用动作有拨球、扣球、拉球和挑球等。

（1）拨球。

拨球是指用脚踝的扭拨动作，以脚背内侧或脚背外侧触球，使球向侧方或侧前方运行。用脚背内侧拨球的动作称为里拨，用脚背外侧拨球的动作称为外拨。

（2）扣球。

扣球是指用突然转身和脚腕急转扣压动作，以脚背内侧或脚背外侧触球，使球向侧后方停下或改变方向运行。用脚背内侧扣球的动作称为里扣，用脚背外侧扣球的动作称为外扣。

（3）拉球。

拉球是指用脚掌由前向后或由左（右）向右（左）用力拖拉球的动作。

（4）挑球。

挑球是指用脚背与脚尖翘起上挑的动作或用脚背上撩的动作，使球向前上方改变方向。

3. 运球过人

运球过人分为强行过人和晃拨过人两种。

（1）强行过人。

强行过人是指用突然推球与快速起动相结合的动作而越过防守队员。

强行过人

要求：

① 起动动作要快而突然。

② 准确地掌握起动的时机。

③ 防守队员的身后有较大的空隙。

（2）晃拨过人。

晃拨过人是指用左晃右拨或右晃左拨的动作越过防守队员。

晃拨过人

要求：

① 晃动动作要逼真，但晃动时身体重心不能超过支撑点。

② 将主要精力集中在观察防守队员的反应和动作上。

③ 由晃转到拨的动作要突然而快速。

（二）运球技术的练习

1. 练习建议

（1）运球技术的练习应从推球和拨球前进开始，并伴以运球中常用的拨球、扣球、拉球、挑球的技术动作，以建立脚对球的本体感受，从中体会与掌握触球部位、动作力量和球的运行规律等，从而为有效地控制好球奠定初步的基础。在这个基础上再按照直线运球，折线运球，曲线运球，直、折、曲线运球结合进行拨球、扣球、拉球、挑球等顺序练习，然后进行运球过人练习。

（2）练习运球时，要在慢速中进行。做运球过人练习时，要在没有防守过渡到消极防守时完成过人，在这个基础上再逐步提高要求，加大难度，最后在积极对抗中进行练习。

（3）运球时应注意观察场上情况，以便根据比赛临场的情况及时传球、射门或改变运球速度、运球过人等。

（4）掌握两脚都会运球和两脚都能做运球过人的动作。

（5）运球接近防守队员时，步幅要小，触球要轻，以便随时紧密地衔接下一个动作。

（6）眼睛要看球并兼顾防守队员和场上的情况，以便随时躲闪防守队员或改变方向和速度，及时完成传球、射门等动作。

（7）运球跑动要自然，步幅稍小而短促，重心要低，以便随时进行动作。

（8）不论是运球时的推球，还是运球过人时的拨球、拉球、扣球、挑球的触球，用力都不宜过大，要使球始终处于自己的控制之下。

（9）遇有防守队员争抢时，要用身体掩护球或用距防守队员远侧的脚控制球。

（10）在做运球过人动作时，身体重心左右移动不能越过支撑点，以控制自身的平衡。

（11）在运球过人时，特别是在快速运球的过程中做改变方向的拨球、扣球过人动作时，还应考虑到“力的合成与分解”的力学因素，以调整触球的部位和用力方向，从而保证拨、扣后的球能按预期的路线运行。

2. 练习方法示例

（1）在慢速中用单脚推球或拨球前进。初步掌握之后再进行两脚交替推球、拨球前进练习。

（2）学生分成两组，相距20米左右，以“一”字形相对排列。一组的第一人运球到对面的运球起点线，把球传给另一组的第一人，然后跑到另一组的排尾，依次进行。

（3）学生排成一路纵队，由排头开始从起点线运球绕过对面的标旗，再折回到起点线，把球传给下一个人，然后跑到排尾，依次进行。

（4）学生排成一路纵队，由排头开始从起点线运球绕过数根标旗，再折回到起点线，把球传给下一个人，然后跑到排尾，依次进行。这个练习还可以让学生相隔一定距离一个接一个地进行运球过标旗练习，以增加练习密度。标旗可摆放成直线或折线。

（5）学生分成两组，各成一路纵队，分别站在中圈外的左侧和右侧。各组的排头按同一方向沿中圈运球，运球到起点把球交给本组的下一个人，然后跑到排尾，依次进行。

（6）学生分成两组，都在中圈内。一组运球，另一组散站在圈内或在圈内自由走动。运球者要尽可能使球不触及站着或走动的人。两组按教师的指令轮流进行。

（7）两人一组，前面的人在运球中变向变速，后面的人运球模仿跟踪。

（8）前跑接球后，运球到规定的防守区域越过固定障碍射门，熟练后再设防守者，即运球越过防守者射门。

（9）两人一组，做一过一练习。运球者向防守者做运球过人练习，防守者做消极防守。较熟练地掌握之后，防守者做积极防守。这个练习可每次交换角色进行，也可做几次后再交换角色进行。

3. 易犯错误及纠正方法

（1）运球时只是低头看球，不能随时观察场上情况，致使不能及时传球或射门。

纠正方法：练习过程中抬头注意观察，用余光注视球的位置。

（2）运球时不是推球或拨球，而是击球，致使球远离自己而失去控制。

纠正方法：明确运球时“球跟人走”，而不是踢球后追球跑。练习时，跑一步触一次球，这样便于随时变向或者急停。

（3）拨球、扣球、拉球、挑球动作与身体重心移动配合得不好，使下一个动作衔接不上。

纠正方法：运球时身体重心降低，随球的运行方向移动身体重心，做到“人球结合”。

六、掷界外球

掷界外球是指运动员将比赛中越出边线的球，按照规则的规定用两手掷入场内的动作。足球比赛中不论比赛队的水平高低，都会有一定数量的球出界，并且足球竞赛规则中规定直接接到界外球时没有越位犯规，从而给进攻队员以充分活动的自由。因此，把比赛中越出边线的球掷入场内是一次很好的组织进攻的机会，尤其是直接掷到球门区能直接威胁球门。

足球竞赛规则对掷界外球动作要求比较严格，而掷界外球时往往由于掷球的动作不符合规则的规定而失掉一次很好的组织进攻的机会。因此，进行掷界外球练习时必须十分注意按足球竞赛规则要求的动作来练习。

（一）掷界外球的动作方法

1. 原地掷界外球

原地掷界外球的动作方法：面对出球方向，两脚前后（左右）开立，膝关节微屈，上体后仰成背弓姿势，重心移至后脚（左右开立时重心落在两脚间），两手自然张开、拇指相对，持球的后侧部，屈肘上举将球置于头后。掷球时，后脚用力蹬地，两腿快速伸膝，同时摆体，身体重心由后脚移向前脚，同时两臂急速前摆，当持球摆到头上方时，用力甩腕将球掷入场内。掷球后，后脚可沿地面向前滑动，但两脚均不得离地或踏入场内。

原地掷界外球

2. 助跑掷界外球

助跑掷界外球的动作方法：两手持球于胸前，在助跑迈出最后一步时，上体后仰成背弓姿势，同时将球举至头后。助跑掷界外球的动作方法与原地掷界外球相同。

助跑掷界外球

（二）掷界外球技术的练习

1. 练习建议

（1）上文已经讲到，足球竞赛规则规定直接接到界外球者没有越位犯规，但是足球竞赛规则对掷界外球动作规格有着严格的规定。因此，掷界外球技术的练习应先从原地掷界外球开始，并且必须符合足球竞赛规则规定的掷界外球动作规格，再逐步过渡到符合足球竞赛规则规定的助跑掷界外球，进而再要求掷准、掷远。

（2）掷界外球违例最多的情况有两种：一是近距离掷界外球的动作不连贯造成动作分解，二是助跑掷远距离球时单脚离地。因此，教师要提醒学生防止违例是很重要的，尤其是在靠近对方罚球区附近时的掷球。否则就会轻易地失掉一次具有很大威胁的进攻机会。

（3）掷界外球的目标不要在球出手之前过早地暴露，要选择既对防守队员有威胁又便于队友接球且有利于进攻的位置。

（4）在靠近对方罚球区附近获得掷球权时，要尽可能缩短从球出界到掷球的时间，不给防守队员充分布防的机会，并且由掷球距离远而准的队员来掷球。

（5）掷界外球时要面向出球方向，两手持球举至头后，两臂用力要一致，掷球动作要连贯，两脚均不得离地。

2. 练习方法示例

（1）持球模仿掷界外球动作，动作必须正确。

（2）两人一组，在近距离内进行对掷界外球练习，要求出球高度适宜、落点准确。

（3）两人一组，在相隔较远的距离内进行对掷界外球练习。

（4）在规定的范围内进行掷远比赛。

（5）向规定的目标掷准。

上述练习除了近距离掷界外球练习外，其他均可用于助跑掷界外球练习。

3. 易犯错误及纠正方法

（1）掷界外球过程有停顿，造成发球违例。

纠正方法：掷界外球时手臂动作要协调连贯。

（2）掷界外球出手时任意一只脚离开地面造成违例。

纠正方法：掷界外球时两脚都不能离开地面。

七、抢截球与假动作

（一）抢截球

抢截球是指运动员为把对手控制的球、传出的球夺过来或破坏掉所运用的各种合理的动作。

在足球比赛的防守中并不是每次抢截球都能够得到球。然而，运动员只要去抢截球，就占据了恰当的位置，就有可能封堵住球的路线或阻挠对手的自由动作，增加对手控制球的困难，同时给对手造成心理上的压力，使其紧张而可能出现失误；另外，积极地争夺或阻截，使对方传球空当缩小和接应活动受限，从而为队友和本队组织“稳固”防线创造了条件。因此，每一名足球运动员都应掌握抢截球技术。

1. 抢截球的动作方法

抢截球分为正面抢截球、侧面抢截球和侧后方抢截球3种。

（1）正面抢截球。

正面抢截球是当对手从对面运球而来时所采用的抢截球动作。

正面抢截球的动作方法：面向对手，两脚前后开立，两膝微屈，身体

正面抢截球

重心降至两脚之间。当对手运球脚触球后即将着地或刚着地时，抢截球者快速前移重心，支撑脚用力后蹬，抢截球脚以脚内侧对准球并屈膝向球跨出，从正面抢截球，同时上体稍前倾，身体重心移至抢截球脚。支撑脚随即前跨，维持身体平衡。如双方的脚同时触球，则要顺势向上提拉，使球从对手脚背滚过。同时，身体重心要快速跟上，把球控制好。如离球稍远而抢不到球，则可用脚尖将球捅掉。

（2）侧面抢截球。

侧面抢截球是与运球的对手并肩跑动或从后面追成平行跑时所采用的抢截球动作。

侧面抢截球的动作方法：当与运球的对手并肩跑动或从后面追成平行跑动时，身体重心稍下降，同对手接触一侧的臂紧贴自己的身体。当对手靠近自己一侧的脚离地时，用肘关节以上部位冲撞对手相应的部位，使其失去平衡而离开球，乘机把球抢过来。

侧面抢截球

（3）侧后方抢截球。

侧后方抢截球主要是通过倒地铲球动作来完成的。铲球是抢截球技术中难度较大的技术动作，然而，为了提高防御的实效性，在足球比赛中铲球技术已被广泛采用。一般是在对手运球或者接球越过防守者而来不及用其他方法抢截球时，采用倒地铲球。

侧后方抢截球

侧后方抢截球的动作方法：在控制球的对手拨球的一刹那，抢截球者后脚（异侧脚）用力后蹬成跨步，前脚（同侧脚）以脚外侧沿地面向前外侧滑去，用脚背或脚尖将球踢出或捅出，然后以小腿外侧、大腿外侧和臀部依次着地。异侧脚铲球则与同侧相反。

2. 抢截球技术的练习

（1）练习建议。

① 抢截球技术的练习一般应按抢截球前与对手所处的位置关系来安排，通常是按先练习正面抢截球，然后练习侧面抢截球，最后练习侧后方抢截球的顺序进行安排。正面抢截球和侧后方抢截球都应从对静止球做模仿性抢截球开始，即控球者消极等待抢截球者抢截球。侧面抢截球则应从两人在徒手走动、慢跑中观察对手的重心移动开始，然后在运球慢跑中进行抢截球练习，最后过渡到在积极争抢的条件下进行。

② 足球比赛中最容易发生犯规的时候是抢截球的时候。因此，在开始教抢截球动作时，教师要提醒学生抢截球时要对球而不要对人，要防止犯规和伤害事故。

③ 注意观察、分析对手的意图和预测到抢到球与抢不到球后比赛可能出现的局面，尤其是在射门的有效距离内。

④ 强调抢截球时控制自身的重心，保持身体的平衡。在对手已经控制好球时，不要轻易扑抢。

⑤ 养成抢到球后迅速处理球或抢不到球时也要立即进入下一个动作的习惯。

⑥ 选择恰当的位置，当与控制球的对手迎面相对准备抢截球时，要与对手保持约一大步的距离，以便能够随时出击。

⑦ 掌握好抢截球时机：当对手背向自己准备接球时，要果断而快速地上前抢截球，

或紧贴对手身后进行逼抢；当对手控制好球并面向自己时，不要轻易猛扑，而要寻找机会；当对手停球、运球而球离身体稍远时，要果断、快速地抢截球。

⑧ 利用合理冲撞：当与运球的对手并肩跑动时，要利用足球竞赛规则所允许的合理冲撞动作对其进行冲撞，使其对球失去控制，乘机把球夺过来。

⑨ 紧密衔接下一个动作：在抢截球过程中，身体重心要随球快速移动，以便连续争抢或抢到球后尽快控制或处理球。

（2）练习方法示例。

① 两人一组，球放在两人中间，两人面对面站立，均离球一步距离，两人同时做跨步用脚内侧抢截球的模仿练习。

② 两人一组，一人脚前放一个球，另一人做跨步抢截球的模仿练习。

③ 两人一组，一人做慢速运球，另一人迎面上去做正面跨步抢截球，练习两人同时夹住球的提拉动作。

④ 两人一组，相距4米，中间放一个球，按教师的手势两人同时练习正面跨步抢截球及同时夹住球的提拉动作。

⑤ 两人一组，相距5~8米，一人直线运球，另一人做正面跨步抢截球。

⑥ 两人一组，并肩慢跑观察对手身体重心移动情况，练习掌握冲撞动作和冲撞时间。

⑦ 两人一组，一人直线运球，另一人从侧面冲撞抢截球。

⑧ 每人一个球，对静止球做铲球练习。

⑨ 教师轻推出滚动球，学生在慢跑中铲球。

⑩ 两人一组，一人做慢速运球，另一人在慢跑中做侧后方抢截球。

3. 易犯错误及纠正方法

（1）正面抢截球。

① 身体重心不能及时移到抢截球脚上和抢截球脚的踝关节不够紧张用力，抢截球无力而徒劳。

纠正方法：抢截球时身体重心降低，脚步移动快；接触球时脚踝紧张用力，避免抢截球无力的同时避免自己受伤。

② 支撑脚没有迅速跟上，影响衔接下一个动作。

纠正方法：抢截球时身体重心降低，脚步移动要迅速。

③ 抢截球的时机掌握得不好，出脚稍早或稍晚而使抢截球失败。

纠正方法：通过示范练习和反复练习，掌握好抢截球的出脚时机。

（2）侧面抢截球。

① 冲撞时用手或肘、肩推对手造成犯规。

纠正方法：充分理解合理冲撞的含义，通过练习掌握冲撞方法，避免造成不必要的犯规。

② 不是在对手靠近自己一侧的脚离地时进行冲撞，因而没有效果。

纠正方法：通过练习，掌握合理冲撞的用力技巧，使合理冲撞运用更加合理。

（3）侧后方抢截球。

① 不是侧后方或侧方铲球，而是从正后方铲球，容易伤害对手和犯规。

纠正方法：加强足球竞赛规则的学习，避免无谓犯规和危险动作。

② 动作不连贯，容易摔伤自己和影响迅速地衔接下一个动作。

纠正方法：反复进行无球的模仿练习，使抢截球动作合理连贯，避免自己受伤。

（二）假动作

假动作是指运动员为了隐藏自己的意图，运用各种动作的假象迷惑或调动对手，使对手做出错误的动作或失去身体的平衡，从而获得时间、位置、距离等有利条件，更好地实现自己真正意图的各种动作。

从假动作的概念可以看出，它不是一项独立的技术，而是附属于各项技术并为该项技术服务的动作，这里为便于教学而把它单列为一项内容。

在现代足球比赛中，运用单一的技术动作难以摆脱对手的阻挠和争抢、突破对方的防线，特别是在紧逼的情况下较难摆脱对手。而适时地运用逼真的假动作却可以摆脱对手的阻挠，突破对方的防线或抢夺、破坏对手控制的球。这就决定了假动作在比赛中的重要作用。

1. 假动作的动作方法

（1）停球前假动作。

当准备停传来的球，而对手跑上来抢截球时，运球者可先佯作摆腿踢球的动作，迫使对手停下来伸脚堵球，在对手稍一停顿时，则改假踢球为停球，接着把球运走、传出或射出。

停球前假动作

（2）运球过人假动作。

示例一：当对手迎面上来抢截球时，运球者先用右脚佯作向左（右）拨球；当对手也向左（右）侧移动抢截球时，突然改用右（左）脚脚背向外拨球，并在越过对手后快速运球前进，也可以用身体向左（右）晃动；当对手也向左（右）侧移动抢截球时，突然用脚向右（左）拨球前进。

运球过人假动作

示例二：当对手在侧面紧逼并准备抢截球时，运球者可先快速前进，诱使对手快速追赶；当对手追成平跑时，运球者突然减速或做假停球动作（脚在球上前后晃动），诱使对手也放慢跑速，再突然加速运球甩掉对手。

2. 假动作的练习

（1）练习建议。

① 在比赛中运用假动作是为了隐藏自己的真实意图，而使对手信以为真并做出相应的反应而移动其身体重心。假动作必须做得形象、逼真才能产生良好的效果。因此，假动作是以相应的真动作为基础的，假动作的练习必须在学生已经比较熟练地掌握了相应的技术动作的基础上进行安排，要结合各种技术动作在无人防守、消极防守中练习，进而在积极争抢练习中运用。

② 假动作只是一种手段，而不是目的，因此不要盲目地滥用，应杜绝那些华而不

实、延误战机的假动作。

③ 假动作没有统一的规定，学生可以结合各种技术动作创造适合自己特点的假动作。但是，做假动作时保持自身的平衡，并且动作之间的衔接快而协调，是运用假动作达到其目的不可缺少的条件。

④ 恰当地掌握假动作与真动作的衔接时间。当假动作使对手产生相应反应而暴露出空当时，由假动作变为真动作要突然，使对手来不及做出下一个反应动作。

⑤ 使用假动作要能够随机应变。做到假中有真，真中有假，变假为真，使对手真假难辨、防不胜防。

（2）练习方法示例。

① 运球中变速、变向（无人防守）练习。

② 两人一组，防守者只堵不抢，而运球者做向左（右）晃、右（左）拨的练习。

③ 两人一组，相距5~6米，甲传球给乙，乙接球对甲运球，当与甲接近时做左晃右拨过甲的练习，然后转身把球传给甲，甲也做与乙相同的练习。

④ 两人一组，相距5~6米，甲传球给乙，并快速起动去抢乙控制的球，乙佯作踢球实为停球。

⑤ 两人一组，相距8~10米，甲抛球给乙，并快速起动去抢乙准备接的球，乙佯作顶球而用胸把球停下来；也可以佯作胸部停球而把球顶出去。

（三）综合技术的练习

足球基本技术中的一些动作可以独立运用，如踢球、顶球、铲球、掷界外球等，而有些技术动作则只能与其他技术进行组合或服务于其他技术动作，并且比赛的临场情况也经常是几个技术动作组合起来运用，才能充分发挥其应有的效果。例如，队员得球后准备将球传给队友，而此时队友却难于及时赶到接球地点，于是需要把球停一下，就在这一刹那对手又上来争抢，为了使球不被夺走，就要使用拨球、扣球、拉球等动作躲避对手，然后根据情况进行传球、运球、射门等。这些单个技术动作的组合，通常称为综合技术。

单个技术动作是综合技术的组成部分。综合技术是符合比赛要求的各种技术动作的组合。因此，综合技术的练习必须以全面掌握各种单个技术动作为基础。

经常开展综合技术练习，能使学生熟练掌握比赛中经常运用的综合技术，从而提高在比赛中运用技术的能力。

1. 练习建议

（1）综合技术练习要以运球、踢球、停球、顶球和假动作为主，并且相互结合运用。每个综合练习至少要有2~3个单个技术动作组合起来加以运用。

（2）组合起来的连续动作的衔接要遵循快速的原则，即前一个动作要为下一个动作做好准备，动作衔接要紧凑、快速和协调。

（3）选择练习的技术动作的组合，应尽可能符合比赛情况和位置分工的需要。

2. 练习方法示例

（1）个人的综合技术练习。

① 停对着足球墙踢的反弹回来的球，接着向侧面运球。

② 背向足球墙运球，然后转身向足球墙踢球，并快速跑上去停反弹回来的球。

③ 距离矮墙3~4米，平行于矮墙运球，运球过程中向矮墙传球，并快速前跑停反弹回来的球。

（2）多人的综合技术练习。

① 学生甲、乙两人相距15米左右，甲控制球，乙跑向甲，当乙距离甲5~6米时，甲传球给乙，乙接球回传给甲并转身回跑，甲接球再传给回跑的乙，乙运球返回原来的位置。然后甲开始做与乙相同的练习。

② 学生甲、乙、丙三人各相距5~6米成一路纵队。甲、丙各持一个球，乙站在中间。开始时，甲抛高球给乙，乙跳起顶球还给甲，落地转身踢丙掷来的地滚球还给丙。依次循环。完成数次或完成规定次数后交换角色练习。

③ 两人或三人一组，在活动中进行接球、运球、传球练习。

④ 两人或三人一组，在活动中进行传球、接球、运球、射门练习。

⑤ 两人或三人一组，在活动中进行抢截球、运球、传球练习或截球、运球、传球练习。

⑥ 两人或三人一组，在跑动中进行传球、接球、运球、射门练习。

⑦ 两人或三人一组，在跑动中进行变向传球、接球、运球、射门练习。

⑧ 人数相等的或不等的两组在规定的范围内进行传球、抢截球练习。

⑨ 在规定的小场地内（如10米×15米、15米×20米、20米×30米等）进行分组比赛。

第三节　足球基本战术

足球基本战术是指在比赛攻守过程中，为了战胜对手，根据主客观的实际情况所采取的个人行动和集体配合的总称。战术在比赛中的作用在于：将集体的力量组织起来，发挥每名队员的特长，根据对手和自己的情况，采用一定的阵形和配合方法，使队员在技术水平、身体素质、战术意识等方面发挥出较高水平，从而取得优异的比赛成绩。

一支球队的战术水平与全队的技术水平、身体素质、心理素质紧密相关。技术水平、身体素质是战术的物质基础，心理素质是战术的思想保证，比赛中技术水平、身体素质与心理素质总是在具体的战术配合或战术行动中体现出来的。有目的地完成技术动作就包含着战术的内容，因此，在进行技术和身体训练时就应对培养队员的战术意识提出要求。

目前，足球运动已发展到全攻全守、攻守结合的全面型阶段，这对运动员技术、战术、身体素质提出了更高的要求。

一、比赛阵形

比赛阵形是为了满足攻守战术的需要，全体队员在场上的攻守力量搭配、职责分工及位置排列。它是根据攻守的需要而产生和发展的。

现代足球比赛阵形有了新的发展，固定不变的阵形已被“全攻全守”的要求所改变。场上每名队员在明确基本位置和主要职责的前提下，应充分发挥自己的智慧，灵活地行动。比赛阵形对队员已不是刻板的规定。一支球队所采用的阵形应依据本队队员的条件、特长和对手的特点来选择。

在足球运动发展初期，足球比赛只是向前踢和向前跑，队员多集中在有球之处，只顾进攻而不知防守。随着苏格兰队第一次在比赛中进行攻守分工开始，比赛阵形排列的进攻队员逐步减少，防守队员逐渐增加，直至“全面型”攻守的出现，这个过程历时100多年。

从1863年英国制定第一个统一规则开始，比赛阵形由“九锋一卫制”到“一二七”“二二六”“一二三五”（塔式），攻守队员人数逐渐向平衡方向发展。

1930年英国创造了“WM”式阵形，在足球比赛阵形发展中第一次达到攻守人数的平衡（图5-1）。这种阵形在较长一段时间内被各国采用，一直到20世纪50年代。20世纪50年代初，匈牙利队针对“WM”式阵形的特点进行了分析，为了加强进攻，突破三后卫的防线，创造了“四前锋”式阵形，改变了“WM”式阵形中一个中锋突前的进攻战术。“四前锋”式阵形的特点是：利用两个内锋突前攻击中卫和前卫间的空隙（图5-2），紧紧抓住门前30米危险区，熟练、准确地配合短传和交叉换位。这一阵形震惊了世界足坛，动摇了统治足球比赛20多年的“WM”式阵形的地位。“四前锋”式阵形成为1953—1954年进攻型踢法的典型，被各国纷纷效仿，被称为足球运动发展中的第一次变革。

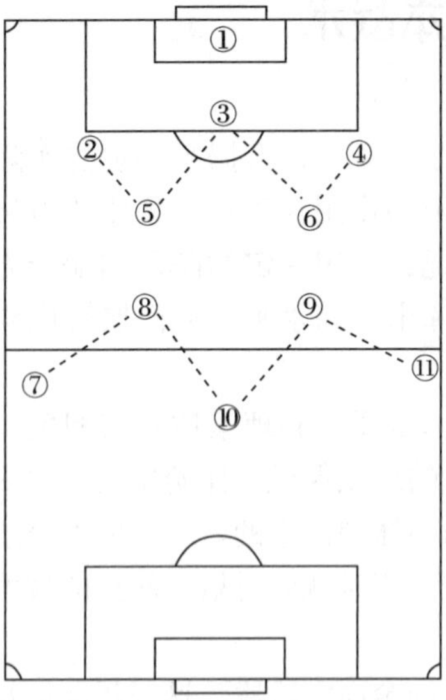

图5-1 “WM”式阵形

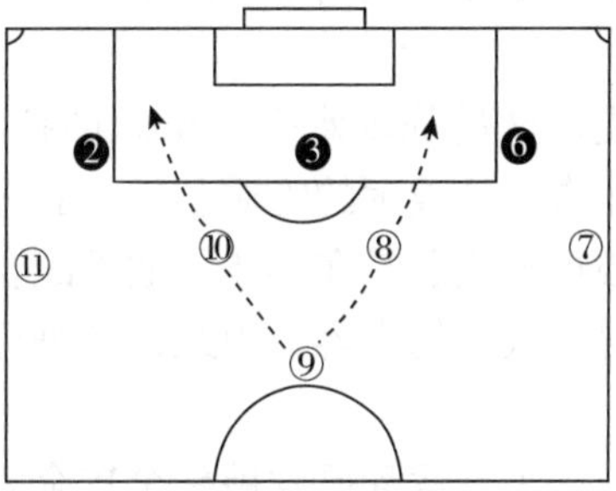

图5-2 内锋突前

20世纪50年代后期，巴西队汲取了匈牙利队进攻战术变革的成功经验，进一步改善了攻守关系，创造了“四二四”阵形（图5-3）。巴西队采用这种阵形在1958年的第6届足球世界杯比赛中获得了冠军，从而彻底动摇了“WM”式阵形的地位。“四二四”阵形相比“WM”式阵形既加强了前锋的攻击力又增加了后卫的防御力，攻守兼备，重要的是两个前卫既是中场的组织者又是防守的阻截者，在锋卫线之间进行协调联系。“四二四”阵形是一种比“WM”式阵形和“四前锋”式阵形层次更少、锋卫更紧凑、前后穿插更便捷的新阵形，既保持了四前锋的特点，又弥补了三后卫防守的缺陷，使攻守人数达到相对平衡。“四二四”阵形成为20世纪60年代足球世界杯基本阵形，被称为足球运动发展中的第二次变革。

攻守这一对矛盾是推动足球基本技术、战术发展的动力，技术、战术、身体素质的发展与提高，促进了阵形的变化。20世纪50年代出现的“四前锋”式阵形和“四二四”阵形使足球比赛中进攻占了优势。因此，20世纪60年代出现了加强防守的趋势，反映在比赛中就是中场人数增多，门前30米危险区人数众多，出现了“四三三”“四四二”等阵形（图5–4、图5–5）。

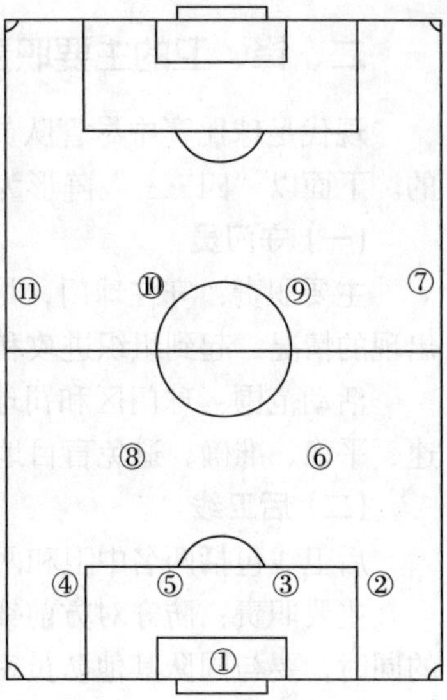

图 5–3 “四二四”阵形

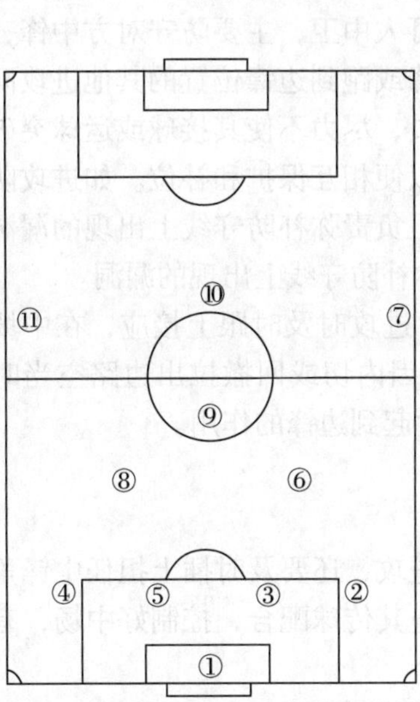

图 5–4 “四三三”阵形

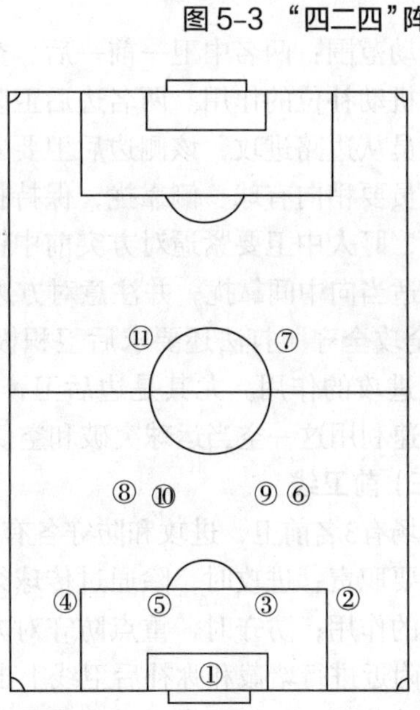

图 5–5 “四四二”阵形

1974年第10届足球世界杯比赛，荷兰队和联邦德国队采用了以多攻少的“全攻全守”的打法，使足球比赛出现了崭新的面貌，体现了现代足球的最高水平。“全攻全守”被称为足球运动发展中的第三次变革。

“全攻全守”打法通常采用的阵形有“四三三”“四四二”“一三三三”“五三二”及“三五二”等。“全攻全守”打法的出现使人们对比赛阵形的认识和应用发生了很大的变化：在这之前讲攻守平衡主要是指攻守人数在阵形排列上的平衡；“全攻全守”则要求攻守人数在比赛过程中实际上的平衡，即进攻时队员能上得去，防守时队员能退得回，通过队员的积极活动达到攻守力量的平衡。“全攻全守”打法极大地加强了进攻的隐蔽性和突然性。

二、锋、卫的主要职责及活动范围

现代足球比赛中尽管队员的位置多变，但每名队员在比赛中还是有各自的职责分工的。下面以“四三三”阵形为例，简述锋、卫的主要职责及活动范围。

（一）守门员

主要职责：守住球门，尽力不让球进门。为此守门员要随时观察场上的变化和可能出现的情况，起到组织进攻和指挥防守的作用。

活动范围：球门区和罚球区。进攻时，守门员往往是第一传的发动者，要求发球迅速、平稳、准确，避免盲目地踢高远球。

（二）后卫线

后卫线包括两名中卫和两名边后卫。

主要职责：防守对方前锋或跑到前锋位置的其他进攻队员；在积极抢截和阻挠进攻的同时，要与同队其他队员密切配合，相互保护与补位，控制门前30米危险区，竭力防止射门。

活动范围：两名中卫一前一后，突前中卫为盯人中卫，主要防守对方中锋，拖后中卫起到机动补位的作用。两名边后卫防守对方边锋或跑到边锋位置的其他进攻队员。如进攻队员从边路进攻，该侧边后卫要紧盯进攻队员，尽力不使其接球或运球突破。其他卫线队员要稍向有球一侧靠拢，保持折线站位，以便相互保护和补位。如进攻队员从中路进攻，盯人中卫要紧逼对方突前中锋，拖后中卫负责弥补防守线上出现的漏洞。两名边后卫适当向中间靠拢，并注意对方边锋和随时弥补防守线上出现的漏洞。

“全攻全守”打法还要求后卫积极参与进攻，进攻时及时跟上接应，在中场起到前卫组织进攻的作用。尤其是边后卫，当本队边锋因内切或回撤拉出边路空当时，应及时、快速利用这一空当运球突破和空切突破，从而起到边锋的作用。

（三）前卫线

中场有3名前卫，进攻和防守各有侧重。

主要职责：进攻时，除通过传球组织全队的进攻，还要及时插上担任中锋角色或起到边锋的作用；防守时，重点防守对方前卫，阻止其传球配合，控制好中场，有时退至罚球区附近进行堵截和弥补后卫线上出现的漏洞。

活动范围：他们经常活动在球场的中间地带，控制中场，起到锋、卫间的桥梁作用和攻守的枢纽作用。他们应经常呈三角形站位。

（四）前锋线

主要职责：扰乱或突破防线，创造射门机会，争取将球攻进对方球门。进攻时，他们主要依靠个人突破和同队其他队员交叉换位，左右策动或传切配合等，从边路或中路打开缺口，及时、快速、准确地传中或射门。当一侧边路突破传中时，另一侧队员要进行包抄、抢点、射门。当进攻失败后，离球近的队员要立即回抢，阻挠对方反击，破坏其第一传，延缓其反击时间或争取二次进攻。其他队员（包括边锋）应立即退守。边锋要盯住对方插上进攻的边后卫或退回本方半场协助前卫争夺中场。边锋不仅要在前场和中场担负防守任务，而且要经常积极退守到后场。

三、进攻战术

（一）个人进攻战术

1. 摆脱、跑位及接应

队员在得球时就要发动一次进攻，同队其他队员的任务就是摆脱防守队员的紧逼，以便在没有阻挠的情况下获得同队队员的传球，完成战术配合，把进攻推向对方球门，争取射门得分。

在防守队员紧逼的情况下，多数跑位都要采取摆脱的动作。因此，摆脱与跑位是相互关联的。摆脱是指甩掉防守队员对自己的看守。跑位是指跑到有利于进攻的位置上，以有利于控制球和将进攻推向对方球门，争取射门得分。然而，有时摆脱、跑位的目的不是接球，而是阻挠防守队员，为同队队员制造插上的空当。这虽然超越了个人战术范围而属于集体配合，但就摆脱、跑位队员本身来讲仍属于个人进攻战术。

（1）摆脱。

摆脱可以采用突然起动、冲刺跑、急停、突然改变方向、突然变速和假动作等方法。下面列举摆脱的几种方法。

① 突然起动。⑧号进攻队员在原地或在慢跑中突然快速起动，甩开❻号防守队员，接⑦号进攻队员传球（图5–6）。

② 急停。⑧号进攻队员斜插，当❻号防守队员跟得很紧时，⑧号进攻队员突然急停甩开防守，接⑦号进攻队员传球（图5–7）。

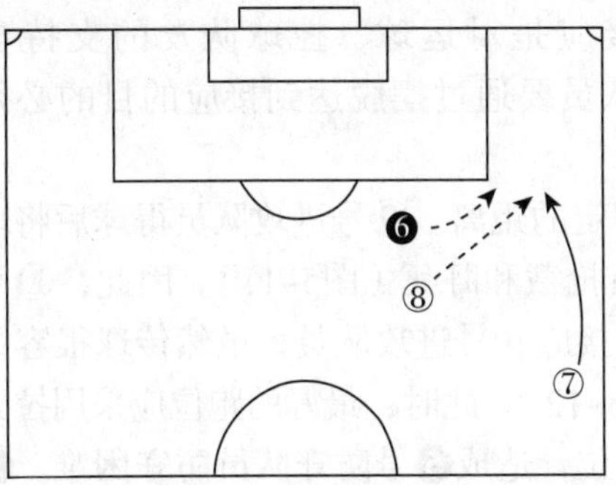

图 5–6　突然起动

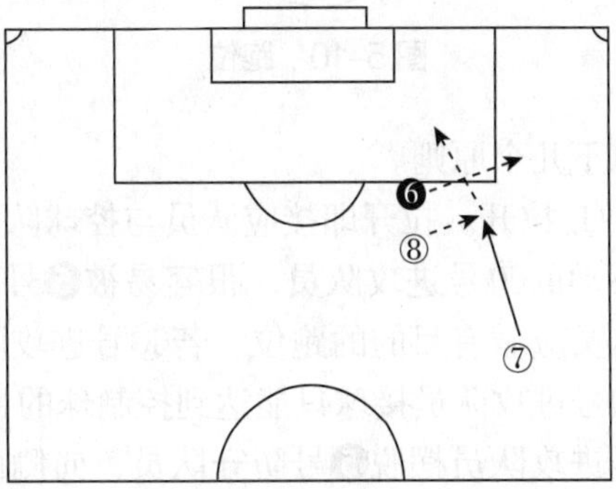

图 5–7　急停

③ 突然改变方向。❻号防守队员防守紧逼⑩号进攻队员，⑩号进攻队员向一侧移动吸引防守，突然变向快速起跑，甩开防守，接⑨号进攻队员传球（图5–8）。

④ 突然变速。当❻号防守队员防守紧逼⑥号进攻队员时，⑥号进攻队员可利用快跑—急停—再快跑甩开紧逼，接⑦号进攻队员传球（图5–9）。

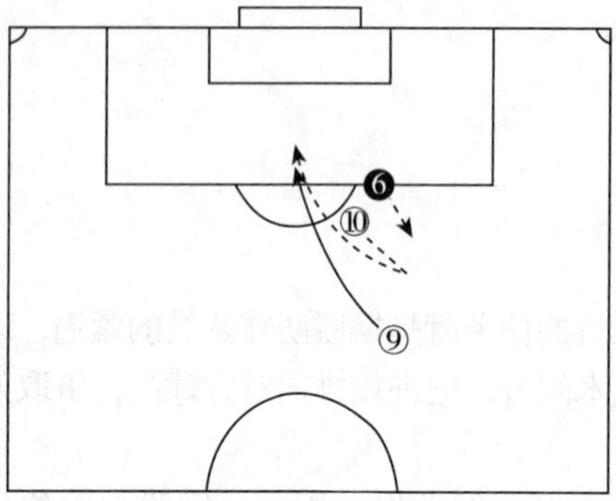

图 5-8　突然改变方向

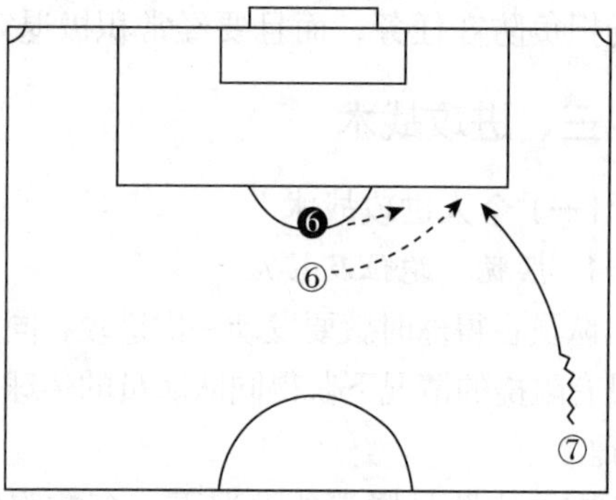

图 5-9　突然变速

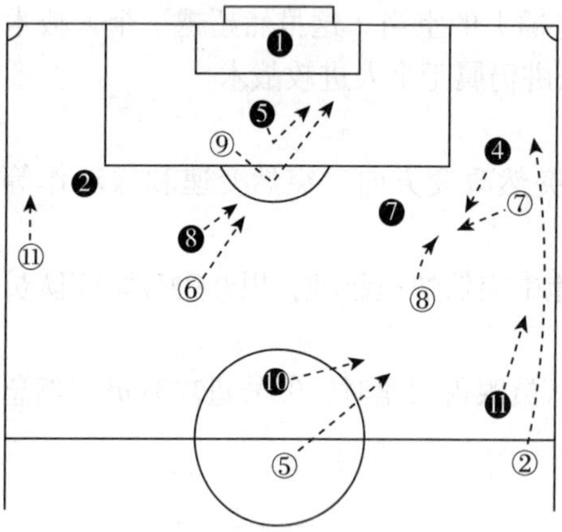

图 5-10　跑位

（2）跑位。

跑位可以起到接应、牵制、突破等作用。如图5-10所示，⑦号进攻队员既牵制❹号防守队员，又接应⑧号进攻队员；⑨号进攻队员开始回跑既牵制❺号防守队员又接应⑥号进攻队员，然后反身切入起到突破的作用。跑位的这些作用是随着场上情况的变化而不断互相转化的，因此队员应机动灵活、多谋善变，既勤于跑位又善于跑位，做到一举多得。

（3）接应。

接应是对运球、控球队友的支持与帮助。队员要通过摆脱达到接应的目的必须遵循以下几个原则。

① 拉开。拉开即接应队员与控球队员保持一定的距离。⑨号进攻队员得球后将球传给不动的⑩号进攻队员，很容易被❺号防守队员抢截和盯死（图5-11）。因此，⑩号进攻队员应做有目的的跑位。若⑩号进攻队员回撤接应⑨号进攻队员，虽然传球很容易，但⑩号进攻队员接球只能达到控制球的目的（图5-12）。此时，最好的跑位应采用拉开，⑩号进攻队员摆脱❺号防守队员，向侧面空当跑位，造成❺号防守队员防守困难。❺号防守队员防守有两种可能：一种是❺号防守队员被⑩号进攻队员拉开，造成⑨号进攻队员前面出现空当，为⑨号进攻队员运球突破创造条件（图5-13）；另一种是❺号防守队员不跟⑩号进攻队员而去堵截⑨号进攻队员，那么⑩号进攻队员与⑨号进攻队员很容易打二过一战术配合突破❺号防守队员的防守（图5-14）。

② 接应要及时，到位要快。

③ 接应队员跑位要保持能够接到球的角度，并且要起到转移进攻点的作用。

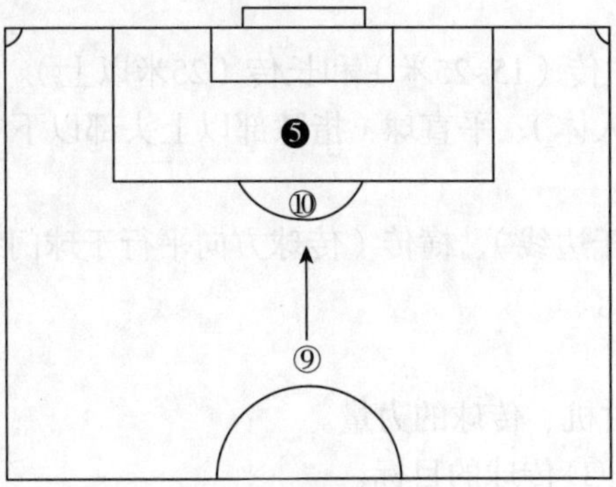

图 5-11 接应(1)

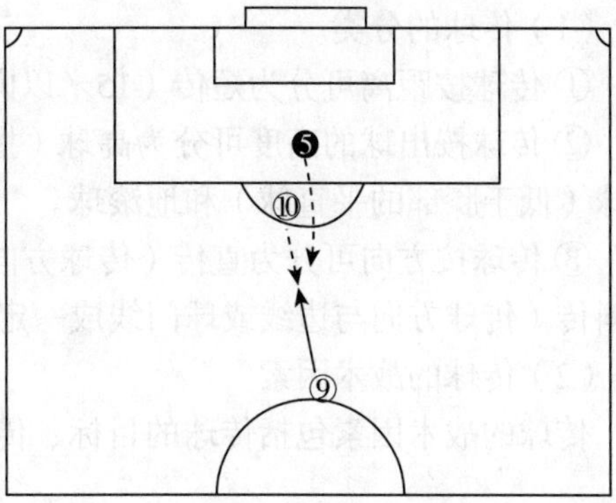

图 5-12 接应(2)

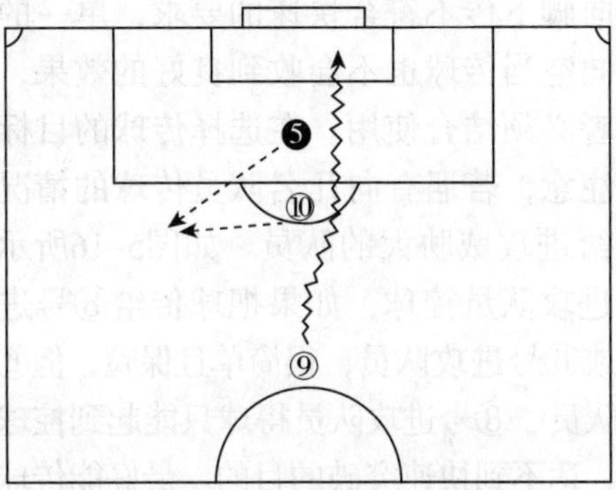

图 5-13 接应(3)

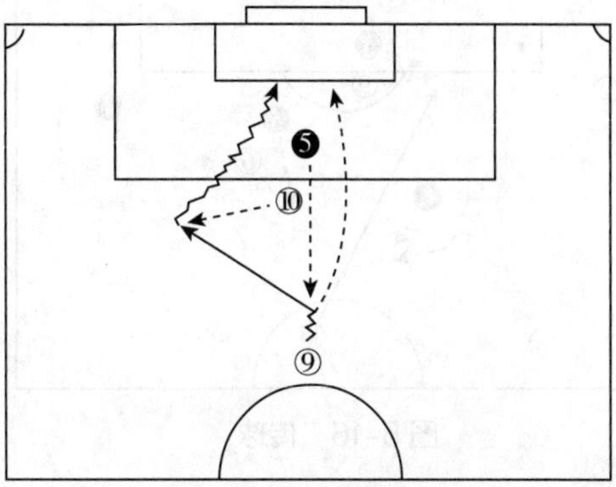

图 5-14 接应(4)

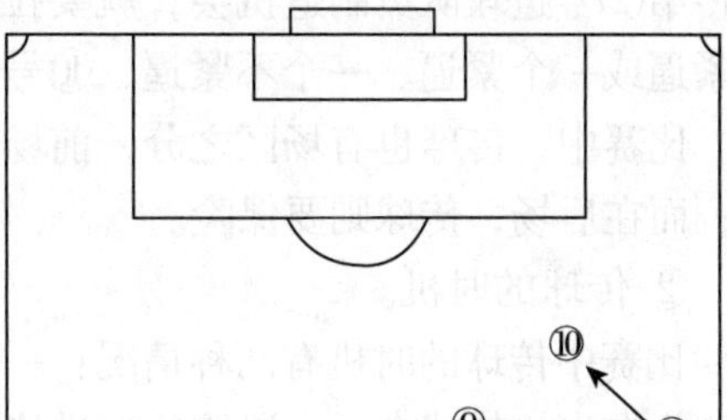

图 5-15 接应(5)

④ 几名队员同时接应时，要保持纵深和宽度。所谓纵深和宽度，是指在两端球门间竖的范围内和两边线间横的范围内，控球队员与接应队员保持合适的前后、左右距离使控球队员的周围形成有人拉开、有人前插、有人包抄、有人跟进这样有先后层次的队形。只有使控球队员有多方向传球的可能，才能很好地互相传递球，控制好球。只有控制好球，才能掌握进攻的主动权，才能根据场上的情况不断地将球传给有威胁的进攻队员。这样有利于进攻的队形可以牵制和拉开防守队员，增大防守队员之间的空隙，为控球队员创造个人突破的有利条件。如图5-15所示，⑦号进攻队员可把球传给②号进攻队员、⑥号进攻队员、⑨号进攻队员、⑩号进攻队员等，至少有4条传球路线。

2. 传球

传球是集体配合的基础，是完成战术配合、创造射门机会的主要手段。

（1）传球的分类。

① 传球按距离可分为短传（15米以内）、中传（15~25米）和长传（25米以上）。

② 传球按出球的高度可分为高球（指高于人体）、平直球（指膝部以上头部以下）、低球（低于膝部的平直球）和地滚球。

③ 传球按方向可分为直传（传球方向平行于边线）、横传（传球方向平行于球门线）和斜传（传球方向与边线或球门线成一定角度）。

（2）传球的战术因素。

传球的战术因素包括传球的目标、传球的时机、传球的力量。

① 传球的目标。

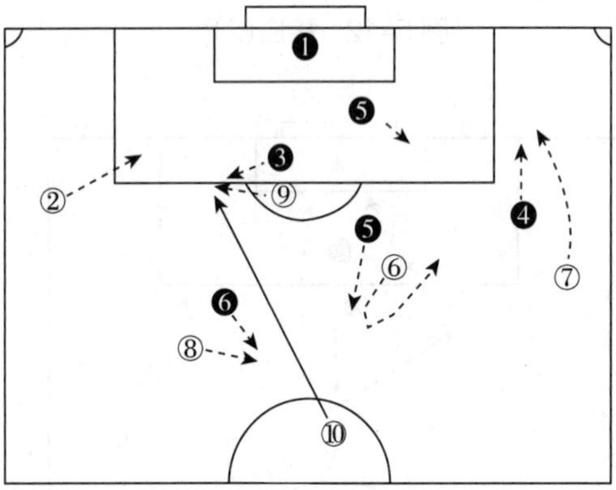

图 5-16　传球

传球的目标一般分为传脚下和传空当两种。向前、向空当传球是主要的，过多的横传、向脚下传不符合快速的要求，单一的向前、向空当传球也不会收到良好的效果，所以两者必须结合使用。在选择传球的目标时还应注意，若遇有向几名队员传球的情况，应传给进攻威胁大的队员。如图5–16所示，⑩号进攻队员控球，如果把球传给⑧号进攻队员或⑥号进攻队员，很简单且保险，但⑥号进攻队员、⑧号进攻队员得球只能起到控球的作用，达不到快速突破的目的。最好能传球给⑨号进攻队员，再由其传球给插上的②号进攻队员。⑥号进攻队员和⑧号进攻队员为了使球传给②号进攻队员制造机会，就要拉开。如果防守队员对⑥号进攻队员、⑧号进攻队员不紧逼或一个紧逼、一个不紧逼，⑩号进攻队员也可把球传给摆脱者，也能达到突破的目的。比赛中，传球也有场区之分，前场对前锋来说是冒险区，此时应大胆地向前传，向前插；而在后场，传球则要保险。

② 传球的时机。

比赛中传球的时机有两种情况：一种是传球在先，跑位在后，传球指挥跑位；另一种是跑位在先，传球在后，以跑位促进传球。不论哪一种情况都要求传球及时，早一点或晚一点都可能造成失误。所以，传球队员要掌握好传球的时机，做到既不早又不晚。这要求控球队员对两队队员的位置有正确的判断。这种能力只有通过比赛和近似于比赛的对抗性练习才能够获得。

③ 传球的力量。

一般来说，传球的力量要适度，以有利于接球者处理球。在向被防守队员紧逼的队友脚下传球时，传球力量要大些，并且应该将球传向远离防守队员的一侧，否则易被防守队员抢截；在向空当传球时，一般要求球到人到，人到球到。但在向有较大纵深距离的空当传球时，若突破接应队员速度快，补位的防守队员离得也较远，传球的力量就要大些，以便于发挥突破接应队员的速度。

因此，传球的目的、传球的时机和传球的力量是传球成败的主要因素。

（3）传球队员的注意事项。

① 传球前尽可能隐藏自己的真实意图，如向左（右）运球、向右（左）传球等。

② 传球动作要快速、简练、多变。

③ 攻守队员集中在一侧时，应转变传球方向。

④ 刮风下雨天气比赛，顺风时少直传、长传，传球力量也要比平时小些；逆风时多传低球，力量要大些；下雨地滑多向脚下传球，场地泥泞少传地滚球。

3. 运球突破

运球突破是进攻战术中极为重要的个人战术，是突破密集防守、创造射门机会的有效手段，是冲破紧逼盯人造成局部地区以多打少、觅得传球空当、获得射门机会的有效方法，也是扰乱对方防线的锐利武器。

但是，比赛中过多的、不合时机的运球突破往往会导致失掉战机。足球比赛虽应以传球配合为主，但缺少运球突破，传球配合也会变得困难。因此，二者应是相辅相成的。

比赛中队员在下述情况下应大胆地采用运球突破。

（1）控球队员在无人接应或不利于传球的情况下，要有意识地向左（右）运球摆脱或向前运球突破。

（2）控球队员在对方罚球区或接近对方罚球区，一经运球突破便能获得射门机会时，应采用运球突破战术。

（3）在防守队员紧逼、处在一对一的情况下，一旦突破便可传中或进行传球渗透时，应大胆地采用运球突破战术。

运球突破队员的注意事项：

（1）掌握运球突破的时机。当运球逼近防守队员一大步左右距离，而防守队员企图抢截球又犹豫不决时，应立即突破。

（2）随时使球处在自己的控制范围内，做到能突破就突破，不能突破就牢牢地把球控制住。

（3）做假动作时，要控制好身体重心，不要做过大的虚晃动作，以免控制不了身体平衡导致失掉突破的时机。

（4）若防守队员的背后有较大的空隙，突破时推拨球力量可大一些，以便于发挥自己的突破速度。

（5）一旦突破，凡能射或能传的球应立即射门或进行传球配合。

（二）局部进攻战术

1. 两人的局部传球配合

两人的局部传球配合是集体配合的基础，在任何场区、任何位置都可以采用，运用较多的是前场，而在后场尤其是在本方罚球区或罚球区附近时后卫间应尽可能减少不必要的传球配合。因为一旦失误，便可能造成不可挽回的后果。

两人的局部传球配合可起到突破、控制球、转移进攻点等作用。其配合形式有交叉掩护配合、传切配合和二过一战术配合。

（1）交叉掩护配合。

交叉掩护配合是指当控球队员运球逼近防守队员时，无球接应队员快速交叉跑动接应队友的球，摆脱防守队员的紧逼（图5–17）。

交叉掩护配合的注意事项：

① 控球队员逼近防守队员时，要用远离防守队员一侧的脚运球，并用身体做掩护。

② 接应队员要快速起动，从控球队员身后斜线插上将控球队员脚下的球带走。

（2）传切配合。

传切配合是指控球队员直接将球传给空切的队友（图5–18）。

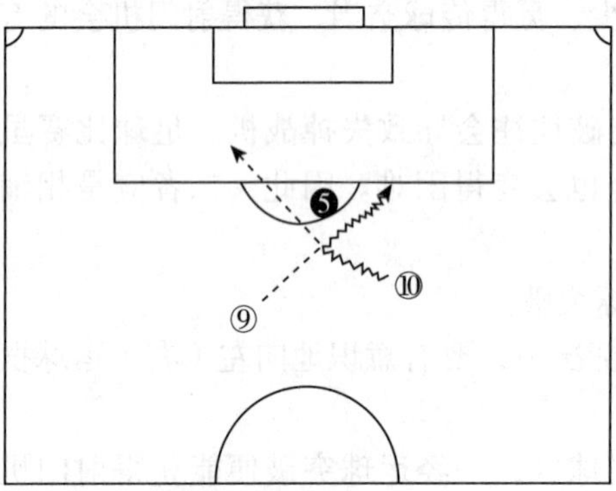

图 5–17　交叉掩护配合

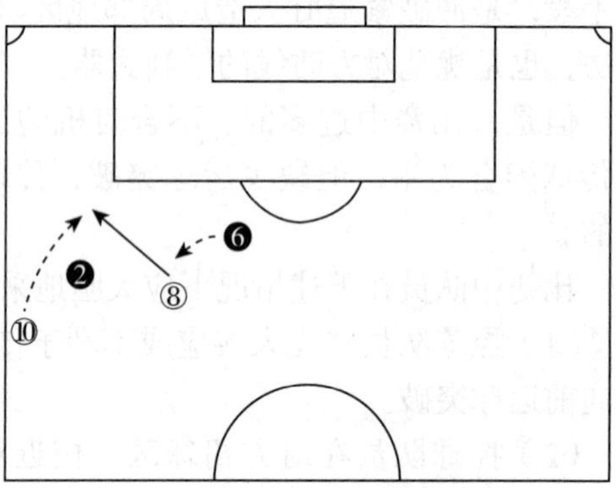

图 5–18　传切配合

传切配合的注意事项：

① 控球队员要掌握好传球时机，做到球到人到。

② 切入队员插上要突然、快速。

（3）二过一战术配合。

二过一战术配合是指在局部地区两个进攻队员通过两次传递球和跑位突破一个防守队员的配合。这种配合既可直接完成，即踢墙式二过一；也可间接完成，即间接二过一。二过一战术配合主要分为以下3种。

① 斜传直插二过一战术配合：斜传直插二过一战术配合在比赛中经常被运用。当控球队员与接应队员之间有一定距离时可采用斜传直插二过一战术配合。如图5–19所示，⑨号进攻队员斜传球给⑪号进攻队员，并快速起动直插接⑪号进攻队员的斜传球，突破❷号防守队员的防守。

斜传直插二过一战术配合的注意事项：

a.控球队员要运球逼近防守队员。

b.接应队员要拉开并与控球队员保持一定距离，同时应处在控球队员的斜前方，以便于控球队员传球。

c.控球队员传球要准确，摆脱要突然、快速。

d.若防守队员身后有较大空当，球应向前传，以便于发挥速度。

e.若防守队员站位比较密集，空当较小，控球队员要向接应队员脚下传球，接应队员可直接将球传给插上的队友。

② 直传斜插二过一战术配合。当防守队员身后有较大空当时，可采用斜传直插二过一战术配合。如图5-20所示，⑧号进攻队员横传球给⑦号进攻队员，然后斜插接⑦号进攻队员直传球突破❹号防守队员的防守。⑦号进攻队员与⑧号进攻队员交叉换位。

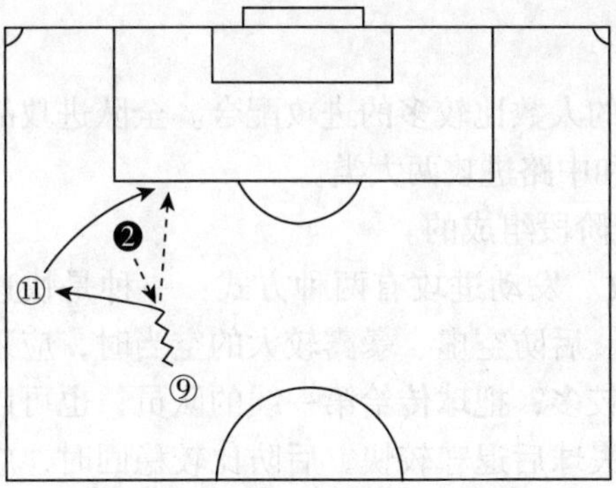

图 5-19　斜传直插二过一战术配合

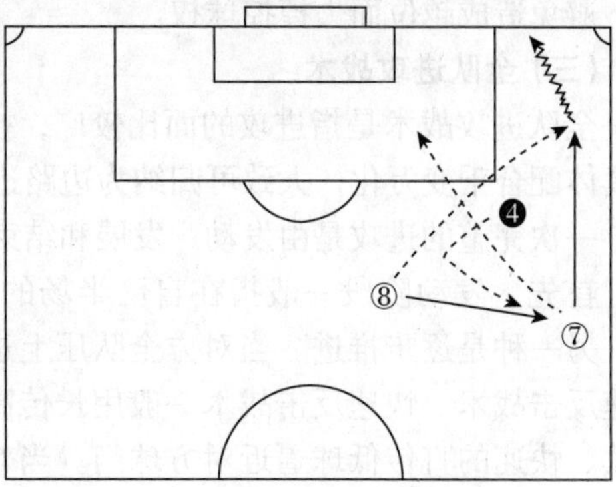

图 5-20　直传斜插二过一战术配合

直传斜插二过一战术配合的注意事项：

a.一般应先插后传，配合默契。

b.斜插队员行动要突然、快速。

c.传球要求准确。

③ 回传反切二过一战术配合。当接应队员与控球队员有一定的纵深距离，并且防守队员身后有较大空当时，可采用回传反切二过一战术配合。如图5-21所示，⑪号进攻队员回撤，接⑥号进攻队员传球，牵制防守❷号防守队员，⑪号进攻队员将球回传给⑥号进攻队员，并突然转身反切摆脱❷号防守队员紧逼，接⑥号进攻队员传球。

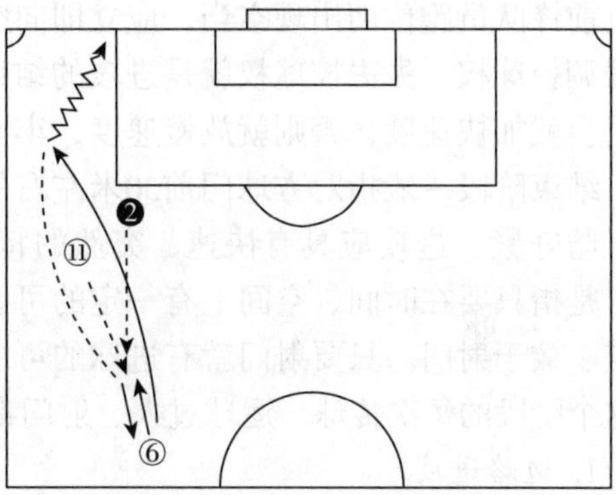

图 5-21　回传反切二过一战术配合

回传反切二过一战术配合的注意事项：

a.回传球队员要回撤牵制防守队员，制造身后空当。

b.回传后反切动作要突然、快速，并注视队友传球。

c.向前传球要及时，一般传过顶球，以避开防守队员。

2. 两人的局部传球配合对队员总的要求

（1）抓住时机。场上局部地区出现好的传球时机或二过一战术配合的局面往往是一刹那的，反应稍迟缓，防守队员就会退守到位，变成二对二的局面，因此进攻队员必须抓住时机完成进攻战术配合。

（2）应根据防守队员的位置、场上空当以及接应队员的位置等合理地采用两人的局部传球配合。

（3）随机应变。在进行两人的局部传球配合过程中，控球队员一定要做传球配合和运球突破的两手准备，一旦队友接应发生困难或出现运球突破的良好时机，应采用运球突破，以收到良好的效果。

（4）任何一种两人的局部传球配合，都要求传球队员传球准确，接应队员（包括插入的队员）突然、快速起动。假如防守队员是最后一名后卫，则要注意传球和起动的时间，避免造成越位而失掉控球权。

（三）全队进攻战术

全队进攻战术是指进攻的面比较广，投入的人数比较多的进攻配合。全队进攻战术的具体配合千变万化，大致可归纳为边路进攻和中路进攻两大类。

一次完整的进攻是由发动、发展和结束3个阶段组成的。

首先，发动阶段一般指在自己半场的进攻。发动进攻有两种方式：一种是快速反击，另一种是逐步推进。当对方全队压上进攻、后防空虚、暴露较大的空当时，应采用快速反击战术。快速反击战术一般用长传高球较多，把球传给第一线的队员；也可以用连续、快速的直传低球逼近对方球门。当对方失球后退守较快、后防比较稳固时，应采用逐步推进战术。逐步推进战术一般用短传，放慢进攻速度，寻找攻击点进行渗透。其次，发展阶段一般指中场附近到对方罚球区附近的进攻。发展阶段应少用横传、回传。一旦前锋队员跑位而出现空当，应立即向空当插、向空当传或快速运球切入，并且应特别强调控球权。失去控球权就是进攻的结束。因此，在发展阶段进攻要注意节奏，有良好机会就加快速度，否则就放慢速度，牢牢地控制住球，创造机会再突然快速进攻。最后，结束阶段一般指对方球门前30米左右的进攻。结束阶段的进攻拼抢激烈，防守人数多，防守紧，进攻应具有快速、突然的特点，并且要有敢于“冒险”的精神。所谓冒险，是指只要在时间、空间上有一定的可能，就要敢于运球突破、敢于配合切入、敢于抢点、敢于射门。只要射门就有进球的可能，就会对对方造成一次严重的威胁。不能要求这个阶段的每次传球、运球过人、射门都有把握获得成功。

1. 边路进攻

在对方半场两侧区域发展的进攻称为边路进攻。在发展阶段，边锋，或交叉换位到边路的中锋、前卫，或插上的后卫，以个人运球突破或两人以上的跑位与传球配合突破对方防线。

（1）边路进攻发展阶段示例。

① 边锋或其他跑到边锋位置的队员运球突破下底或里切。如图5–22所示，⑧号进攻队员传球给⑦号进攻队员，⑦号进攻队员运球突破❹号防守队员的防守。

② 边锋与中锋（前卫）运用二过一战术配合。如图5–23所示，⑦号进攻队员传球给跑上接应的⑧号进攻队员，并空切接⑧号进攻队员的传球突破❹号防守队员的防守。

③ 边后卫沿边路插上配合。如图5–24所示，⑧号进攻队员控球，⑪号进攻队员里切跑位接应，牵制❷号防守队员的防守，④号进攻队员乘机插上，接⑧号进攻队员的长传球传中。

④ 斜线传中。如图5–25所示，②号进攻队员外围斜线传中，同队其他队员前插抢点射门。

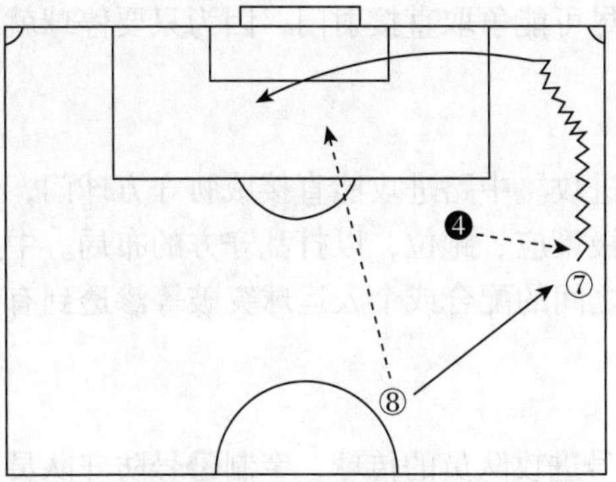

图 5-22　边路进攻(1)

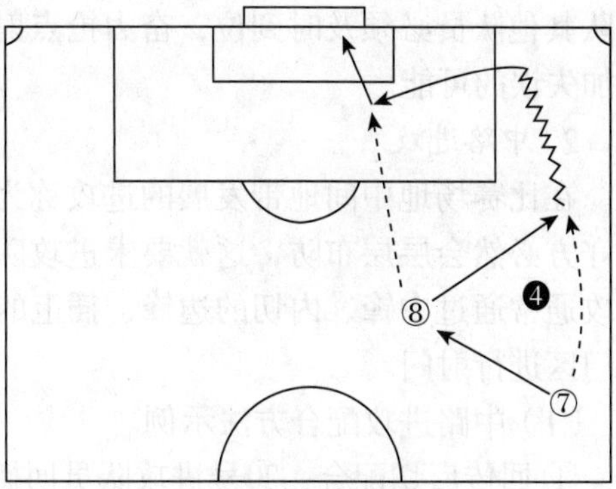

图 5-23　边路进攻(2)

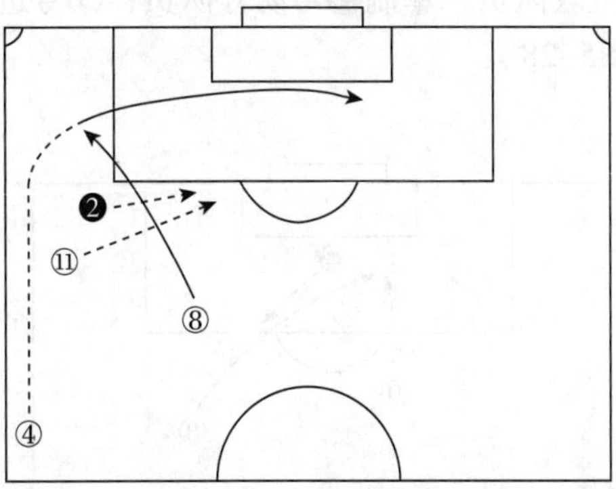

图 5-24　边路进攻(3)

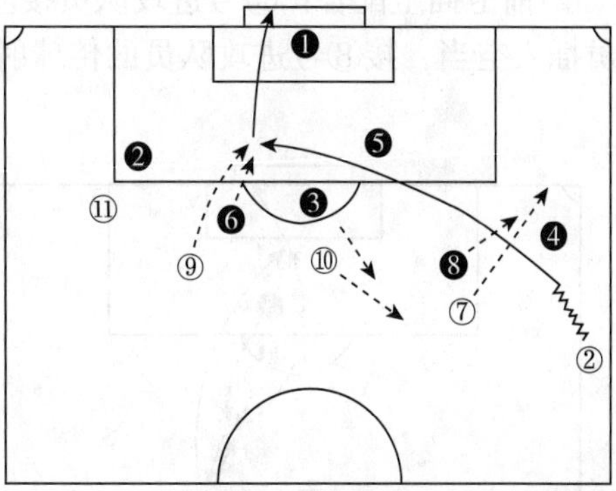

图 5-25　边路进攻(4)

在结束阶段，采用的手段多是传中、下底回传，另一侧和中间本方队员包抄抢点射门或跟进射门。

（2）边路进攻发展阶段的注意事项。

① 边路突破后如果纵深距离较大，并且邻近没有防守队员，应快速向门前运球，争取直接射门。

② 传中的时间应选在防守队员面向自己球门跑动、阵脚未稳、尚未调整好位置时或队友已向门前空当插入时。

③ 传中球的路线、高度和落点。传中根据路线可分为从中线附近外围斜线传中、下底传中和下底回传。传中一般传内旋高球，但弧度不宜过大；也可传平直球。传中球的落点要根据进攻队员和防守队员的位置而定，通常把球传到远端球门柱前10米左右（图5–26）。因为这个地点会对守门员出击造成困难，并且有利于同队队员包抄射门。下底回传一般传地滚球或膝部以下的低平球，以便于队友跟进射门。

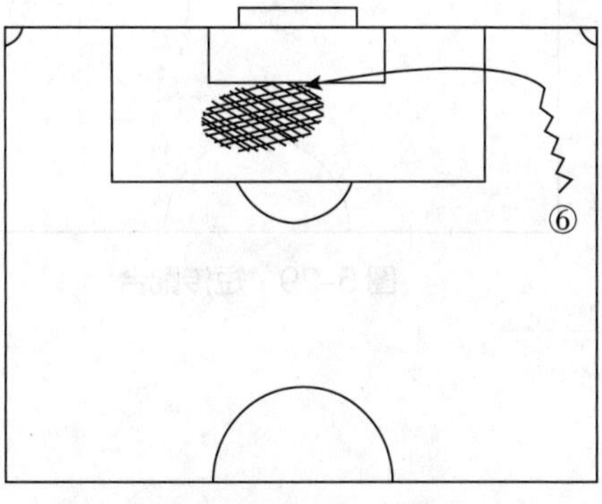

图 5-26　传中球的落点

④ 队友及时到位。边路进攻突破传中时，

同队其他队员必须及时到位，奋力抢点射门；尽可能争取直接射门，因为只要停球就有增加失误的可能。

2. 中路进攻

在比赛场地中间地带发展的进攻称为中路进攻。中路进攻能直接威胁守方球门，因此守方必然会层层布防，这就要求进攻队员积极策应、跑位，以打乱守方的布局。中路进攻通常通过中锋、内切的边锋、插上的前卫之间的配合或个人运球突破等渗透到有效射门区进行射门。

（1）中路进攻配合方法示例。

① 回传反切配合：⑩号进攻队员回撤接⑧号进攻队员的传球，牵制❸号防守队员，反切接⑧号进攻队员的直传球射门（图5–27）。

② 前卫插上配合：⑩号进攻队员接应⑧号进攻队员，牵制❸号防守队员；⑨号进攻队员插入空当，接⑧号进攻队员的传球射门（图5–28）。

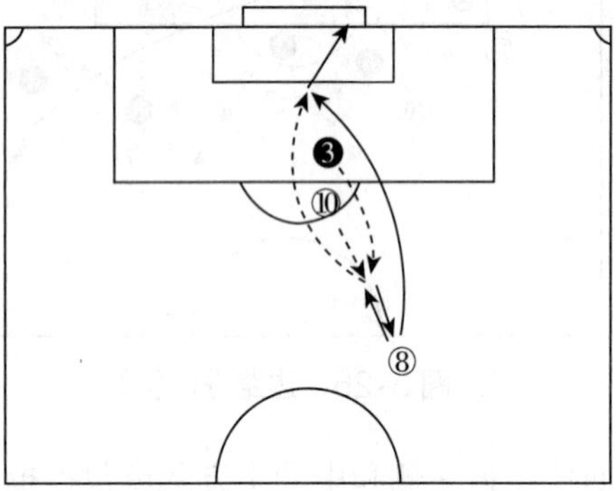

图 5–27 回传反切配合

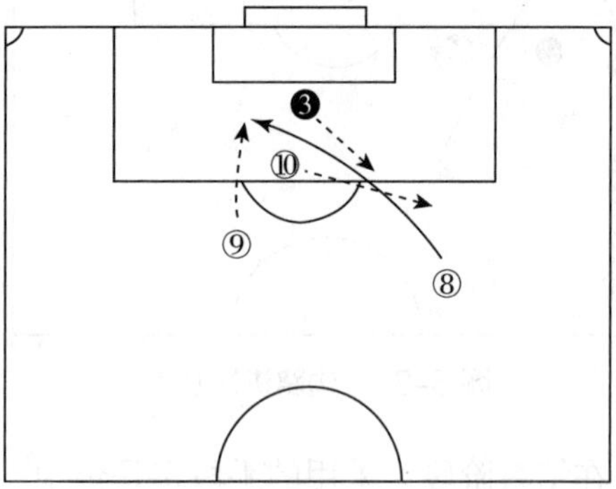

图 5–28 前卫插上配合

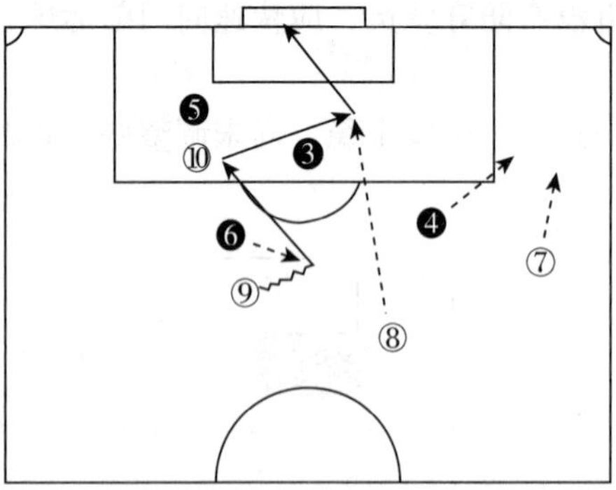

图 5–29 短传配合

③ 短传配合：⑨号进攻队员运球突破❻号防守队员的防守，传球给⑩号进攻队员，⑩号进攻队员斜传空当，⑧号进攻队员插入接球射门（图5–29）。

（2）中路进攻的注意事项。

① 队员要勤跑动，向前突破，力争在极短的时间内完成射门，不使防守队员赢得时间重新布置好防线。

② 如果防守队员已布置好防线，防守较稳固，进攻队员就要通过短传配合或转移进攻寻找机会组织进攻。

四、防守战术

（一）个人防守战术

选位与盯人是重要的个人防守战术。

1. 选位

防守队员原则上是站在对手与本方球门中心所构成的一条直线上的，与对手的距离要根据场区以及球所处位置来决定（图5-30）。另外，防守队员的选位应使自己能够清楚地观察到场上情况和球的移动方向，使球和人都能处于自己的视野之内。

当球在对方半场活动时，后场队员要适当压出，保持层次便于本方相互支援，防止前后脱节，同时限制对方锋线队员随意前插。

当进攻队员由中路进攻时，两个中卫应一前一后站位，突前者紧盯对方中锋或跑到中锋位置的其他进攻队员。两边后卫应适当向中间收缩（图5-31）。

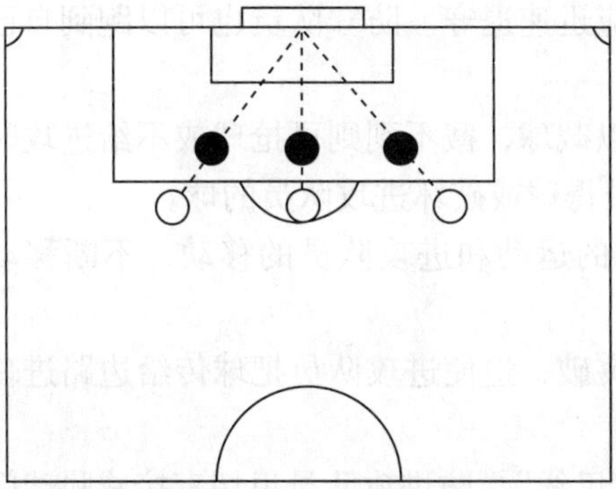

图 5-30　选位(1)

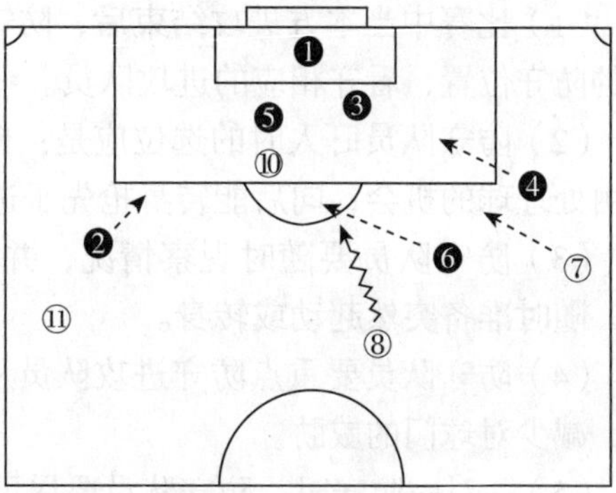

图 5-31　选位(2)

中路进攻的注意事项：

（1）当进攻队员从边路进攻时，距离球近的边后卫要将其盯住，后卫线上的队员应成折线防守并稍向有球一侧靠拢（图5-32）。

（2）防守队员在进攻队员以多攻少而自己没有把握抢截球的情况下，一般应使自己的位置处于对方两名队员之间的前方。

如图5-33所示，⑦号进攻队员与⑧号进攻队员企图突破❹号防守队员的防守，❹号防守队员防守选位应在⑦号进攻队员与⑧号进攻队员之间的前方，如果⑦号进攻队员继续运球推进，❹号防守队员应缓缓后退，以延缓进攻，为队友退守争取时间。

2. 盯人

盯人是指防守队员本身所处的位置能够限制、看守进攻队员的活动，达到及时封堵进攻队员接球或传球路线的目的的个人防守战术。盯人有紧逼盯人和松动盯人两种。紧逼盯人是指贴近进攻队员不给其从容活动的机会。松动盯人是指与进攻队员保持一定距离，以便随时上前抢截进攻队员的球或在进攻队员得球后能立即逼近进攻队员进行紧逼盯人。以上两种方法都应该根据场上球与人的活动情况灵活运用。一般情况下，对于离球远的一侧可采取松动盯人，对于离球近或有可能接球的对手以及对球门有威胁的对手要采取紧逼盯人。

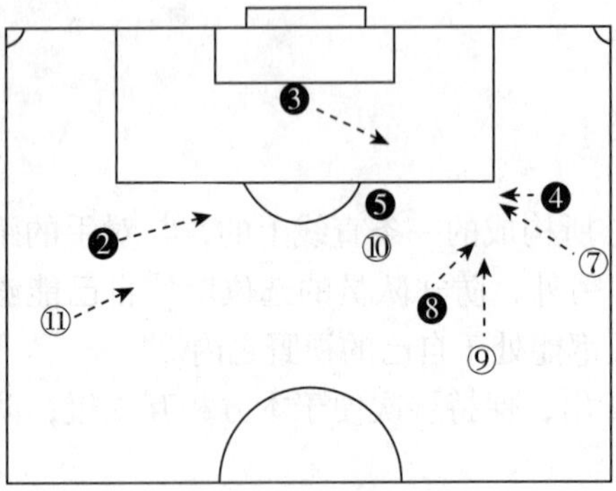
图 5-32 选位(3)

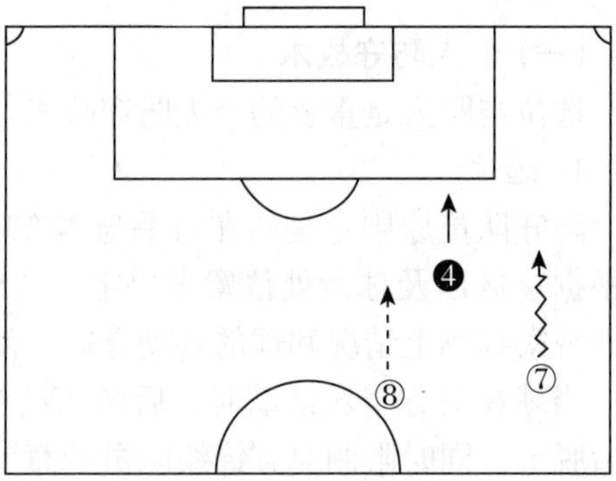
图 5-33 选位(4)

3. 选位与盯人的注意事项

（1）比赛中当本方进攻结束后，防守队员应迅速退守。防守队员也可以跑到自己应站的防守位置，看守相应的进攻队员。

（2）防守队员盯人时的选位应是：向前可以截球，截不到则可抢球或不给进攻队员自由处理球的机会；向后能转身抢先于进攻队员得球或破坏进攻队员的球。

（3）防守队员要随时观察情况，并随着球的运动和进攻队员的移动，不断移动选位，随时准备突然起动或转身。

（4）防守队员要重点防守进攻队员从中路突破，迫使进攻队员把球传给边路进攻队员，减少对球门的威胁。

（5）一对一防守时，防守队员要尽可能防“里线”，防进攻队员里切直接威胁球门。

（6）以少防多时（如一防二、二防三等），防守队员还应注意：

① 不要急于抢球，而应尽可能站位封堵，以延缓进攻。

② 占据有利位置，靠近球的队员紧逼盯人，离球较远的队员则进行区域防守。

（7）防守队员选位与盯人时，还要考虑自己和进攻队员的情况。如果自己的速度快于进攻队员或进攻队员不善于运球过人，一般可大胆地紧逼。

（二）局部防守战术

1. 保护与补位

保护与补位是局部区域集体防守的基础。保护是补位的前提，没有保护就不可能有效地补位。防守队员补队友在防守中出现的漏洞称为补位。补位是防守队员间相互协助的集体防守战术。

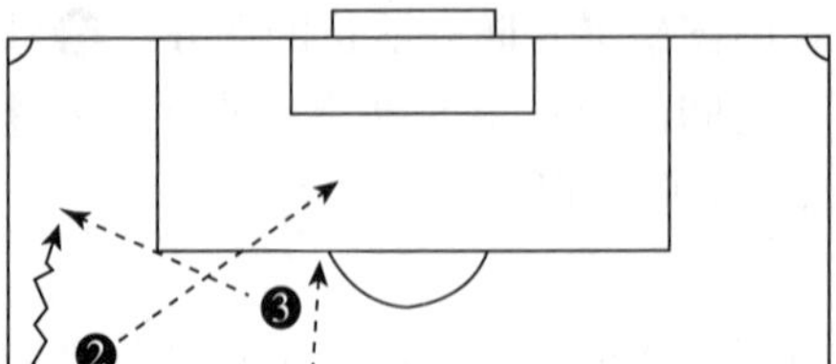
图 5-34 队员相互补位

补位有两种。一种是队员去补空当。例如，边后卫因插上进攻而退守不及时，就由其他队友暂时补他的位置，以防进攻队员利用这一空当打快速反击。另一种是邻近队员相互补位，即交换防守。如图5-34所示，⑪号进攻队员运球突破❷

号防守队员的防守，❸号防守队员补❷号防守队员的漏洞，❷号防守队员快速交叉跑动补❸号防守队员的位置，防守⑩号进攻队员。

2. 保护与补位的注意事项

（1）当能追上自己的防守对象时，防守队员一般不要交换防守（互相补位）。

（2）补位在邻近位置的两个防守队员之间进行为好，避免牵动更多的防守队员交换位置。

（3）防守队员间不要站成平行线。防守队员间适当的斜线站位是保护选位的基本要求，也是后卫线防守站位的基本原则。

（三）全局防守战术

全局防守战术包括盯人防守、区域防守和混合防守3种。其中，混合防守战术是盯人防守战术和区域防守战术相结合的防守战术。混合防守战术是目前世界各国所采用的一种防守战术。它集中了盯人防守战术和区域防守战术的优点，从而在防守中能够根据场上情况进行逼抢、盯人和补位，以达到稳固防守的目的。

全局防守的关键是：延缓进攻；快速退守到位，保持防守层次；紧逼盯人，严密封堵球门前30米范围。

五、定位球战术

定位球战术包括中圈开球、掷界外球、球门球、角球、任意球、点球等攻守战术。定位球战术是利用比赛开始或“死球”后重新开始比赛的机会所组织的攻守战术，对攻方来说，定位球的第一传是在没有拦截的情况下进行的，容易组织进攻和射门，特别是踢角球和在对方罚球区附近罚任意球时，如战术组织得当，进球的可能性就大；对守方来说，则有一定的时间组织防守。因此，目前定位球战术已被普遍重视。下面简要介绍角球、任意球和掷界外球3种攻守战术。

（一）角球攻守战术

1. 角球进攻战术

（1）直接传至球门前，进攻队员包抄攻门。

该战术一般由踢球技术较好的队员主踢角球，并由头顶球能力较强的队员争顶射门。踢角球一般是踢内弧线球把球传至远端门柱前10米左右位置。包抄队员应在球发出后，根据球的运行路线选择位置抢点射门，而不宜过早地等在那里；也可以将球踢至近端门柱附近，由处于中间位置的队友抢点射门或经过一次顶球“摆渡”，跟进队员抢点射门。如图5-35所示，⑦号进攻队员主踢角球，⑪号进攻队员、⑩号进攻队员、⑧号进攻队员、⑥号进攻队员、⑨号进攻队员等包抄射门。

（2）短传配合。

该战术一般是在防守队员身材高大，争顶球能力强，而本方队员身材较小，头顶球较差或遇到较大的逆风时运用。采用短传配合要争取时间，不等防守队员站好位置就立即发球。但传球次数不要多，通过几次传递即应完成射门（图5-36）。

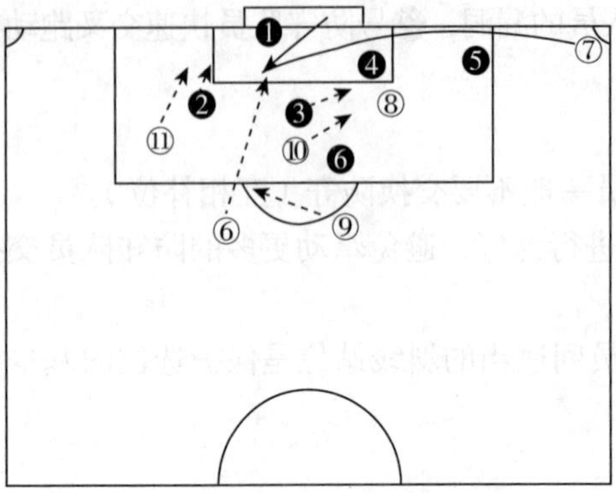

图 5-35　直接传球包抄攻门

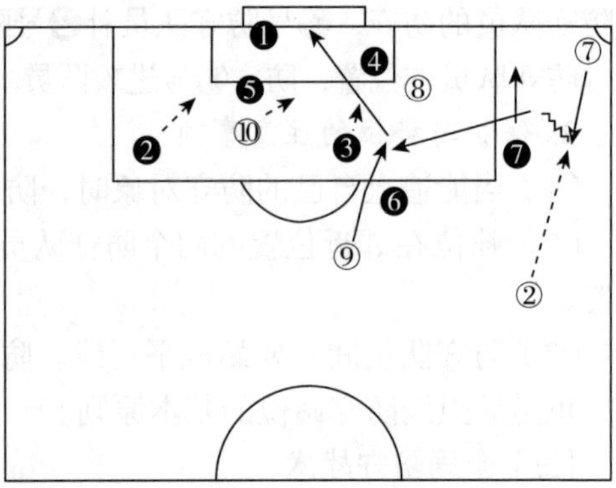

图 5-36　短传配合

2. 角球防守战术

进攻队员踢角球时，前锋、前卫要快速回防（有时前锋只留一人在中线附近），迅速组织防守。一般由顶球好的队员守住门前危险区，重点防守顶球能力强的进攻队员，其他防守队员进行盯人防守，防止漏人；守门员的站位应稍靠近远端门柱附近，以利于观察并随时准备出击；由一名后卫站在近端门柱处，以防发向近端门柱的球。一名队员（边锋）应站在端线附近距角球区9米左右处，以防进攻短传配合或低平传球，并起到对发球队员心理上的扰乱作用。当守门员出击接球时，要有两名队员及时退至球门线，补守门员的位置。

（二）任意球战术

1. 任意球进攻战术

在中、后场的任意球，一般要求进攻队员快速、准确地传球；防守队员迅速退守到位，盯住相应的进攻队员。

在前场尤其是在罚球区附近的任意球能直接威胁球门，是一次极好的射门机会。各队都十分重视罚球区附近和门前30米左右的任意球的攻守战术。

（1）直接射门。

在罚直接任意球时，如距球门较近，守方筑“人墙”有漏洞，或守门员位置不当，或某进攻队员善于踢弧线球，则要大胆地采用直接射门。

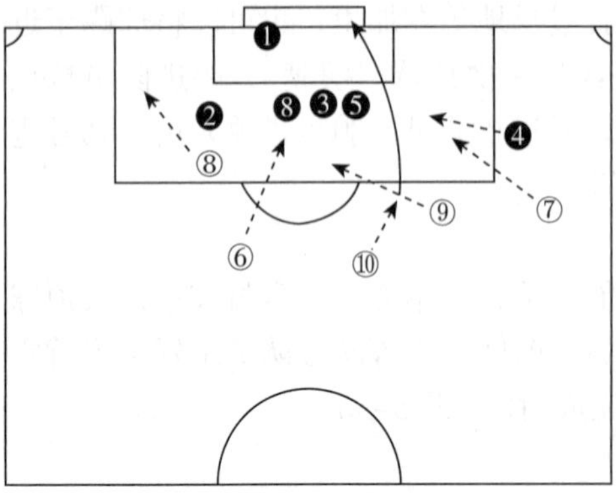

图 5-37　直接射门

直接射门时的注意事项：

① 当守方正在筑“人墙”，尚未布好防线或筑“人墙”有漏洞，或守方守门员位置不当时，应抓住这一时机直接射门。

② 当守方已布好防线时，应由射门脚法较好、善于踢弧线球的队员直接射门。同时其他进攻队员应采用穿插跑动等行动干扰防守队员和守门员。如图5-37所示，⑨号进攻队员佯作射门从球上跑过，⑦号进攻队员、⑥号进攻队员、⑧号进攻队员穿插跑动，⑩号进攻队员

突然起脚射门。

（2）传球配合射门。

传球配合射门方法很多，不论哪一种方法都要求队员之间配合默契。

① 如图5-38所示，⑦号进攻队员、⑧号进攻队员佯作跑动接应，⑥号进攻队员佯作发任意球，⑨号进攻队员将球搓起越过“人墙”，⑩号进攻队员插上直接射门。

② 如图5-39所示，⑥号进攻队员突然发球，将球横拨，引动“人墙”，⑨号进攻队员立即起脚射门。

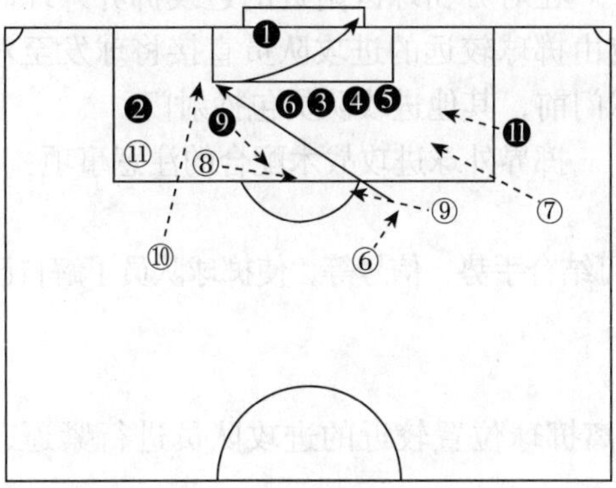

图 5-38　传球配合射门(1)

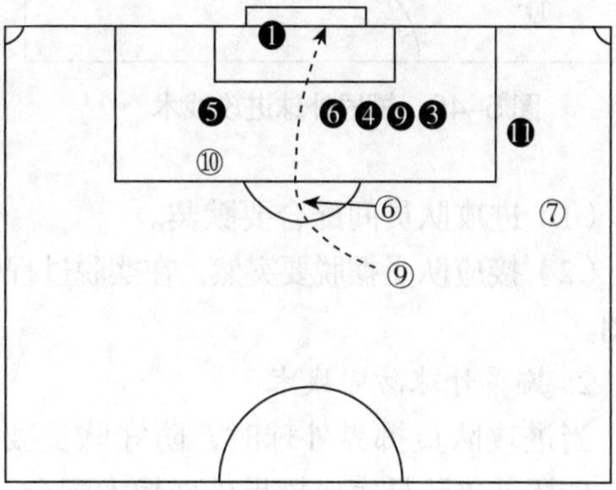

图 5-39　传球配合射门(2)

③ 配合射门的注意事项。

a.传球次数尽可能少，即经过一两次传递就完成射门。

b.运用假动作迷惑防守队员，达到声东击西、避开“人墙”、争取射门机会的目的。

c.传球要及时、准确，插入队员要防止越位。

2. 任意球防守战术

无论是面对直接任意球还是间接任意球，守方的前锋、前卫都应迅速退守。在面对有可能直接射门的任意球时，守方要筑“人墙”。

任意球防守战术的注意事项：

（1）防守队员要迅速回防，需要筑“人墙”时，筑“人墙”要快，并且在组织好防线前，应由一名防守队员干扰进攻队员发球，以避免进攻队员突然袭击。

（2）根据任意球的位置决定筑“人墙”的人数。一般“人墙”由2~5人组成。射门角度大，筑“人墙”人数要多；反之，筑“人墙”人数可少。

（3）筑“人墙”要听从守门员的指挥，若“人墙”封堵球门的近角，守门员则封远角。其他防守队员有的要盯住门前相应进攻队员，有的要防守区域。

（4）除守门员外，其他任何防守队员都不要站在“人墙”的后面，以限制进攻队员在罚任意球时越过“人墙”自由活动。

（5）发球时“人墙”不要受进攻队员的假动作影响而轻易散开，更不要在进攻队员射门时躲闪球和跳动，以免球穿过“人墙”而进入球门。

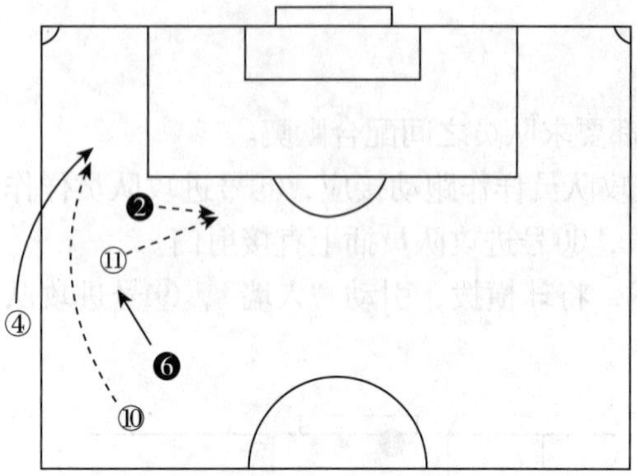

图 5-40　掷界外球进攻战术

（三）掷界外球战术

1. 掷界外球进攻战术

掷界外球时，进攻队员应积极跑动摆脱，交叉掩护，拉出空当，将球掷到有利于进攻的位置。如图5-40所示，⑪号进攻队员里切牵制❷号防守队员，⑩号进攻队员快速前插接④号进攻队员掷的界外球。

在对方罚球区附近的边线掷界外球时，应由掷球较远的进攻队员直接将球发至对方球门前，其他进攻队员包抄射门。

掷界外球进攻战术配合的注意事项：

（1）进攻队员间配合要默契。

（2）接应队员摆脱要突然，在摆脱过程中可结合手势、信号等，使掷球队员了解自己的意图。

2. 掷界外球防守战术

当进攻队员掷界外球时，防守队员要对离掷球位置较近的进攻队员进行紧逼、阻挠，破坏进攻队员完成掷界外球战术配合。

防守掷界外球的注意事项：

（1）防守队员中要有人干扰掷球队员，防止快攻。

（2）对有可能直接得界外球的进攻队员要紧逼，尽可能不使进攻队员空切突破接球。

（3）防守队员间注意互相保护。

六、战术教学与训练

足球比赛的进攻与防守是对立统一的，是相互依存、相互促进的。因此，对于战术教学与训练，既要重视进攻战术的训练，又要重视防守战术的训练，二者均不可偏废。

（一）战术教学与训练的内容

（1）训练是为了满足比赛的需要，比赛需要什么战术就练什么战术。训练的内容源于比赛，比赛中战术方面暴露的问题，应在训练中加以解决。

（2）局部战术是战术教学与训练的重要环节。只有抓好局部战术训练才能保证全队攻守战术的实施。

（3）比赛的原则及个人战术要求是战术教学与训练的组成部分，既要使队员深刻地理解，又要严格要求队员认真贯彻执行。

（4）特定情况下由接近比赛的攻守练习（如人数相等或不等的传抢及小场地比赛，宽、窄场地攻守练习，等等）逐渐过渡到全场比赛，可以使队员根据每个位置的职责提高个人攻守战术能力和加强全队攻守战术配合。

（5）定位球战术的攻守配合的训练。

（二）战术练习方法

1. 个人战术练习方法

（1）摆脱与跑位。

① 两人一组（一名队员进攻，另一名队员防守），进攻队员采用各种方法摆脱防守队员。

② 四人两球，两名控球队员相距20米左右，中间两名队员，一名队员进攻，另一名队员防守，进攻队员用各种方法摆脱防守队员接球回传（图5-41）。

（2）选位与盯人。

进攻队员向端线做折、曲线运球，防守队员倒退，与进攻队员始终保持1.5~2米的距离，进行选位与盯人练习（图5-42）。

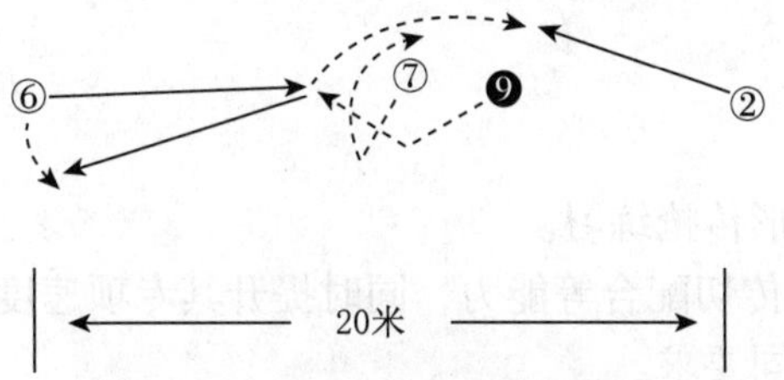

图 5-41　四人两球摆脱与跑位

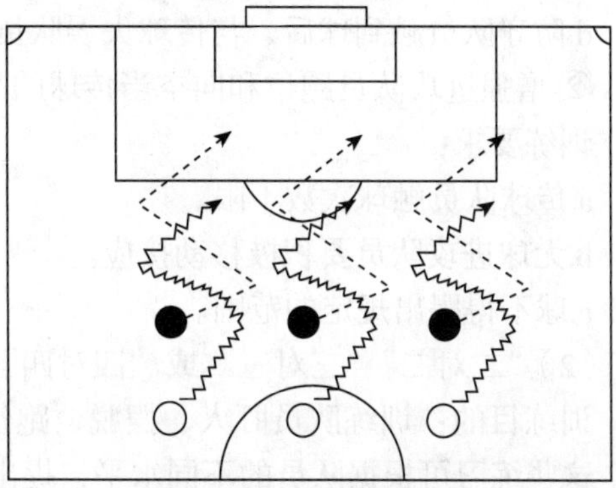
图 5-42　选位与盯人

（3）运球突破。

① 在罚球弧线附近不规则地摆放若干个盘球架，队员从中线快速运球绕过盘球架射门（图5-43）。

② 进攻队员摆脱防守，接球转身，快速运球突破防守队员射门（图5-44）。

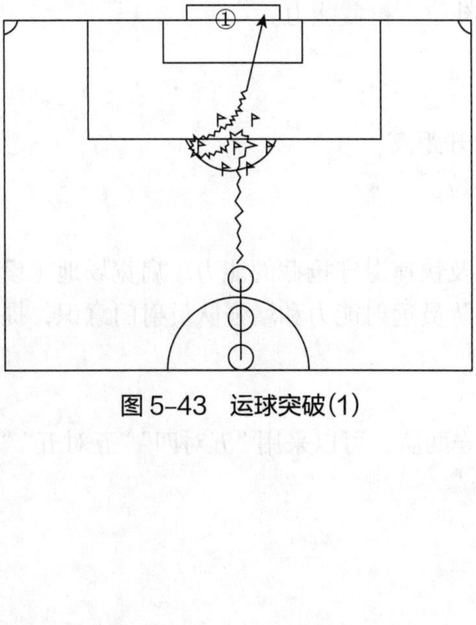

图 5-43　运球突破(1)

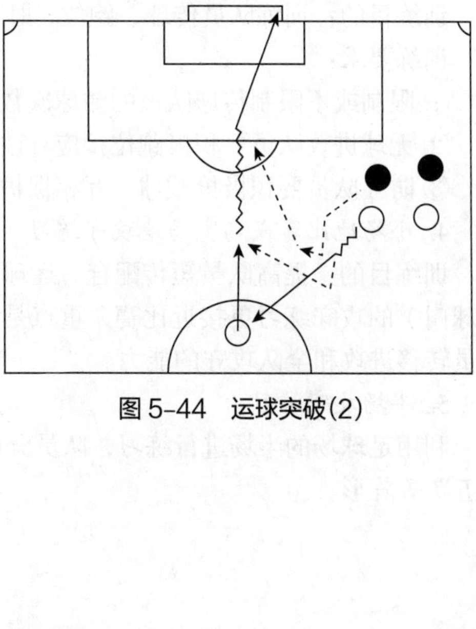
图 5-44　运球突破(2)

2. 基本配合方法练习

根据本章讲述的关于进攻和防守的基本配合路线进行反复练习。

3. 传抢练习

以人数相等或不等的两组进行传抢练习。其活动的范围和参加的人数可根据训练的目的而定。

（1）“三对一”传抢练习。

① 提高进攻队员一次性准确传球和防守队员的选位与抢截球的能力。

训练要求：

a.进攻队员必须一次出球。

b.不得将球踢出规定的范围，尽可能向接应队员脚下传球。

c.防守队员要积极移动选位、堵抢。

d.防守队员触到球后，与传球失误队员互换攻守。

② 增强进攻队员跑位和向空当传球的战术意识。

训练要求：

a.传球队员触球次数不限。

b.无球进攻队员要积极移动接应。

c.球不得踢出规定的范围。

（2）“二对二”“三对三”或“四对四”阵形传抢练习。

训练目的：训练队员盯人、摆脱、跑位和传切配合等能力，同时提升其专项速度耐力。这些练习可根据队员的不同水平，提出不同要求。

训练要求：

① 限制触球次数，或触球次数不限，允许运球过人，等等。

② 要求防守队员紧逼盯人。

③ 迎球并处理，传球后跑动。

④ 完全抢到球后或球出规定范围才能互换攻守。

（3）“四对二”“四对三”阵形传抢练习。

训练目的：训练队员传球、跑位、盯人、补位、抢截能力。

训练要求：

① 限制或不限制传球队员的触球次数。

② 无球进攻队员要积极跑位接应，注意拉开距离。

③ 防守队员要积极抢截球、互相保护与补位。

4. 小场地比赛或扁宽场地攻守练习

训练目的：提高队员短传配合、运球突破及快速退守抢截的能力。扁宽场地（设两个球门）的攻守练习更接近比赛，重点是训练队员远射能力和增强队员射门意识，提高队员转移进攻和全队攻守的能力。

5. 半场攻守练习

利用足球场的半场进行练习，队员分成攻守两队，可以采用“五对四”“五对五”“六对五”等阵形。

训练目的：训练前卫、前锋队员进攻配合及后卫、前卫防守配合的能力。

训练要求：将各种局部区域的基本配合通过半场攻守练习连接起来；每次进攻力争完成射门，防守队员得球后快速压出并将球传至中圈。

6. 全场比赛

全场比赛是在符合比赛要求的情况下进行的攻守配合训练。

训练目的：训练队员在实战中的应变能力，培养其战术意识，检验其战术配合的能力。

训练要求：

（1）教练员根据要解决的问题提出不同的要求，使队员明确所练的战术配合，如重点练边路进攻、前卫插上等。

（2）若本队分队比赛，教练员可以随时鸣哨停止比赛，及时讲解战术，加深队员对问题的认识。

（三）战术教学与训练注意事项及比赛原则

1. 战术教学与训练注意事项

（1）战术教学与训练应从两三个人的传切配合着手，使队员熟练传球路线和跑动路线，并对每个战术配合提出明确的要求。

（2）战术教学与训练一定要与技术、身体训练和意志品质的训练等结合起来进行。

（3）根据队员的基本情况逐步进行练习，由非对抗过渡到对抗，更主要的是要在对抗的情况下进行练习，以结合实战。

（4）战术教学与训练时，要注意培养队员的战术意识，在完成战术配合的最后阶段最好结合射门。

（5）战术教学与训练必须结合本队的特点及根据本队的实际情况设计符合本队需要的战术，绝不能生搬硬套。

2. 比赛原则

比赛原则是战术教学与训练的重要组成部分。在教学与训练中，教练员必须使队员明确，只要参加比赛就要力争取胜，如胜不了，就设法求和。要赢球就要进攻，同时要注意防守，不让对方打进球。比赛的原则就是进攻原则与防守原则的结合。

（1）进攻原则。

① 制造宽度。当一名进攻队员得球时，其他进攻队友要充分利用场地的宽度进行摆脱和跑位，通过积极摆脱与跑位配合，把防守队员拉开，制造防守上的漏洞。一般来讲，在防守队员已退守到位时，要利用横、回传球，放慢比赛节奏寻找时机，要控制好球，要避免盲目大脚、直传造成失误而失去控球权。

② 传切渗透。通过制造宽度拉出空当，切入空当传球突破。当发现防守上出现有利于突破的空当时，就要立即加快节奏，通过直传、长传和进攻队员的快速切入空当形成射门机会或威胁球门的有利局面。

③ 机动灵活。在实施进攻战术的过程中，除了要制造宽度、深度外，在防守比较严密的情况下，进攻队员应机动灵活地运用各种有球、无球的活动，突破防线和迅速利用空当。

④ 随机应变。在运球突破防线将要射门或进行某个动作而遇到防守队员阻挠时，要随机采取应变措施（包括即兴发挥），以达到进攻、射门的目的。这种随机排除干扰的应变能力是建立在队员身体素质全面发展、技术动作熟练和良好的战术意识的基础之上的。

（2）防守原则。

除了盯人防守与区域防守等战术外，防守还需遵循以下原则。

① 延缓对方的进攻。进攻一旦失球，离控球队员最近的防守队员就要立即阻挠和封堵控球队员，以延缓其运球突破和传球，不给快速反击的机会，赢得时间使队友迅速退守。

② 对口平衡。在失球后除了要阻挠控球队员外，其他防守队员都应立即迅速退守，使防守队员在人数上与进攻队员相等或以多防少，以便组织严密防守。

③ 收缩保护。每个防守队员都要看好相应的进攻队员，按场区及要求采用紧逼或松动盯人，并注意逐渐缩小防守队员相互间的距离，以便保护和补位，不被拉开空当，在有把握的情况下截获传球。

④ 紧盯控制。每名防守队员都要紧紧盯住进攻队员，不让进攻队员有任意传球、运控球和射门的自由，力争把进攻队员控制的球夺过来，变守为攻。

足球的战术教学与训练必须始终要求队员遵循以上原则，以免一人的放任轻率使全队遭到损失。

（3）个人战术戒律。

为了遵循和执行这些原则，每名队员在训练和比赛中还必须遵守和不违反以下10条个人战术戒律。教练员必须严格要求队员在训练中遵照10条戒律完成训练任务。

① 得球即进攻。当本队夺得控球权时，不论是哪个位置的进攻队员都要发动一次进攻。

② 失球要防守。一旦本队失球，每名进攻队员都必须立即担负起防守任务，并且力争把进攻队员防守于外线。

③ 传球后跑动。控球队员传球后立即跟上进行支援和接应。

④ 主动接应球。这条要求与传球后跟上是相互关联的。进攻队员在传球后立即跟上接应，其他邻近的进攻队员也要靠近控球队员，要主动迎球，不要等球。

⑤ 有意识地运控球。控球队员在无人接应或不宜于传球的情况下，要有意识地运控球，利用向左或向右运球，牵制防守队员，以制造空当进行渗透。

⑥ 身体掩护球。进攻队员在得球后，应把自己的身体置于防守队员和球之间，以免防守队员将球抢去或破坏掉。进攻时应力争处于内线。

⑦ 迎球处理球。争取抢先于对手获得球。当传来空中球时，接球队员力争不让球落地或在落地弹起前就把球控制好，以免耽误时间或被防守队员乘机截获造成不利局面。尤其是在罚球区内就可能因此被乘机破门。

⑧ 随时观察。队员在比赛中始终要让自己面向球，看到球。

⑨ 当进攻队员运球过人或传球时，凡是能够抢到或断掉的球，绝不让球越过。一旦被进攻队员突破，凡是能够追赶上进攻队员的一定要追抢，尽可能不让其他进攻队员来补位。

⑩ 绝不造成不必要的犯规和随便将球踢出界外。任何不必要的犯规或踢球出界都会使本队失去控球权而使对方处于主动有利的局面。

拓展阅读

乌龙球

“乌龙球”源于英语的“Own Goal”一词，意为“自进本方球门的球”。香港球迷根据这个单词的发音，将其称为“乌龙球”。“自摆乌龙”指本方球员误打误撞，将球踢入本方球门，不仅不得分，反而失分。

“乌龙球”的高危人群应属于后卫和门将，因为他们是距离本方球门最近的队员，当然，在防守定位球的时候，好心回防的前锋或中场球员也极有可能弄巧成拙。在悬念迭生的足球比赛中，适时的“乌龙球”恰如增鲜的味精一样让球迷津津乐道，而对于不慎炮制出那道黑色轨迹的球员而言，他极有可能为自己的一时疏忽付出惨痛的代价。

思考与练习

1. 简述足球基本战术的概念。
2. 简述比赛阵形的概念及足球比赛阵形的发展。
3. 防守队员应如何选位?
4. 简述选位与盯人的注意事项。
5. 何谓边路进攻? 边路进攻结束阶段对包抄队员有哪些要求?

第六章　篮球

第一节　篮球运动概述

1891年，篮球运动由美国的体育教师詹姆斯·奈史密斯博士发明。20世纪30年代，篮球运动向欧洲、亚洲、非洲、美洲四大洲推广发展。随着技术水平不断提高，单兵作战的基本形式逐渐被掩护、协防等多人配合代替。1932年，国际篮球联合会在瑞士的日内瓦成立。1936年，男子篮球运动成为第11届奥运会的比赛项目，现代篮球运动从此登上了国际竞技的舞台。20世纪40年代末，快攻、掩护、策应、人盯人防守、区域联防等战术阵形已被各国篮球队运用，篮球运动进入完善时期。20世纪50年代，篮球运动进入了以队员高大体形为特点的发展期。随着攻守区域的扩大，高度与速度的相互交叉，比赛的速度、准确性以及篮下的争夺成为比赛取胜的重要保证。1976年，女子篮球运动被列为第21届奥运会的比赛项目。20世纪90年代，国际奥林匹克委员会允许职业篮球队员参赛，开创了世界篮球运动的发展新方向。随着欧美篮球竞技水平的提高，世界篮球运动逐渐形成美、欧两大洲对抗的格局。现代篮球运动朝着“智”“高”“快”“全”“准”“狠”“变”的方向发展。

目前，国际篮球主要赛事有篮球世界杯、世界篮球青年锦标赛和奥运会篮球比赛。美国职业篮球联赛（National Basketball Association，NBA）是目前全世界公认的篮球水平最高的联赛，成立于1946年。CBA（China Basketball Association）是中国职业篮球联赛的缩写，CUBA（Chinese University Basketball Association）是中国大学生篮球联赛的缩写。

第二节　篮球基本技术

篮球基本技术是指符合篮球运动对抗规律，符合人体生理、解剖、生物力学特点的，各种通过运动训练而形成的特定的规范化的身体动作。

下文只介绍9种篮球基本技术。

一、持球

篮球持球的基本姿势是进攻技术动作的基础，也是投篮、突破、传球技术动作的开始。

持球手法：通常两手持球，两拇指相对，呈“八”字形，手指展开，手心不接触球。

持球

二、运球

运球

（一）高度

运球队员越靠近防守队员，运球的高度越低，以安全地控制住球，防止被防守队员掏球、捅球、抢球。按运球的高度分，运球可分为高运球、低运球和超低运球。

（1）高运球是指运球队员远离防守队员时（主要用于快速向前场推进时），便于更好地观察全场的态势，以肩关节为轴，带动手臂，利用手腕和手指按拍球。球反弹起来的高度控制在腰的高度。

（2）低运球是指运球队员接近防守队员时（一般是指离防守队员一臂的距离），以肘关节为轴，用前臂带动手腕和手指按拍球，球反弹起来的高度控制在膝关节以下。

（3）超低运球是指在人缝中，运球队员为了防止被防守队员抢截球，以腕关节为轴，用指尖快速按拍球。球反弹起来的高度不超过踝关节。

（二）宽度

运球的宽度是指运球队员左右运球的幅度，可以调动防守队员，结合身体和脚步的变化诱导防守队员失去身体重心，便于运球队员选择合理的突破方向。

（三）纵深度

运球的纵深度是指运球队员利用运球的高度、宽度，以及前后移动的诱导，通过脚步、身体姿态和球完美结合超越对手时的动作幅度。按运球的纵深度分，运球的主要形式有体前变向突破、胯下变向突破、背后变向突破、转身突破、以退为进突破。

（四）速度

运球的速度是运球突破对手的关键所在。应在最短的时间之内，突然地爆发出最大的速度，让防守队员跟不上。

（五）节奏

运球的节奏是指运球队员运球突破的快慢、左右等的变换。

三、传、接球

及时准确的传球和熟练稳固的接球能为获得良好的进攻时机创造有利条件。所以，传、接球技术是组织配合的纽带和桥梁，是最能体现篮球意识、篮球水平、篮球智商的技术环节。

（一）传球

传球的方式可谓千变万化，一次精妙的传球能让观众体会到篮球比赛的艺术性、观赏性。

1. 传球的原则

（1）选择向内线空位传球，遵循先里后外的原则。

（2）选择向人数少的地方传球。

（3）传球之前，两脚要在地面上，身体要保持稳定。

（4）传球要快速有力、干脆利落。

（5）选择好传球目标后要用外侧手（远离防守队员的那一只手）把球传给接球队员（远离防守队员那只手的一侧）。

（6）当接球队员手打开时，传球必须到位，不能早或晚。

（7）传球之前，传球队员必须用假动作，特别是用眼睛迷惑防守队员，看上传下、看下传上。

（8）缩短传球距离。通过手递手或在传球前以运球来缩短与接球队友的距离，特别是在把球传到篮下区域或者是进攻区域联防的时候。

（9）选择正确的传球路线。传球路线包括平直、高远、击地。

（10）选择正确的传球方式。正确的传球方式是队员根据在比赛的实际情况，运用合理恰当的传球手形，把球准确、及时、到位地传给队友。

2. 传球的分类

基本的传球方式主要有以下几种。

（1）双手胸前传球。

屈膝蹬地，同时两手立腕（手指指向天空）向前伸出，拇指和食指向下向前抖腕翻拨球。双手胸前传球一般用于中远距离。

双手胸前传球

（2）单手胸前传球。

左手按球至右手，右手掌心朝向前方，手指手腕外旋平行于地面，至右侧胸前（以右手为例）。右腿蹬地的同时转动右髋，带动手臂向前，同时手臂向内侧旋转，立腕、抖腕、拨指。这项技术动作幅度小，非常隐蔽，防守队员难以封堵，是外线队员向内线队员快速、隐蔽传球的主要方法。

双手头上传球

（3）双手头上传球。

两手持球于头上，身体微微后仰，突然前倾带动两手向前到眼睛的高度，肘关节突然制动，前臂前伸，拇指和食指向下向外抖腕翻拨球。这项技术动作一般用于篮板后一传，或阵地进攻时高位中锋策应，或对方守联防时外线队员传球。

单手肩上传球

（4）单手肩上传球。

单手持球于肩后侧上方，利用身体的转髋、转肩带动手臂前伸将球甩出去（俗称鞭打）。这项技术动作多用于远距离长传快攻。

（5）单手体侧传球。

单手持球经身体侧后方弧线向外伸展，手臂以肩为轴向前摆。当手臂侧伸较充分时及时扣手腕拨指将球传出。初学者最易犯的错误是从前向后

单手体侧传球

展臂引球。单手体侧传球主要用在对手近身防守手臂上扬封阻或突破分球时。该技术动作常通过击地传球来保证球在有利一侧传出。

（6）低手传球。

两手掌心向上持球于腹部，传球时两手小指、无名指、中指向上向外微微抖腕翻拨。低手传球一般用于近距离传球。

低手传球

（7）点拨传球。

运球时，大力运球。当球接近最高点时，手外旋，甩腕，力透指尖，将球突然弹出去。点拨传球一般用于近距离传球。点拨传球由于突然性大，往往令对手来不及反应。

（8）背后传球。

利用手臂、手腕的挑、拨将球从背后传给队友。背后传球多用于快攻结束段以多打少或阵地进攻挡拆后，具有隐蔽性强、不易拦截、艺术性高等特点。

背后传球

（二）接球

动作要领：眼睛要观察来球，对来球的方向、高度、旋转、速度和力量，以及球与自己的距离等都要有准确的判断。接球前肩部放松，手臂迎球伸出，手指自然分开。在手指触球的同时，屈臂后引，缓冲来球的力量。接球后两手握球，保持身体的平衡，以便做下一个动作。

注意事项：

（1）接球时要观察与了解场上情况，要积极移动到位，迎前接球。

（2）接球时两脚应在空中。

（3）接球后，身体要朝向篮筐。

（4）尽可能用双手接球。

（5）接球时要利用上肢和脚步移动抢占空间位置，挡住对手可能断球的路线，以保证接球的安全。

四、投篮

根据投篮的形式和方法，投篮分为单手肩上投篮、双手胸前投篮、单手低手上篮、跳投、勾手投篮、行进间抛投及扣篮等多种形式。其中，单手肩上投篮、双手胸前投篮、单手低手上篮是投篮的基本动作，下面将其作为重点进行介绍。

（一）单手肩上投篮

动作要领：以右手投篮为例，右脚往前超左脚半个脚掌，两手持球，肘关节自然下垂，举球到额头右上方一拳之距。

单手肩上投篮

动作定型的标准：肘关节鹰嘴对准篮筐，手腕与前臂形成接近90° 的夹角，前臂与上臂形成90° 的夹角，上臂与躯干形成90° 的夹角。

出手的发力顺序：两脚蹬地的同时，抬肘、伸臂、屈腕、拨指。

（二）双手胸前投篮

动作要领：两手持球于胸前，保持三威胁姿势。投篮时两脚蹬地，同

双手胸前投篮

时两手向前上方推送球。出手时拇指和食指向上向外抖腕翻拨将球投出，全身协调发力。双手胸前投篮多用于女队员远距离投篮。

（三）单手低手上篮

动作要领：在行进中，队员单手托球，掌心向上，通过伸臂、抖腕、拨指将球投进篮筐。单手低手上篮一般用于快攻，或队员远离篮筐起跳时。

五、持球突破

持球突破包括顺步突破和交叉步突破两种形式。

顺步突破动作要领（以左脚为中枢脚）：突破队员从持球三威胁姿势开始，通过右脚向右侧前方迈步、转腰、探肩、右手推放球等形式突破对手。

顺步突破

交叉步突破动作要领（以左脚为中枢脚）：突破队员从持球三威胁姿势开始，通过右脚向左侧前方迈步、转腰、探肩、左手推放球等形式突破对手。

注意：持球突破只有和各种假动作相结合，才能取得好的效果，如刺探步+半步、刺探步+交叉步、瞄篮+顺步、瞄篮+交叉步。

交叉步突破

六、抢篮板球

抢篮板球是增加比赛进攻机会从而获取比赛胜利的重要因素，是队员运动能力、拼搏精神、篮球意识在篮球场上的集中体现。

抢篮板球可分为抢防守篮板球和抢进攻篮板球。

抢篮板球动作要领：

（1）逢投必抢（抢篮板球的意识）。

（2）积极抢占有利位置。队员抢防守篮板球时先要看住自己防守的人，再迎前转身将其堵在自己的身后；抢进攻篮板球要突出一个“冲”字。

（3）熟悉投篮不进后球的反弹点：一般45°角投篮反弹落点有80%的概率在两个45°角，0°角投篮反弹落点有80%的概率在两个0°角，90°角投篮落点有80%的概率在30°角到90°角的范围内。

（4）抢篮板球的方式有单手扣押、双手抢拽、点、捅、捡、夺、抱。

七、移动

（一）起动

起动时，队员保持身体平衡，突然撤掉一只支撑脚，同时微微地低头，两脚短促有力地蹬地，身体处于即将摔倒的边缘。

（二）变速跑

变速跑是指队员通过起动突然加速，再通过在高速中利用脚步（如一拍急停、两拍急停等）突然急停，以摆脱防守队员的纠缠的技术动作。

（三）变向跑

变向跑是指队员通过改变身体移动的方向，达到摆脱防守的目的的技术动作。需要特别注意的是，利用肩膀的转动带动身体，可以使变向跑更加灵活。

（四）侧身跑

侧身跑是指队员在防守时侧向面对进攻队员，追逐进攻队员的技术动作。在进攻时运用侧身跑应用肩部对准防守队员，斜对球，向篮下核心区域切入。

（五）后退跑

后退跑是指队员在进攻转为防守时，为了便于观察进攻的态势，面对进攻队员，两脚紧贴地面快速交替，倒退着跑向自己后场的技术动作。

（六）转身

转身是指持球队员以一只脚的前脚掌为轴，通过转头、转肩、转腰胯，前脚掌在地面碾压带动身体旋转一定的角度的技术动作。

转身分为前转身和后转身。其中，前转身是指以一只脚前脚掌为轴，另一只脚向自己身体的前面转身。运球突破时，运球手的异侧脚（左手运球时为右脚）向防守队员的侧前方蹬地急停，同时借助蹬地的力量，以另一只为轴，直接换手持球，做前转身变向突破。后转身是指向身体的后面去转身，动作方法与前转向相同，但方向相反。

（七）侧滑步

侧滑步是指队员防守有球队员时，保持两脚开立，两脚间距略大于肩，大腿几乎和地面平行，侧向移动的技术动作。以向左侧滑步为例，右脚前脚掌内侧用力向右蹬地，同时左脚主动用力向左后30° 角方向踩压半步，右脚迅速跟进半步，保持两脚之间的距离不变，连续不断地移动。

（八）前滑步

前滑步的身体姿势与侧滑步相同。队员两脚前后开立，后脚前脚掌内侧用力向后蹬地，同时前脚向前迈一小步，后脚迅速跟上。

（九）后滑步

后滑步的身体姿势与侧滑步相同。队员两脚前后开立，前脚前脚掌内侧用力向前蹬地，同时后脚向后迈一小步，前脚迅速跟上。

（十）跳

篮球场上的跳分为双脚起跳和单脚起跳。

双脚起跳：队员起跳时，两脚开立，快速下蹲，两臂相应后摆，上体前倾。同时，两脚用力蹬地，伸膝，提腰，两臂迅速向前上提，使身体向上腾起。上体在空中自然伸展，收腰，下肢放松。落地时用前脚掌着地，屈膝保持身体平衡。

单脚起跳：队员一只脚着地后，另一只脚迅速以前脚掌蹭地或向前积极下压起跳，以提高起跳的突然性。

（十一）急停

急停分为跳步急停（俗称一拍急停）和跨步急停（俗称两拍急停）。

跳步急停：在行进过程中，队员单脚或双脚起跳，两脚同时着地停步（脚跟过渡到前脚掌）。跨步急停：在行进过程中，队员单脚或双脚起跳，上体略后仰，两脚依次着地。

八、防守有球队员

防守队员必须始终处于球和篮筐这条直线之间，两脚开立略宽于肩，重心下降（头顶的高度不超过对手的下颌），与对手保持不超过一臂的距离，两手要不断地袭扰对手手中的球，通过脚步和躯干的挤压迫使对手向远离篮筐的方向移动。

九、防守无球队员

防守无球队员应遵循以下基本原则。

（1）人球兼顾原则：既要看得见持球队员，也要看得到自己防守的队员。

（2）近球紧远球松原则：自己防守的队员离球越近，越要靠近自己防守的队员；反之，则要离自己防守的队员越远。

（3）保护心脏原则：永远不要让自己防守的队员在3秒区里夺得控制权。

（4）高度原则：当球在罚球线以上的位置时，防守的高度基本和球的高度一致。

第三节　篮球基本战术

篮球基本战术是指在进攻或防守时，全队结合对手和自身的特点，按照基本的落位阵势、移动路线、攻守区域、攻守点面和一定的变化规律而确定的集体配合。

篮球基本战术分为进攻战术和防守战术两大类。

一、进攻战术

（一）基础配合

（1）传切：球一传出去，马上侧身对着有球的方向，向内线切入，接队友的回传球上篮。

（2）突分：运球突破，吸引队员的防守队员上来协防，随后将球传给无人防守的队友。

（3）挡拆（有球掩护）：给持球或运球的队员做掩护，把防守有球队员的防守队员挡住，紧接着后转身切向篮下，接队友的传球进攻篮筐。

（4）无球掩护：2名或3名无球队员相互掩护，造成对方防守混乱，创造空当，接球攻击篮筐。

（5）快攻：

① 一传快攻：防守篮板球拿下后，直接传给快下的队员。

② 接应快攻：一般让后卫队员接应后运球推进。固定区域接应是指防守篮板球抢到后，传给自己的同侧队员运球推进。随机接应是指根据比赛中的实际情况，传给最佳位置的队友，发动快攻。

③ 衔接段进攻：快攻发起到落入阵地进攻前，趁防守队员立足未稳，还没有形成整体的防守队形，防守处于半混乱状态时，迅速推进到前场，积极寻找进攻机会，坚决果

断地发起进攻。

（二）进攻半场人盯人

进攻半场人盯人是一支球队必须掌握的基本进攻战术，必须根据人盯人防守的特点，以及本队的特长组织各种不同形式的进攻。

进攻半场人盯人应遵循以下原则。

（1）动中配合，扩大攻击区，增多攻击点。

（2）打破封位的固定界限，有目的、有组织地进行人球转移，在运动中穿插换位，制造对方防守上的漏洞。

（3）根据队员的身体和技术特点，利用策应、空切、掩护、突分的技术配合，合理地完成全队完整的战术配合，并注意战术的连续性及配合之间的衔接。

（4）内线进攻和外线进攻相结合，集体配合和个人进攻相结合，针对防守的不同情况攻击对方薄弱环节，不断提高战术的灵活性。

（5）积极组织冲抢进攻篮板球，明确投篮后冲抢进攻篮板球的配合和队员的职责。

（6）保持战术队形的攻守平衡，提高攻守的转换速度。

（三）进攻联防

进攻联防应遵循以下原则。

（1）耐心地、有节奏地转移球，在消耗对手体力的同时寻找投篮机会。

（2）球从一侧转移到另外一侧（通过突分、中锋策应、掩护等）。

（3）先选择向内线传球，再向空位传球；低位中锋接球后，先选择传高位中锋，高位中锋先选择传低位中锋。

（4）突破分球：通过队员的穿插跑位，在局部形成以多打少的局面。

（四）底线球战术

底线球战术要求根据队员的身体和技术特点，利用策应、空切等的技术配合在底线附近发底线球从而完成一次进攻配合。

（五）边线球战术

边线球战术要求利用队员之间的配合以及无球跑动创造一次进攻机会，或者寻找可以传球的空间。

二、防守战术

（一）人盯人

（1）半场扩大紧逼盯人：防守基本上从中线开始，一对一，根据防守有球队员和无球队员的原则进行防守。

（2）半场缩小盯人：踩住三分线防守。

（3）全场紧逼盯人加轮转堵抢：全场进行一对一防守，防守队员积极向运球队员一侧靠拢，最靠近运球队员的防守队员，突然放弃自己防守的队员，帮助队友对运球队员进行夹击，其他防守队员按照逆时针或顺时针方向移动，放弃最远端的进攻队员，争取抢截球，或造成进攻队员的违例。

（4）1–2–1–1全场紧逼加区域夹击：控球后卫站在最前面，小前锋和得分后卫站在中圈位置，中锋和大前锋站在篮下进行防守。

（5）3/4场区域夹击1–2–2落位：防守区域位于本方半场，控球后卫站在最前面，小前锋和得分后卫并排站在罚球线位置，中锋和大前锋并排站在篮下进行防守。

（6）3/4场区域夹击2–2–1落位：控球后卫和得分后卫站在三分线处防守，小前锋和大前锋在罚球线附近防守，中锋位于篮下防守。

（二）联防

5名队员各自防守一个区域，防住进入该区域的进攻队员和球，积极向球移动，严密封锁向内线的传球，在内线以多防少，积极阻挠对方外线队员的投篮，多人争抢篮板，创造快攻机会。

（1）二三联防：前面2名队员站在罚球弧的两侧，其余3名队员位于罚球线下左中右，每名队员负责防守进入该区域的球和进攻队员。

（2）三二联防：3名队员分别站在罚球弧左、中、右位置，其余2名队员位于罚球线下，每名队员防守相对应的区域和球。

（3）一三一联防：顶弧站1名队员，罚球线和边线分别左、中、右各站1名队员，篮下站1名队员，篮下的队员根据球的方向选择移动路线。

（三）混合防守

混合防守是部分队员按照人盯人防守、部分队员按照联防防守的一种特殊的防守形式。混合防守针对性强，如对方只有一两名得分能力强的队员能起到很好的控制作用。

拓展阅读

篮球运动的锻炼功能

篮球运动是在固定场地内，双方以投篮为中心的竞赛项目，并以投中得分获得乐趣。由此可见，篮球运动始终具有浓厚的游戏性。篮球运动不受年龄、性别和技术的限制，因而开展十分广泛，成为丰富人们业余文化生活的重要内容。

篮球比赛是在攻防的不断变化中进行的，运动员应具有良好的身体素质，在场上既能不断地快速奔跑，又能急起急停。所以，经常参加篮球运动，能锻炼跑、跳、投等能力，对人体的协调性、灵活性和应变能力都会起到良好的作用。

篮球运动要求运动员对场上各种变化情况具有精准的感知能力。运动员在场上完成许多复杂的动作时，要将动作做得十分准确。这在很大程度上要靠人体感觉器官对肌肉感觉做出精确的分析才能实现。例如，篮球运动员能够在没有视觉参与的情况下完成运球动作，就是靠本体感受器及触觉感受器的精确判断来实现的。

经常参加篮球运动者，不仅肌肉会变得更加结实、有力，而且内脏器官的机能也会得到明显提高。以心脏机能为例，正常成年人安静时每分钟心跳72次左右，并且每次心跳输出血液50~60毫升；而篮球运动员安静时每分钟心跳50~60次，每次心跳输出血液可达80~100毫升。安静时心跳次数减少，说明篮球运动员的心脏肌肉强壮有力，收缩一次输出的血液大大多于一般人。这是机能良好的一种表现，说明篮球运动有助于改善人体的心肺机能。

思考与练习

1. 简述篮球的起源与发展。
2. 简述篮球基本技术的概念。
3. 简述篮球基本战术的概念。
4. 简述篮球防守战术的内容。

第七章　排球

第一节　排球运动概述

排球运动起源于美国。

排球运动传入亚洲较早。1913年，首届远东运动会中排球被列入比赛项目。20世纪60年代以前，苏联、捷克斯洛伐克、波兰、罗马尼亚、保加利亚、民主德国、匈牙利等东欧国家的排球技术水平一直处于领先地位。20世纪60年代，亚洲地区开展6人制排球之后，特别是我国首创的快球打法得到迅速传播后，亚洲的排球技术水平提高较快，亚洲强队成为能与欧洲强队相抗衡的力量。

1981年，中国女排崛起，以全胜的战绩夺得第三届世界杯排球赛冠军。1982年，中国女排又赢得了第九届世界女子排球锦标赛的桂冠，获得了参加1984年奥运会的资格，誉满世界排坛。

20世纪70年代以前，美洲人一直把排球运动看成是娱乐性的游戏项目，技术水平远远落后于欧洲和亚洲。到20世纪70年代中期，古巴女排首先崛起，以惊人的弹跳力，高打重扣并结合亚洲打法，刮起一阵“加勒比旋风”。与此同时，巴西、美国、阿根廷、秘鲁等队的排球技术水平也迅速提高，形成了强大的美洲势力。

近年来，非洲的排球技术水平也有很大提高，其中突尼斯队和埃及队进步显著。现在，排球运动已进入欧、亚、美三大洲鼎立的时代。

目前，世界性的排球比赛有世界排球锦标赛、奥运会排球比赛、世界杯排球赛。

第二节　排球基本技术

一、准备姿势与移动

准备姿势与移动是排球基本技术之一。它们属于无球技术，是完成发球、垫球、传球、扣球和拦网等各项有球技术的前提和基础，对各项有球技术的运用起串联和纽带作用。准备姿势与移动是相辅相成的。准备姿势主要是为了移动，要求快速。

（一）准备姿势

为了便于完成各种技术动作而采取的合理的身体姿势称为准备姿势。合理的准备姿势既要使身体重心相对稳定，又要便于移动，从而为击球创造良好的条件。完成某项有球技术之前的准备姿势称为专项技术准备姿势。例如，拦网、发球、传球等采用不同的准备姿势。

按照身体重心的高低，准备姿势可分为半蹲准备姿势、稍蹲准备姿势和低蹲准备姿势3种。

1. 半蹲准备姿势

动作方法：两脚左右开立，间距稍比肩宽。一只脚稍前，两脚尖内收，两脚跟稍提起。膝关节保持一定的弯曲，膝关节的投影在脚尖前面。上体前倾，重心靠前。两臂放松自然弯曲，两手置于腹前。全身肌肉适当放松，两眼注视来球，两腿始终保持微动。

半蹲准备姿势

技术要点：屈膝提踵，含胸收腹，微动。

2. 稍蹲准备姿势

动作方法：稍蹲准备姿势比半蹲准备姿势的身体重心稍高，动作方法相同。

稍蹲准备姿势

技术要点：两脚自然开立，两腿适当屈膝；收腹重心前移，身体放松微动。

3. 低蹲准备姿势

动作方法：低蹲准备姿势比半蹲准备姿势的身体重心更低、更靠前；两脚左右、前后的距离更宽一些；膝部弯曲程度更大一些；肩部投影过膝，膝部投影过脚尖；手置于胸腹之间。

低蹲准备姿势

技术要点：着力点放在前脚掌拇指跟部，重心压低。

（二）移动

从起动到制动的过程称为移动。移动的主要目的是及时接近球，保持好人与球的位置关系，以便击球。迅速的移动可占据场上的有利位置，争取时间和空间。队员能否及时移动到位会直接影响技战术的质量。移动由起动、移动步法和制动3个环节组成。

1. 起动

起动是移动的开始。它是在准备姿势的基础上，变换身体重心的位置，使身体向目标方向移动。

动作方法：根据场上的情况，采取不同的准备姿势，有利于随时改变移动方向和迅速移动。以向前起动为例，在正确准备姿势的基础上，迅速向前抬腿收腹，使上体向前探出，同时后腿迅速用力蹬地，使整个身体急速向前起动。

起动

技术要点：抬腿蹬地，破坏平衡。

2. 移动步法

起动后应根据临场技战术的需要，灵活地运用各种移动步法进行移动。

动作方法：

（1）并步与滑步。并步：若向前移动，则后脚蹬地，前脚向来球方向跨出一步，后脚迅速跟上做好击球准备。连续并步就是滑步。

（2）跨步与跨跳步。跨步：若向前移动，则后脚用力蹬地，前脚向来球方向跨出一大步，膝关节弯曲，上体前倾，身体重心移至前腿。跨步过程中有跳跃腾空即为跨跳步。

（3）交叉步：以向右交叉步为例，上体稍向右转，左脚从右脚前面向右交叉迈出一步，然后右脚向右跨出一大步，同时身体转向来球方向，保持击球前的姿势。

（4）跑步：跑步时两臂要配合摆动。如球在侧方或后方，应边转身边跑。

（5）综合步：以上各种步法的综合运用。

技术分析：

（1）并步移动时后腿迅速跟进，较易保持身体平衡，便于做各种击球动作。

（2）跨步移动时的步幅较大，身体重心较低，便于接离自己1~2米处的低球。交叉步采用两步移动，所以移动距离比跨步更远。

技术要点：抬腿弯腰移重心，第一步要快。

并步与滑步　跨步与跨跳步　交叉步　跑步　综合步

3. 制动

在快速移动之后，为了保持稳定的击球姿势和克服身体惯性的冲击力，必须运用制动技术。

动作方法：

（1）一步制动法：一步制动时，最后跨出一大步；同时，降低身体重心，膝和脚尖适当内转，全脚掌横向蹬地，抵住身体重心继续移动的惯性力，并使用腰腹力量控制上体，使身体重心的投影落在两脚所构成的支撑面内。

一步制动法

（2）两步制动法：两步制动时，以倒数第二步做第一次制动，紧接着跨出最后一步做第二次制动；同时，身体后仰，降低身体重心，两脚用力蹬地，使身体呈有利于做下一个动作的姿势。

两步制动法

技术分析：

（1）制动的本质是恢复平衡。在最后跨出一大步，跨出脚蹬地的同时，地面给人体一个反作用力，其水平分力与身体的移动方向相反，从而使身体重心移动速度减慢。

（2）最后跨出一大步时，上体后仰，降低身体重心，使蹬地角度减小，稳定角度增大，有利于制动。

技术要点：跨大步，降重心。

（三）准备姿势与移动的运用

（1）稍蹲准备姿势一般用于扣球助跑之前和对方正在组织进攻不需要快速反应起动时。半蹲准备姿势多用于接发球、拦网和各种传球之前。低蹲准备姿势主要用于防守和各种保护动作，由于身体重心低，便于倒地和插入球下，防守低远球。

（2）并步的特点是容易保持平衡，便于做各种击球动作，主要用于传球、垫球和拦网；跨步一般在来球较低、离身体1~2米垫击时使用；滑步一般在来球较远、使用并步不能接近球时使用；当来球距体侧3米左右时，可采用交叉步，其特点是步子大、动作快、制动强，主要用于二传、拦网和防守；球距身体更远时，可采用跑步。

（3）一步制动法多在短距离移动之后，前冲力不大时采用；两步制动法多在快速移动之后，前冲力较大时使用。

（四）准备姿势和移动的练习方法

1. 准备姿势的练习方法

（1）徒手练习，试做准备姿势。该方法旨在使练习者建立初步概念，体会完整的准备姿势。

（2）看信号做准备姿势，集体反复进行。

（3）看手势做准备姿势。练习者站成两列横队，相距5米。指挥者向上举手时，练习者直立；向前平举时，练习者做半蹲准备姿势；手向下时，练习者下蹲摸地。依此反复进行。

（4）排成两列横队，原地跑步，当看到信号后，立即做准备姿势。

2. 移动的练习方法

（1）滑步游戏：在中线至一侧的进攻线区间做滑步练习。要求用手在地面滚动排球至两侧规定标志，往返数次。该练习可一人或多人同时进行，也可进行比赛游戏。

（2）6 米移动：在两条进攻线之间做来回摸线练习。练习时，重心要低，过网时不要触网（可以计时比赛）。

（3）两人一组，一人持球向不同方向抛出2~3米的距离，另一人移动对准球，用两手在脸前上方接住球或用头顶回球。连续进行若干次后交换角色练习。

（4）护球游戏：练习者在场上围成直径为10米的圆，中间放一个排球，另有两名练习者站在距球约2米的范围内。游戏开始时，站在排球旁的两名练习者移动防守，外围的练习者用两个排球互相传球，并寻找机会用球击打中间的球。如球被打中，击球人与防守人互换，要求击球时只准用地滚球。

（五）准备姿势与移动的常见错误及纠正方法

准备姿势与移动的常见错误及纠正方法见表7–1。

表 7–1　准备姿势与移动的常见错误及纠正方法

基本技术	常见错误	纠正方法
准备姿势	有意提脚跟	明确脚跟提起是腰、膝、踝弯曲所引起的自然动作
	全脚掌着地	提脚跟，两脚前后间距略大些
	直腿弯腰	多做低姿势移动辅助练习
	臀部后坐	讲明身体重心靠前的道理，使两膝投影超过脚尖

续表

基本技术	常见错误	纠正方法
移动	起动慢	做起动辅助练习,如各种姿势的起跑
	移动时身体起伏大,重心过高	多做穿过网下的往返移动
	制动后不能保持准备姿势	脚和膝内扣,最后一步稍大

二、发球

发球是排球基本技术之一，是排球比赛中一项重要的进攻性技术。发球通常由1号位队员在发球区自己抛球后，用一只手将球直接击入对方场区。发球是排球基本技术中唯一不受他人制约的技术。发球是比赛的开始，也是进攻的开始。准确而有攻击性的发球不仅能直接得分，还可以干扰对方，从而破坏对方的进攻战术；不仅可以压制对方的士气，在心理上给对方造成很大的压力，还可以鼓舞本方士气，减轻本方防守压力，并为反攻创造有利条件。

发球按照发出球的性能主要分为发飘球和发旋转球2种。发飘球主要有正面上手发球、勾手发球等。发旋转球主要有正面上手发球、跳发球、正面下手发球、侧面下手发球。

任何一种发球，其动作要领都包括抛球、挥臂击球和腰腹等身体部分的协调配合。其中，抛球是击准球的前提条件，挥臂击球是发出攻击的关键技术，腰腹动作是挥臂发力的起点、动作协调的枢纽、攻击性能的助力。

（一）发飘球

1. 正面上手发球

正面上手发球是采用正面上手的形式发球的方法。飘球是指球不旋转，而是不规则地飘晃飞行。发球队员面对球网站立，便于观察对方接发球的情况。许多优秀运动员习惯正面上手发球，发球时站在距端线很远处。这种发球方法被叫作发远距离重飘球。发远距离重飘球时，发球队员的手高高举起，犹如一把大刀“砍”向排球，故这种发球方法俗称“砍式发球”。

正面上手发球

发远距离重飘球时，准备姿势同正面上手发球，但抛球比正面上手发球稍低稍靠前。击球时，用掌跟平面击球的中下部。击球瞬间，手指和手腕紧张。击球时不加推压动作，要短促有力，用力集中，击球面积小，有突停的击球动作，使击球的作用力穿过球体的重心，以保证球体不旋转，以飘晃状态飞行前进。

2. 勾手发球

勾手发球是发球队员侧对球网站立，利用勾手的形式发球的方法。这种发球方法能较多地借助下肢和腰部力量，比较适合远距离发球。

动作方法：勾手发球时身体应侧对球网站立，将球平稳地抛送到左肩前上方一臂高的位置。击球时，上体向左转动发力，带动手臂挥动并突然加速，在右肩的左上方用右掌根平面击球的中下部。击球瞬间，手腕后仰并保持紧张，手臂挥动要有突停动作。

勾手发球

(二) 发旋转球

1. 正面上手发球

发球队员面对球网站立，便于观察，发球的准确性较高，并能充分利用蹬地、转体，收腹带动手臂加速挥动，以及运用手指、手腕的推压动作，故可以使发球有力、快速，同时使球上旋，不易出界。

正面上手发球

动作方法：发球队员面对球网，两脚前后自然开立，左脚在前，左手托球于身前，用抬臂和手掌的平托上送，将球平稳地垂直抛于右肩前上方，高度适中。在左手抛球的同时，右臂抬起，屈肘后引，肘与肩平，上体稍向右转。击球时，蹬地、转体和收腹带动手臂挥动，在右肩前上方伸直手臂至最高点，以全手掌击球的中下部。击球时，手指自然张开吻合球，手腕要迅速主动做推压动作，使击出的球上旋飞行。

2. 跳发球

为了加强发球的力量和攻击性，还可采用一步、两步或多步助跑的发球方法。跳发球是采用助跑起跳的方式，在空中将球直接击入对方场区的发球方法。它是当前世界强队根据排球比赛中每球得分制的实行而采用较多的一种具有攻击性的发球方法。跳发球也可跳发飘球，但主要是跳发上旋球。这种发球方法由于队员跳起在空中击球，击球点高，身体能充分伸展，因此有利于充分发力，发出的球力量大、旋转强、速度快。这种发球方法已被各队普遍运用于各级比赛，并在女子排球比赛中得到了较为广泛的运用，是现代排球中威力最大的发球方法。由于现代优秀排球运动员身体素质好，跳得高，跳发球就好像远网扣球一样力大势沉。但跳发球不像扣球需要考虑如何避开对方拦网，跳发球队员可更多地考虑自己动作的完成。良好的跳发球极具威胁性。

跳发球

动作方法：发球队员面对球网站立，一般站在距离端线2~4米处，用单手或双手将球抛至前上方，并随着抛球出手向前助跑两步起跳。击球时利用收腹和转体动作带动手臂挥动。击球点保持在右肩前上方，手臂伸直，利用右手全手掌击球的后中部，并加手腕推压动作，使球上旋飞行。随着球的发出，身体借前冲力在场内落地。

3. 正面下手发球

正面下手发球是发球队员面对球网，手臂由后下方向前摆动，在腹前将球击入对方场区的一种发球方法。

动作方法：发球队员面对球网，两脚前后开立，左脚在前，两膝微屈。上身稍前倾，身体重心偏后脚。左手持球于腹前，将球轻轻抛起在体前右侧，离手高约20厘米。抛球的同时，右臂伸直，以肩为轴向后摆动，借右脚蹬地力量，身体重心随着右手向前摆动击球而移至前脚。在腹前以全手掌、掌根或虎口击球后下部。

正面下手发球

4. 侧面下手发球

侧面下手发球的特点是动作较简单，容易掌握，比较省力，稳定性较大，但攻击性较小。

侧面下手发球

动作方法：发球队员侧对球网站立，持球于腹前。抛球至腹前一臂距离，高度适中，不宜过高或过低。抛球的同时，右臂伸直向身体右侧后下方摆动，身体稍右转。以右脚蹬地发力，身体向左转，带动右臂向体前上方摆动，在腹前用全手掌或掌根击球的右下部。注意：蹬地、转体、摆臂要协调一致。击球后，迅速进场比赛。

（三）发球的练习方法

1. 徒手模仿的练习

（1）徒手抛球练习。

（2）对固定目标做挥臂击球练习。

2. 结合球的练习

（1）抛球的专门性练习。在墙或球网边抛球，要求平稳上抛，球的位置、高度和距离都要相对固定。

（2）结合抛球进行引臂和挥臂练习，练习抛球引臂与挥臂击球动作的配合。

（3）对墙发球。站在距离墙边6~8米处，发高度为3米左右的球。

（4）两人一组，短距离对发球，尽可能发到对方手中。

3. 结合球网的练习

（1）隔网短距离发球过网练习。要求抛球平稳、用力适当、击球准确。

（2）提高发球成功率的练习。在发球过网的前提下，提高成功率并进行比赛。

4. 提高发球准确性的练习

在发球过网的前提下，要求发直线球、斜线球或定点球。

三、垫球

垫球是排球基本技术之一。通过手臂或身体其他部位的迎击动作，使来球从垫击面上反弹出去的击球动作称为垫球。最常用的是前臂垫球技术。随着排球运动的不断发展，垫球技术也在不断地发展和创新。20世纪90年代以来，排球竞赛规则修改后允许队员身体的任何部位击球，给垫球技术的运用和发展开辟了一个新的领域。在排球运动中，不仅可用手、臂、头、肩等部位击球，还可用大腿、脚背、脚内侧，以及身体其他任何部位来击球，使垫球的实用性、应变性更强，技术种类更趋多样。

垫球在排球比赛中占有重要的地位，主要用于接发球、接扣球和接拦回球，是组织进攻的基础。接发球好，有利于打好接发球进攻，否则，就会陷入被动或失分。接扣球好，有利于防守反击的组织。因此，垫球是比赛中多得分、少失分，由被动转为主动的重要技术，是稳定队员情绪、鼓舞队员士气的重要手段。此外，垫球还可以在无法运用传球技术进行二传时用来组织进攻或处理球。

（一）垫球的分类

垫球的基本手形可分为抱拳式、叠掌式和互靠式3种。无论采用哪种手形都应该注意手腕下压，两臂外翻。

垫球按动作方法可分为正面双手垫球、体侧垫球、背垫球、挡球、跨步垫球、跪球、滚翻垫球、前扑垫球、单手垫球、侧卧垫球、鱼跃垫球、铲球、脚垫球、其他部位垫球等，按用途可分为接发球垫球、接扣球垫球、接拦回球垫球和接其他球垫球。下文主要介绍正面双手垫球、体侧垫球、背垫球、跨步垫球、滚翻垫球及其他部位垫球。

1. 正面双手垫球

正面双手垫球是两手在腹前垫击来球的一种垫球方法，是各种垫球技术的基础，是最基本的垫球方法。正面双手垫球适用于接各种发球、扣球和拦回球，在困难时也可以用来组织进攻。

正面双手垫球

（1）准备姿势：根据球的落点，迅速移动成半蹲准备姿势站立。

（2）手形：当球接近腹前时，两手掌根紧靠，两手手指重叠后合掌互握，两拇指平行，手腕下压，两臂外翻形成一个平面。

（3）击球：当球在腹前一臂距离时，两臂夹紧前伸，插到球下，同时配合蹬地动作，双臂抬起，垫击球的后下部；身体重心随击球的动作前移。

（4）用力：主要靠手臂上抬力量增加球的反弹力，同时配合蹬地、跟腰动作，使重心向前上方移动；两臂要适当放松，以便于灵活控制垫球的方向和力量。

（5）垫球部位：保持腹前击球，宜用前臂腕关节以上10厘米左右桡骨内侧平面触球。

（6）手臂角度：根据来球的角度和要垫出的方向，运用入射角与反射角相等的原理，调整手臂与地面的角度和转动左右手臂平面来控制垫球方向。

2. 体侧垫球

球向体侧飞来，队员来不及对正来球时，可用体侧垫球。

动作方法：如球向左侧飞，右脚前脚掌内侧蹬地，左脚向左跨出一步，重心移至左脚，左臂弯曲夹紧向左侧伸出，右肩微向下倾斜，用向后转腰收腹的动作，配合两臂自左后方向前截住球飞行的路线，用两前臂垫击来球的后下部。注意：切忌随球向左侧摆臂击球，这样会造成球飞向侧方。

体侧垫球

3. 背垫球

从身前向背后双手垫球称为背垫球。背垫球在接应队友起球后，球飞得较远而又无法进行正面垫球时，以及必须将球处理过网时运用较多。其特点是垫击点较高、准确性稍差。

动作方法：判断来球的方向，快速移动到球的落点处，背对出球的方向，两臂夹紧伸直，用蹬地、抬头、挺胸、展腹和上体后仰等动作带动两臂向后上方摆动抬送，以前臂触球的前下部将球向后上方击出。背垫球的击球点一般应在肩前上方。

背垫球

4. 跨步垫球

向前或向侧跨一步垫球的动作称为跨步垫球。跨步垫球是当来球离身体前方或斜前方较远而低，队员来不及移动对正球时采用的一种垫球方法，在接发球和防守中运用较多。它是各种低姿垫球动作的基础。

动作方法：在判断来球落点时，同侧脚迅速向来球方向跨出一大步，

跨步垫球

上体顺势前倾下压，身体重心落在跨出脚上，同时两臂前伸插入球下，结合蹬地、提肩、抬臂动作击球的后下部。

5. 滚翻垫球

当来球距身体远而低，用跨步垫球不能触及来球时，可采用滚翻垫球。滚翻垫球的特点是能够充分发挥移动的速度接近球，控制范围较大，能够保护身体不受伤，并可迅速起立转入下一个动作。

滚翻垫球

动作方法：做滚翻垫球时应快速向来球方向移动，最后跨出一大步，重心下降并落在跨出脚上，上体前倾，使胸部贴近大腿，双臂或单臂伸向来球方向，同时两脚继续用力蹬地，使身体向来球的落点方向腾出，用前臂、虎口或手腕部分击球的下部。击球后脚尖内转，以大腿外侧、臂部侧面、背部以及跨出腿的异侧肩部依次着地，然后顺势低头、收腹、团身做单肩后滚翻成低蹲姿势。

6. 其他部位垫球

当来球速度快、非常突然，来不及移步、降低重心、伸臂击球和侧身让垫时，可用身体其他部位来垫球。例如，体侧屈肘垫球（主要利用上臂外侧部位）、胸部垫球等垫球技术在比赛中时常可见。

（二）垫球的练习方法

1. 徒手试做练习

随着教师口令做原地垫球动作练习；看教师手势做前后、左右移动垫球练习。

2. 垫固定球练习

一人两手持球于腹前，另一人体会手臂触球部位的用力。

3. 配合练习

（1）两人一组，一抛一垫，两人距离由近到远，一人抛，另一人原地垫球，然后过渡到移动垫球。

（2）两人相距7~8米，进行一掷一垫或一发一垫练习。

（3）2~4人一组，相距9米以上，一人发球或抛球，其他人轮流接发球。要求做好准备姿势，对正来球后垫击球。

（4）6人站位接发球练习。

4. 单人连续垫球练习

（1）两臂抬平向上垫球时注意运用身体协调力量。

（2）对墙垫球练习时，要求手臂角度固定，用力适当，控制球的高度。

5. 转方向垫球练习

练习时，队员应判断来球方向，选好垫球位置，面对垫球方向，控制垫球弧度和力量。要尽可能快速移动，争取正面垫球。

（三）垫球的常见错误及纠正方法

垫球的常见错误及纠正方法见表7-2。

表 7-2　垫球的常见错误及纠正方法

常见错误	纠正方法
击球时手臂并不拢、伸不直	两手手指交叉轻握,垫固定球或抛球或多做徒手模仿练习
垫球不抬臂,身体向上顶或向前冲	坐在凳子上垫抛球,教师在其头上给一个高度标志
击球时上体后仰或送肩	穿过网下垫球,教师讲清垫球时手要向下插的道理,击球后接着用手触及地面
臂部后坐,全身用力不协调,主要用抬臂力量垫球	两手并拢用手绢绑住,臂与胸之间夹一球,然后垫固定球或抛球

四、传球

通过手指、手腕的弹力并利用全身协调力量，将球传至一定目标的击球动作称为传球。传球是排球运动中一项重要的基本技术，是组织进攻战术的基础。现代排球比赛中，除正面传球外，背传、侧传、跳传、单手传球及各种传快球技术被广泛采用，使各种进攻战术丰富多彩。

（一）正面传球

面对出球方向的传球称为正面传球。正面传球是传球中最基本的方法，是掌握和运用其他各种传球技术的基础。

正面传球

动作方法：采用稍蹲准备姿势。抬头看球，两手自然抬起，放松，置于脸前。当来球接近额时，开始蹬地、伸膝、伸臂，两手微张，经脸前向前上方迎球。击球点在额前上方约一球距离处。当手触球时，两手自然张开呈半球形，手腕稍后仰，两拇指相对呈“一”字形或“八”字形，两手间有一定距离，用拇指内侧，食指的全部，中指的二、三关节触球，无名指和小指在两侧辅助控制传球方向。

在迎球动作的基础上，当手和球即将接触时，手腕和手指要有前屈迎球的动作；当手与球接触时，各关节应继续伸展，全身各部位动作协调一致，最后利用蹬地、伸臂和手指、手腕的弹力将球击出。

（二）背传

背对传球目标的传球动作称为背传。背传常用于二传组织进攻战术时。它能够迷惑对方拦网，提高本方进攻的成功率。

背传

动作方法：上体比正面传球时稍直立，身体重心稳定在两脚之间，两臂自然抬起，放松，置于脸前。两手上举，挺胸，掌心向上，手腕稍后仰，利用蹬地、上体后仰、挺胸、展腹、抬臂及手腕、手指的弹力将球向身体后上方送出。

（三）侧传

身体侧对传球目标，并将球向体侧方向传出的传球动作称为侧传。侧传有一定的隐蔽性。

侧传

动作方法：准备姿势、迎球动作与正面传球相同。击球点保持在脸前或稍偏于出球方向一侧。一侧手臂要低一些，另一侧手臂要高一些。用力时，蹬地后上体要向出球方向倾斜。双臂向球传出一侧用力伸展，异侧手臂动作幅度较大，伸展较快。

（四）跳传

跳起在空中传球称为跳传。跳传的起跳最好是向上垂直起跳，传球队员要掌握好起跳时间，起跳过早或过晚都会影响传球的质量。

跳传

动作方法：根据一传的高度，及时起跳，手放在脸部前方。当身体上升到最高点时，利用伸臂动作和手指、手腕的弹击力量将球传出。由于在空中无支撑点，不能借助蹬地力量，只能靠伸臂动作将球传出，因此跳传时，必须在身体下降前传球出手，才能控制传球力量。

（五）传球的练习方法

1. 徒手试做练习

（1）原地模仿练习：徒手做传球准备姿势，听教师口令依次做蹬地、展体、伸臂击球的动作练习，重点体会传球前的准备姿势、身体协调用力的动作和传球的手形。

（2）两人一组，一人做好传球的手形，持球于额前上方；另一人用手扶球，持球队员以传球动作向前上方伸展，体会身体和手臂的协调用力。要求另一人纠正持球队员的手形及身体动作。

2. 原地传球练习

（1）每人一个球，自己向额上方抛球，做好传球手形，在击球点位置将下落的球接住，然后自我检查手形。

（2）对墙自传球练习：要求距离墙0.5米左右，对墙自传球，体会正确的手形和手指、手腕用力的肌肉感觉。

3. 移动传球练习

（1）一抛一传球练习：两人一组，要求抛球队员向左右前后抛球，传球队员根据来球快速移动将球传出。

（2）两人对传球练习：两人一组，要求两人根据来球移动进行连续传球。

（六）传球的常见错误及纠正方法

传球的常见错误及纠正方法见表7-3。

表7-3　传球的常见错误及纠正方法

技术	常见错误	纠正方法
正面传球	击球点过高或过低	传固定球，体会正确的击球点；做各种步法移动后接、传球，保证在脸部前方接住球；提高判断、选位能力；自传或对墙传球练习
	手形不正确，拇指朝前，手形不是半球	用传球动作接球，体会手形；近距离对墙轻传球，体会手指触球
	手指、手腕弹力差，有拍打动作	做手指、手腕的力量练习，也可用足球、篮球做传球练习，增加指腕力量，多做平传和远传练习
	用不上全身协调力量	多做徒手练习和将球以传球准备姿势接住后传出的练习，体会蹬地和全身用力

续表

技术	常见错误	纠正方法
移动传球	取位不及时，对不准来球，人与球的关系不合适	结合移动步法接球，学会上体移动重心，能前后左右倾斜地传球
背传	击球点不正确，过前或过后	强调击球点宁前勿后，保持正面传球的击球点，做自抛向后传球，做弧度高低结合的自传球练习
	用力不协调，不会后仰、展胸、翻腕、拇指上挑	移动对准球，保持头上的击球点，强调蹬腿、展胸、抬臂、翻腕上挑动作
跳传	选择起跳点不准确，人与球关系保持不好	多做原地起跳和移动起跳练习，提高判断能力；选择合适的起跳点，传不同弧度和距离的球，保持良好的人球关系

五、扣球

扣球是排球基本技术之一。扣球是队员跳起，在空中将高于球网上沿的球有力地击入对方场区的一种击球方法。

扣球在比赛中占有非常重要的地位，是得分的主要手段，是进攻中最积极有效的“武器”，是一支球队摆脱被动、争取主动的途径，是攻击力强弱的表现。扣球的成败，体现着队伍战术质量和效果的好坏，是能否夺取胜利的关键。扣球效果好，不仅可以鼓舞全队的士气，振奋精神，还可以挫伤对方的锐气，给对方造成强大的心理压力。

（一）扣球的分类

按照动作方法，扣球可分为正面扣球、小抡臂扣球、单脚起跳扣球和勾手扣球等；按照节奏，扣球可分为强攻和快攻；按照起跳的区域，扣球可分为前排扣球和后排扣球。下面主要介绍正面扣球。

正面扣球是最基本的扣球技术，其他扣球技术都是在此基础上发展和派生出来的。由于面对球网，便于观察来球和对方的防守布局，正面扣球准确性较高。扣球由于挥臂动作灵活，能根据对方的拦防情况，随时改变扣球的路线和力量，能控制击球落点，因而进攻效果好。

正面扣球

动作方法：助跑前采用稍蹲准备姿势。两臂自然下垂，站在离球网3米左右处，观察判断，做好向各个方向助跑起跳准备。助跑时（以右手扣球助跑两步为例），左脚先向前迈出一小步，接着右脚迅速跨出一大步，左脚及时并上，踏在右脚之前，两脚尖稍向后内转，准备起跳。在助跑跨出最后一步的同时，两臂绕体侧向后引，在左脚并上踏地的过程中，两臂由后向前积极摆动。随着两脚蹬地向上起跳，两臂快速上摆，配合起跳。两腿从弯曲制动的最低点猛力踏地向上起跳。起跳后，挺胸展腹，上体稍微向右转，右臂向上方抬起，身体呈反弓形。挥臂时，以迅速转体、收腹动作发力，依次带动肩、肘、腕各部位成鞭打动作向前上方挥动。击球时，5根手指微张呈勺形，并保持紧张用力，全手掌包满球，以掌心为击球中心击球的后中部。同时，主动用力屈腕向前推压，使扣出的球加速上旋。落地时，以前脚掌先着地，同时顺势屈膝、收腹以缓冲下落力量。

（二）扣球技术的运用

1. 近网扣球

近网扣球

击球点距网50厘米左右的扣球称为近网扣球。近网扣球的特点是击球点高、路线变化多、威力大，但容易被拦网。近网扣球时，要向上垂直起跳，以免前冲力过大，造成触网或过中线犯规。跳起后，主要利用收胸动作发力，以肩为轴，向前上方挥臂，以全手掌击球的后中上部。击球后，手臂要顺势回收，以防止触网。

2. 远网扣球

远网扣球

通常把击球点距球网1.5米以外的扣球称为远网扣球。远网扣球的特点是力量大，角度较平，对方不易拦网。远网扣球时，击球点要保持在击球手同侧肩前上方最高点，用全手掌击球的后中部，击球瞬间手腕要有明显的推压动作，使球上旋飞出。

3. 扣调整球

扣由后场调整至网前的球为扣调整球。扣调整球难度较大，要求扣球队员适应来自后场不同方向、角度、弧度、速度和落点的球，以灵活的步法和空中动作，及时调整好人、球、网的关系，运用不同手法，控制扣球的力量、方向、路线和落点。在助跑时可边助跑边看球。对于小角度二传来球，可采用后撤斜向助跑；对于大角度二传来球，可采用外绕助跑。

（三）扣球的练习方法

1. 助跑起跳练习

（1）原地双脚起跳练习：听口令练习原地起跳技术。要求：两脚蹬地迅猛，两臂配合画弧摆动起跳，扣球手臂顺势上举、后引，抬头，展腹，身体呈反弓形。落地时两脚由前脚掌过渡到全脚，屈膝缓冲。

（2）一步或两步助跑起跳练习：听口令做一步或两步助跑起跳。要求：练习速度由慢到快，手脚配合协调，注意控制身体平衡。

2. 扣球挥臂动作的击球手法练习

（1）徒手模仿扣球挥臂练习：听口令做挥臂练习。要求：挥臂放松自然，弧形挥动，有鞭打动作。

（2）扣固定球练习：两人一组，一人两手持球高举，另一人原地扣固定球；或自己左手举球，右手做挥臂击球练习。要求：击球时全手掌包满球，做快速鞭打动作。

（3）自抛自扣练习：每人一个球，距墙5米左右，先抛一次，然后对墙连续扣反弹球；也可两人面对面相距6~7米对扣，或在低网上自抛自扣等。要求：击球力量不宜过大，动作要放松，手腕有推压鞭甩动作，使击出的球上旋飞行。

（4）扣抛球练习：两人或多人一组，一人站在距墙5米处抛球，另一人或多人依次对墙扣球；也可在低网前做一抛一扣的练习，或在低网前做轮流扣教练员的抛球练习。要求：抛球距离有近有远，弧度由低到高，扣球者选好起跳点，保持好击球点，挥臂击球手法正确。

3. 完整扣球练习方法

（1）4号位扣球练习：扣球者每人一个球，先将球传给3号位，再由3号位把球顺网抛给或传给4号位，4号位上步助跑起跳扣球。要求：掌握好上步起跳时机，在空中保持好人与球网的位置关系。

（2）结合一传的扣球练习：接对方发的轻球，垫给3号位，3号位将球传向4号位，由4号位助跑起跳扣球。要求：以中等力量扣球，注意正确挥臂击球，选好击球点，防止触网和过中线犯规。

（四）扣球的常见错误及纠正方法

扣球的常见错误及纠正方法见表7–4。

表 7–4　扣球的常见错误及纠正方法

技术	常见错误	纠正方法
正面扣球	助跑起跳前冲，击球点保持不好	进一步学习，多做助跑起跳制动练习；做限制性练习，如设置障碍物起跳、在地上画出起跳点与落点；扣固定球；接抛球一步起跳扣球
	上步起动时间早、起跳早	以口令信号限制起动时间，固定二传高度与弧度练习扣球
	挥臂动作不正确，击球点不高	掷垒球、小皮球，徒手挥臂，挥臂击打树叶或固定球，低网扣球过网
	击球手法不正确，手未包满，球不旋转	击固定球，对墙扣球打旋转，低网原地扣，学会手腕推压、鞭打动作
扣调整球	后撤晚，助跑不外绕，影响起跳点选择	练习外绕助跑起跳，多做防守后的外绕助跑起跳扣球
	人球关系保持不好，手控制球能力差	做自抛自扣高球练习，保持好人球关系；提高手腕推压技术，做对墙、隔网扣平球练习

六、拦网

拦网是第一道防线，也是得分的重要手段。拦网不仅可以拦死、拦回、拦起对方的扣球，还可以削弱对方进攻锐气，动摇对方扣手信心。高水平的比赛中，拦网的好坏直接影响着比赛的胜负。

（一）拦网技术动作

拦网技术动作包括准备姿势、移动、起跳、空中动作和落地5个互相衔接的部分。

1. 准备姿势

面对球网，密切注视对方动向。两脚平行开立，间距与肩同宽，两膝稍屈，两手自然弯曲置于胸前。

2. 移动

根据不同情况灵活地运用并步、跨步、滑步、交叉步、跑步等各种移动步法，将身体重心移动到拦网位置，准备起跳。

3. 起跳

移动后，立即制动，使身体正对球网起跳；或在起跳过程中，使身体转向球网。

4. 空中击球

起跳后稍收腹，控制平衡。同时，两手从额前贴近并平行于球网，向网上沿前上方伸出，两臂伸直，两肩尽可能上提。拦击时，两手尽可能伸向对方上空，接近球，两手五指分开，屈指屈腕，手呈勺形，当手触球时，两手突然抖腕，用力捂盖球前上方。

5. 落地

拦网后身体自然落回地面。落地时屈膝自然缓冲，落地后立即准备做下一个动作。

（二）拦网的练习方法

1. 拦网手形练习

（1）徒手模仿练习：原地徒手练习拦网手形。要求：两脚平行站立，两臂上举伸直，两手间距约20厘米，十指自然张开。

（2）原地扣拦练习：两人一组，面对面相距1米左右站立，一人预先做好拦网手形，另一人对准拦网者两手自抛自扣。要求：扣球者准确地把球扣到拦网者的两手上，让拦网者体会拦网手形和拦网时的肌肉感觉。

2. 移动起跳练习

（1）网前左右移动一步起跳拦网练习：教师在网前高台上持球于球网上空，拦网者依次在网前左右移动一步起跳拦网。要求：拦网者随教师举球位置的变化而左右移动，移动的制动与起跳动作要连贯。

（2）隔网盯人移动拦网练习：两人一组，隔网相对，一人主动向左右移动起跳拦网，另一人盯住对方，并及时移动起跳在网上与对方两手击掌。要求：两人与网平行移动，防止触网，速度由慢到快，保持好人与网的合理位置关系。

3. 结合球练习

（1）一抛一拦练习：两人一组，隔网站立，一人向网口上沿抛球，另一人起跳将球拦回。要求：拦网者体会起跳时间和拦网动作。

（2）拦对方4号位或2号位的扣球练习：队员在本方2号位或4号位拦对方的扣球。要求：拦网者及时判断对方扣球者的助跑线路，选好起跳点和起跳时机，拦截对方的主要扣球线路。

（三）拦网的常见错误及纠正方法

拦网的常见错误及纠正方法见表7–5。

表7–5 拦网的常见错误及纠正方法

常见错误	纠正方法
起跳过早	教师应讲解、分析起跳时机，运用信号刺激提高学生起跳时机的判断能力
两手前扑触网	徒手模仿练习，拦固定球；练习提肩屈腕动作；练习矮网或跳起拦高台扣球，防止手触网
脚过中线或身体触网	听口令、看信号做原地或移动起跳，起跳后在空中做含胸收腹动作

续表

常见错误	纠正方法
手离网较远，中间漏球	练习近网起跳，两手尽可能伸到对方上空；移动后练习拦中网扣球，中间不漏球
拦网时闭眼	看清扣球者的助跑路线，选准起跳点；盯住扣球者的挥臂动作，伸臂拦变线球

拓展阅读

沙滩排球

沙滩排球起源于20世纪20年代，最早出现在美国加利福尼亚州的海滩上。当时，人们为了躲避夏季的炎热来到海边，只是把沙滩排球作为在海滩上的一种休闲娱乐活动。进入20世纪30年代，沙滩排球已形成一定的规模，人们再也不满足于将它作为一种休闲娱乐活动，于是2人制沙滩排球比赛出现了，后来又出现了3人制、4人制和6人制沙滩排球比赛。1974年，诞生了男子2人沙滩排球的正式比赛。

1989年，国际排球联合会（以下简称国际排联）举办了2人制男子沙滩排球巡回比赛，赛场分别设在巴西、意大利和日本，首次比赛吸引了世界众多优秀沙滩排球运动员参加，并获得巨大成功。通过此次比赛，国际排联不仅将沙滩排球列为正式比赛项目，还确定了其最高等级的赛事，分别为世界沙滩排球锦标赛、世界沙滩排球巡回赛和世界沙滩排球大满贯三大赛事。至此，沙滩排球有了统一的竞赛规则。沙滩排球比赛采用双败淘汰赛制，参赛运动员必须事先注册并通过比赛进行积分排名。1992年，世界女子沙滩排球巡回赛诞生。

在国际排联及其会员协会的不懈努力下，沙滩排球运动得以普及和迅猛发展。据相关资料统计，世界沙滩排球巡回赛由最初的每年5站，现已增加到了每年男子13站、女子12站。目前，世界上已有上百个国家和地区成立了沙滩排球组织并正式开展了沙滩排球运动，从事沙滩排球运动的运动员接近6000万名。每年有80多个国家和地区电视转播沙滩排球的赛事，收看电视的观众超5亿人次。这些数据表明，沙滩排球不仅是体育节目报道中的一个新的热点，而且作为一项群众体育项目，已成为世界上非常流行的夏季运动项目之一。

1992年，沙滩排球作为表演项目首次出现在巴塞罗那奥运会上。1993年9月24日，沙滩排球被列为奥运会正式比赛项目。在1996年亚特兰大奥运会和2000年悉尼奥运会上，沙滩排球以其独特的魅力备受球迷和体育爱好者的喜爱，被誉为“21世纪最杰出的运动项目之一”。

2000年悉尼奥运会结束后，当时的国际奥委会主席萨马兰奇先生称“亚特兰大奥运会和悉尼奥运会的沙滩排球比赛取得圆满成功。在奥运会的历史上，沙滩排球是最好的比赛项目之一”。

现行沙滩排球场地规格为8米×16米，与室内排球场地不一样大，球网一样高，两名运动员要各自在64平方米的场地上完成室内排球由6名运动员共同完成的包括发球、垫球、传球、扣球、拦网和防守等在内的各种技术动作。沙滩排球需要运动员具备良好的体能、超凡的球技、优良的品质和惊人的毅力。所以，熟悉和了解沙滩排球运动的人都自豪地认为，沙滩排球不仅仅是一项高水平的竞技比赛，更是一项融休闲、娱乐和健身为一体的观赏性极强的体育运动项目。

思考与练习

1. 简述排球运动的起源与发展。
2. 排球基本技术有哪些？
3. 简述垫球的分类。
4. 简述传球的常见错误及纠正方法。

第八章　乒乓球

第一节　乒乓球运动概述

乒乓球运动最早叫作Table Tennis。从这个命名可以看出，网球是乒乓球的前身。由于拍与球撞击时发出“乒”而落台时发出“乓”的声音，人们又称其为乒乓球。20世纪初，乒乓球运动在欧洲和亚洲迅速发展起来。此后，各类名目繁多的乒乓球比赛逐渐开展起来，其中比较著名的比赛有世界乒乓球锦标赛、世界杯乒乓球赛和奥运会乒乓球比赛。

乒乓球运动是体育项目中最形象的叫法，而国际乒乓球联合会（简称国际乒联）一直沿用“桌上网球”的名称。其特点是球小、速度快、变化多，能锻炼身体、增强体质、丰富生活、增添乐趣。乒乓球运动集健身性、娱乐性、竞技性、调节性等于一体，深受广大群众喜爱，乒乓球在我国被誉为“国球”。

第二节　乒乓球初级阶段核心技术

一、握拍法

（一）直拍握法

食指第二指节和拇指第一指节在拍的前面呈钳形，两指间的距离为1~2厘米，拍柄贴住虎口，另外三指自然弯曲贴于球拍后的1/3上端。

直拍握法　　横拍握法

（二）横拍握法

横拍握法如同握手一样，中指、无名指、小指自然弯曲握住拍柄，拇指在球拍正面靠近中指，食指自然伸直，斜放于球拍背面。

二、站位

进攻型打法的基本姿势（以右手执拍为例）：两脚开立，与肩同宽或略比肩宽。左脚在前，右脚稍后，脚跟微提，前脚掌内侧有力着地。两膝弯曲，上体稍前倾，略含胸、收腹，重心在两脚之间。两肩放松，执拍手自然弯曲置于身体右侧。目视来球。

削球型打法与进攻型打法的基本姿势相似。其不同之处在于两脚间距稍宽，重心略低，右脚在前，左脚在后，身体稍前倾，执拍手位于胸腹前。

三、步法

（一）单步

击球时以一只脚为轴，另一只脚向前、后、左、右不同方向移动，身体重心随之落在移动脚上。

（二）跨步

击球时一只脚落地，另一只脚向移动方向跨一大步，蹬地脚随后跟上半步或一小步，身体重心移到跨步脚上。

（三）并步

击球时一只脚先向另一只脚并半步或一小步，另一只脚在并步脚落地后随即向来球方向移动一步。

（四）跳步

以来球异侧脚用力蹬地，两脚同时离地向来球方向跳动。

（五）交叉步

以靠近来球方向的脚为支撑脚，该脚的脚尖指向移动方向；远离来球方向的脚在体前交叉，向来球方向跨出一大步；身体随之向来球方向转动，支撑脚跟着向来球方向再迈一步，这是前交叉步。后交叉步是在体后完成交叉动作。

单步　跨步　并步　跳步　交叉步

四、发球

发球是比赛中每一回合的开始技术，是唯一不受任何人和物限制的技术，是队员可以充分发挥和创造的技术。发球主要由抛球和挥拍击球2个动作组成。抛球是前提，击球部位和挥拍方向是决定发球性质的关键，用力大小和第一落点的远近是发球变化的条件。发球主要有正、反手发奔球，正手发下旋转球、不转球与加转球，反手发右侧上、下旋球等。

（一）正、反手发奔球

正、反手发奔球

正手发奔球时，持球手将球向上轻轻抛起，同时持拍手向后引拍，上臂自然靠近身体右侧。当球从高点下降时，持拍手以肘为轴，前臂向右前方横摆击球。向前挥拍时，拍面稍前倾，击球的中上部。击球后第一落点应在球台中区。反手发奔球时，右脚在前，球向上抛起后，右手持拍从身体左后方向前挥动，拍面稍前倾，击球的中上部。

（二）正手发下旋转球、不转球与加转球

正手发下旋转球：在持球手上抛球的同时，持拍手向右后上方引拍，在球的下降期手臂由后上方向前下方挥拍，触球的中下部。

正手发不转球：触球的中部，用拍面的偏右位置触球，触球瞬间用拍推球。

正手发下旋转球与不转球

正手发加转球：触球的中下部，拍面后仰角度大些，用球拍的偏左位置触球，触球瞬间加摩擦。但摩擦后动作继续向前，做出发不转球的假动作。

（三）反手发右侧上、下旋球

站位在球台左角，左手在右手上方持球待发。在持球手上抛球的同时，持拍手向左方后引拍，拍面稍后仰。当发右侧上旋球时，球拍从左上方向右侧上方挥拍，触球的左侧中下部向右侧上方摩擦。整个挥拍过程与正手发左侧上、下旋球相反，呈凹形轨迹。当发右侧下旋球时，持拍手从左上方向前右侧下方挥拍，触球的左侧中下部向右侧下方摩擦。

反手发右侧上、下旋球

五、接发球

接发球是乒乓球运动的重要技术之一。接发球技术掌握得好，不仅可以使自己在比赛中不会因对方发球而紧张，保持一种良好的心理状态，还可以遏制对方战术的运用，限制对方特长技术的发挥，为自己下板球的抢攻、变被动为主动创造条件，甚至可以直接得分。

（一）对接发球的要求

乒乓球发球方法较多，这就要求回击发球时，根据对方发出球的不同性能，掌握相应的接发球方法。

（1）接发球时要有力争主动、先发制人的准备，即使没有机会进攻，也要控制落点，以便阻止对方进攻。

（2）对于台内短球，要多用挑、拧拉、摆短、劈长等技术。

（3）注意来球速度、落点、旋转的变化。

（二）接发球的站位

选择正确的站位是接好发球的前提。

（1）接发球时，要根据对方发球的位置决定自己的站位。如对方在右角发球，接发球站位则在中间位置；如对方在左角或侧身发球，接发球站位则应在球偏左的位置。

（2）对长、短球的判断。对方发长、短球很难预料，因此，要选择合理的站位，不可过远，也不可过近，应站在随时能调节的地方，一般离台约40厘米。

（三）各种旋转球的回击方法

1. 回击上、下旋球的方法

若来球是上旋球，回击时，拍面稍前倾，以推挡或攻球等方式回击球的中上部；若来球是下旋球，回球时，拍面稍后仰，以搓球的方式回击球的中下部，或以提拉球、拉弧圈球等方式回击。

2. 回击侧旋球的方法

回击侧旋球有回击左侧上、下旋球和右侧上、下旋球之分。回击时，一般可以根据球的旋转，采用以下2种方法。

（1）用逆侧旋转方向回击。当对方来球是左侧上、下旋球时，在回击上、下旋球的基础上将球拍略向左偏斜，击球的右侧部，使球产生右侧旋，以抵消来球的左侧旋力量；当对方来球是右侧上、下旋球时，回击时，球拍要略向右偏斜，回击球的左侧部，使球产生左侧旋来抵消球的右侧旋力量。

（2）用顺侧旋转方向回击。用顺侧旋转方向回击是一种回击上、下旋球较凶狠而又有实效的方法，但在技术上要求较高。在回击时，根据来球的性质，顺着来球的方向摩擦球，使回击过去的球具有更强的旋转。例如对方发至左半台的左侧上旋球，可用推左侧旋球的方法回击，使球按原旋转方向以更强的旋转返回。

第三节　乒乓球提高阶段核心技术

一、攻球

攻球是乒乓球技术的重要组成部分，是比赛中争取主动、克敌制胜的重要手段。攻球具有力量大、速度快等特点。

（一）正手近台攻球

采用直拍正手近台攻球时，身体靠近球台，右脚稍后，两膝微屈，上体略前倾。击球时，引拍至身体右侧呈横状，上臂和身体约成35°角，与前臂约成120°角。当球从台面弹起时，手臂由右侧向左前上方迅速挥动，以前臂发力为主。击球时，食指放松，拇指压拍，使拍面前倾，并结合手腕内转动作，在来球的上升期击球的中上部。采用横拍正手近台攻球时，手臂要自然弯曲，手腕与前臂近乎成直线并约与地面平行。前臂和手腕稍向前上方用力，击球时间、部位和拍形与直拍正手近台攻球基本相同。

正手近台攻球

（二）正手扣杀

两脚开立，左脚在前，右脚在后，重心在右脚上。击球前，身体略向右转，引拍至右后方。击球时，上臂带动前臂由后向前用力挥击，结合脚蹬地和转腰力量在高点击球。如果来球为上旋球，击球时拍面稍前倾，击球的中上部；如果来球为下旋球，击球时拍面要略低于来球，击球的中部。击球后，球拍随势挥至左胸前，重心前移至左脚。

正手扣杀

（三）直拍反手攻球

左脚在后，右脚稍前，身体靠近球台。持拍手臂自然弯曲，将球拍移至腹前偏左的位置。击球时，前臂和手腕向右前上方挥动，同时配合外旋转腕的动作，使拍面前倾，在球上升期击球的中上部。击球后，随势将球拍挥至右肩前。

直拍反手攻球

（四）横拍中近台反手攻球

两脚平行或右脚稍前，近台站立。击球前，上体稍微前倾，肘关节自然弯曲引拍到腹前左侧，拍面应前倾。击球时，向右转髋转腰，前臂向右前上方挥动，在上升期击球的中上部，触球时手腕向外转动。

横拍中近台反手攻球

二、推挡球

推挡球是我国直拍快攻打法的基本技术之一，它的特点是站位近、动作小、球速快、变化多。在比赛中运用推挡球可牵制对手，调动对手，在被动时可以积极防御，由相持变为主动。推挡球可分为平挡、快推、加力推、减力推、下旋推挡和推挤等。下面主要介绍平挡、快推和加力推。

（一）平挡

两脚平行站立或右脚稍后，身体靠近球台。击球前，两膝微屈，稍含胸、收腹。击球时，前臂向前伸，球拍由后向前。球拍触球时，拍面与台面近乎垂直，在上升期击球的中部，借助对方来球的反弹力将球挡回。击球后，迅速还原，准备下一次击球。

平挡

（二）快推

击球前，上臂、前臂适当向后下方撤引拍（动作要小），球拍略低于台面。击球时，手臂迅速迎前，在来球的上升期触球。触球的一刹那手腕外旋，使拍面触球的部位依旋转而定，手臂向前稍微向上辅助发力。转腕动作不宜过大，关键是时机要恰当。

快推

（三）加力推

击球时，前臂必须提起，上臂后收，肘部贴近身体，球拍离台面较高。击球点在上升期或高点期，上臂、前臂、手腕向前迎推来球，配合运用转髋和转腰增大发力，并用中指顶住拍背向前用力。

加力推

三、搓球

搓球是近台还击下旋球的一种基本技术。在比赛中经常利用搓球为拉弧圈球创造条件。搓球可与攻球结合形成搓攻战术。搓球可用于接发球，必要时也可用于过渡。搓球有慢搓球、快搓球、加转与不转搓球、侧旋搓球等。下面主要介绍慢搓球和快搓球。

（一）慢搓球

右脚稍前，左脚稍后，身体配合手臂主动向前迎球。在球的下降期，球拍后仰，摩擦球的中下部，以前臂发力为主。直拍选手在反手搓球时，以食指和中指发力为主，拇指配合。正手搓球时，以拇指和中指发力为主。横拍选手应使拇指和食指协调发力，将球拍向前下方送出。

慢搓球

（二）快搓球

近台站位。击球前，前臂带动持拍手迅速前伸，球拍稍后仰，在上升期触球的中下部，用手腕带动球拍向前下方用力。

快搓球

四、弧圈球

弧圈球是一种上旋力非常强的进攻技术。弧圈球可分为正手高吊弧圈球、正手前冲弧圈球和反手拉前冲弧圈球等。

（一）正手高吊弧圈球

正手高吊弧圈球

站位依据球长短而定。击球前，左脚稍前，手臂稍内旋，使拍面稍前倾。腰、髋向右转动，前臂自然下垂，同时直握拍手腕屈，横握拍手腕内收，将球拍引至身体右下方。击球时，腰、髋向左上方转动，手臂由下向上迎球。当球跳至下降前期，拍面稍前倾，击球的中部偏上部位，提踵，脚掌蹬地，腰、髋向左上方转动，带动上臂、前臂摆动。同时，直握拍手腕前伸，横握拍手腕外展，加速向左前方发力。击球后，手臂继续向前上方随势挥动，并迅速还原成击球前准备姿势。

（二）正手前冲弧圈球

正手前冲弧圈球

中台站位。击球前，左脚稍前，手臂内旋，使拍面前倾角度大些，腰、髋向右转动，手臂近乎垂直，将球拍引至身体右后稍下方。击球时，腰、髋向左转动，手臂向前迎球。当来球跳至高点期或下降前期，拍面前倾，击球的中上部。腰、髋向左转动，在上臂带动下，前臂加速向前为主，略向上发力，同时直握拍手腕前伸，横握拍手腕外展。击球后，手臂继续向前上方随势挥动，并迅速还原成击球前准备姿势。

（三）反手拉前冲弧圈球

反手拉前冲弧圈球

击球前，右脚稍前，根据来球选择站位远近。手臂外旋，使拍面前倾角度大些，腰、髋向左转动，上臂肘关节靠近身体，前臂向左后方移动，手腕内收，将球拍引至身体左后稍下方。击球时，腰、髋向左转动，手臂向前迎球。当球跳至高点期或下降前期，拍面前倾，击球的中上部。腰、髋向右上方转动，肘关节内收，前臂以加速向前为主，略向上，同时手腕外展。击球后，手臂继续向前上方随势挥动，并迅速还原成击球前准备姿势。

第四节　乒乓球基本战术

一、发球抢攻战术

发球抢攻战术是力争主动、先发制人的基本战术，即利用发球争取主动，在比赛中采用旋转、速度、落点等不同的变化来破坏对手的接球，为自己的进攻创造机会。发球抢攻战术主要有以下几种。

（一）正手发旋转球与不转球抢攻

正手发旋转球与不转球至对方近网或中路，一般先发不转球，伺机抢攻。其落点以近网为主，配合底线已出台、未出台长球，使对方难以接发球抢拉或抢攻。

（二）侧身正手发高抛或低抛左侧上、下旋球抢攻

侧身正手发高抛或低抛左侧上、下旋球的落点：发至对方中左短、中左长、中右短，配合一个直线奔球。若对方轻拉至反手，可用推挡狠压一板直线，或直接得分，或为下一板球的连续进攻制造机会；若对方撇一板正手位球，可用正手攻斜线至对方反手。

（三）反手发右侧上、下旋球抢攻

反手发右侧上、下旋球尤其适合擅长反手进攻的队员使用。反手发右侧上、下旋球一般发至对方中右近网或半出台落点，然后用正、反手抢攻对方反手；也可发长球至两角，一般发至对方正手时，对方常会拉直线，可用反手抢攻斜线；若发至对方反手位，还可伺机侧身抢攻。

（四）反手发急上、下旋球抢攻

反手发急上、下旋球的落点发至对方反手或中路，迫使对方打对攻或反手回搓，再伺机抢攻或抢拉。待对方站位远离球台时，突发近网短球，以创造机会抢攻或抢拉。

二、接发球战术

接发球战术与发球抢攻战术同样重要。从某种意义上讲，接发球水平可以反映队员的实战能力以及各项基本技术的应用程度。事实上，接发球队员只是暂时处在被控制状态，如果破坏了发球队员的抢攻意图或者为发球队员制造了障碍，减弱了发球队员抢攻的质量，也就意味着已经脱离被控制状态，变被动为主动了。控制与反控制是辩证统一的。

常用的接发球战术包括：①稳健保守法；②接发球抢攻；③盯住对方的弱点处，寻找突破口；④控制接发球的落点；⑤正手侧身接发球。

三、搓攻战术

搓攻战术是进攻型打法的辅助战术之一。搓攻战术主要利用搓球旋转的变化和落点的变化为抢攻创造机会，这一战术在基层比赛中被普遍采用。搓攻战术也是削球型打法争取主动的主要战术之一。

常用的搓球战术包括：①慢搓与快搓结合；②旋转与不转结合；③搓球变线；④搓球控制落点；⑤搓中突击；⑥搓中变推或抢攻。

四、对攻战术

对攻战术是进攻型打法在相持阶段常用的一项重要战术。

常用的对攻战术包括：①紧逼对方反手，伺机抢攻或侧身抢攻、抢拉。②压左突右。③调右压左。④攻两角。⑤攻追身球。⑥变化击球节奏，加力推和减力挡结合，发力攻、拉与轻打轻拉结合，造成对手的被动。⑦改变球的旋转性质，如加力推后推下旋；正手攻球后，退至中远台削一板。该战术往往会让对手来不及反应，从而直接得分或创造机会球。

五、拉攻战术

拉攻战术是以攻为主的队员应对削球的主要战术。为了发挥拉攻的战术作用，首先要具备连续拉的能力，并有线路、落点、旋转、轻重等变化；其次要有拉中突击和连续扣杀的能力。

常用的拉攻战术包括：①拉反手后，侧身突击打斜线球或打中路追身球；②拉中路杀两角或拉两角杀中路；③拉一角，杀另一角；④拉吊结合，向机突击；拉搓结合；⑤稳拉为主，伺机突击。

六、弧圈球战术

弧圈球战术将速度和旋转有效地结合起来，稳健性好，适应性强，许多优秀选手采用弧圈球战术替代攻球或扣杀。

常用的弧圈球战术包括：①发球抢攻；②接发球果断上手；③相持中的战术运用。

拓展阅读

乒乓球比赛的物质条件

1. 球台

球台的上层表面叫作比赛台面。比赛台面为与水平面平行的长方形，长为2.74米，宽为1.525米，离地面76厘米。沿每个2.74米的比赛台面边缘各有一条2厘米宽的白线，称为边线。沿每个1.525米的比赛台面边缘各有2厘米宽的白线，称为端线。比赛台面被一个与端线平行的垂直的球网划分为两个相等的台区，各台区被一条3毫米的白色中线划分为两个相等的半区。

2. 球网装置

球网装置包括球网、悬网绳、网柱及将它们固定在球台上的夹钳部分。整个球网的顶端距离比赛台面15.25厘米。整个球网的底边应尽可能贴近比赛台面，其两端应尽可能贴近网柱。

3. 球

球应为圆球体，直径为40毫米。球重2.7克。球应用赛璐珞或类似的塑料制成，呈白色或橙色，且无光泽。

4. 球拍

球拍的大小、形状和重量不限，但底板应平整、坚硬。底板厚度至少应有85%的天然木料。用来击球的拍面应用一层颗粒向外的普通颗粒胶覆盖，连同黏合剂，厚度不超过2毫米；或者用颗粒向内或向外的海绵胶覆盖，连同黏合剂，厚度不超过4毫米。普通颗粒胶是一层无泡沫的天然橡胶或合成橡胶，其颗粒必须以每平方厘米不少于10颗、不多于30颗的平均密度分布整个表面。海绵胶是指在一层泡沫橡胶上覆盖一层普通颗粒胶，普通颗粒胶的厚度不超过2毫米。球拍两面不论是否有覆盖物，都必须无光泽且一面为鲜红色，另一面为黑色。比赛开始时及比赛过程中运动员需要更换球拍必须向对方和裁判员展示他将要使用的球拍，并允许他们检查。

思考与练习

1. 简述乒乓球运动的价值。
2. 简述乒乓球初级阶段核心技术。
3. 简述乒乓球提高阶段核心技术。
4. 简述乒乓球基本战术。

第九章　羽毛球

第一节　羽毛球运动概述

1873年，英国的伯明顿镇（Badminton）有一位叫鲍弗特的人，一次他在家中宴请宾客，恰逢下雨，客人只得聚在客厅，时间一长，大家都感到乏味。当时，有位从印度退役的英国军官将其在印度孟买见到的“普那”向大家做了介绍，于是大家就在大厅内进行这种羽毛球的游戏。这项活动因极富趣味性，很快就流行起来。由于这项活动诞生在伯明顿镇，有人就提议以这个镇的名称命名这项运动，所以，英语中羽毛球叫作“Badminton”。后来鲍弗特的庄园也改名为“羽毛球馆”以示纪念，并陈列着19世纪中叶最初的羽毛球拍和羽毛球。那时的活动场地呈葫芦形，两头宽中间窄，窄处挂网，直至1901年才改作长方形。

1877年，第一本羽毛球竞赛规则在英国出版。1893年，英国成立了世界上第一个羽毛球协会。1899年，该协会举办了第一届全英羽毛球锦标赛。这就是自1899年起在英国伦敦温布利体育中心举行的传统性、非正式世界羽毛球锦标赛。20世纪初，羽毛球运动流传到亚洲、美洲、大洋洲，最后流传到非洲。随着世界上开展羽毛球运动的国家越来越多，国际羽毛球联合会（以下简称国际羽联）于1934年成立，总部设在伦敦。

在1988年汉城（今首尔）奥运会上，羽毛球被列为奥运会表演项目。在1992年巴塞罗那奥运会上，羽毛球被列为正式比赛项目，设男女单打和男女双打4块金牌。1996年亚特兰大奥运会又增设了羽毛球混合双打项目。

目前，国际上主要举行的一些羽毛球重大比赛包括汤姆斯杯、尤伯杯、世界羽毛球锦标赛、苏迪曼杯（世界羽毛球混合团体锦标赛）、世界杯羽毛球赛、中国羽毛球公开赛、全英羽毛球锦标赛、奥运会羽毛球比赛。

第二节　羽毛球基本技术

一、握拍法

握拍法是学习羽毛球击球技术的基础，正确地掌握握拍的方法，对学习和运用其他各项基本技术有着十分重要的作用。羽毛球的基本握拍法有2种，即正手握拍法和反手握拍法（下面所介绍的羽毛球基本技术均以右手握拍为例）。

（一）正手握拍法

虎口对准拍柄窄面内侧的小棱边；拇指和食指呈“V”字形，相对贴握在拍柄的两个宽面上。中指、无名指和小指并拢弯曲，握住拍柄；食指和中指稍分开，中指指甲在拇指下面，食指和拇指相对。拍柄末端与近腕部的小鱼际肌齐平。掌心和拍柄之间要留有空隙，拍面与地面基本保持垂直。

（二）反手握拍法

在正手握拍法的基础上，拇指和食指将拍柄稍向外转，食指稍向中指收拢，拇指内侧贴在拍柄的内侧棱上或宽面上。

（三）教学方法

握拍时一定要注意自然放松，在球与球拍接触的瞬间才握紧球拍。正、反手握拍法一定要有区别。食指、中指之间应有一定的间隔距离。正确的握拍应不影响或限制手腕活动的范围，以及手指和手腕力量的发挥。平时可采用不断变换正、反手握拍的方法来提高握拍的灵活性。

二、发球与接发球

（一）发球

按技术动作划分，羽毛球的发球技术可分为正手发球和反手发球2种；按球发出后在空中飞行的弧线和落点不同划分，羽毛球的发球技术又可分为发高远球、平高球、平快球和网前球等。

1. 正手发球

发球站位：单打发球时的站位一般应靠近中线一侧，离前发球线约1米的位置。双打发球时则应稍靠前一些。

动作要领：身体左肩侧对球网，左脚在前，脚尖向内，右脚在后，脚尖稍向右侧，两脚间距与肩同宽，身体重心放在右脚上。发球时，右手握拍向右后侧举起，肘部微屈，左手拇指、食指和中指夹住球，举在腹部右前方，然后放开球，挥拍击球。击球时，身体重心由右脚移至左脚。当用正手发不同的弧线球时，击球前的准备姿势和前期动作是一致的，只是在击球时及其后的动作有所不同。

正手发球包括正手发高远球、正手发平高球和正手发网前球3种。

（1）正手发高远球：正手发高远球时，在左手放开球使之下落时，右手转拍由上臂

正手发高远球

正手发网前球

带动前臂，自右后方沿身体向前左上方挥动。当球落到右臂向前下方伸直能够接触到球的刹那，右手紧握球拍，并利用手腕屈收的力量向前上方发力击球，然后顺势向左上方挥动缓冲。

（2）正手发平高球：正手发平高球时，动作过程大致与正手发高远球相同，只是在击球的刹那，前臂加速带动手腕向前上方挥动，拍面要向前上方倾斜，以向前用力为主。注意：发出球的弧线高度以对方伸拍击不着球为宜，并且球应落到对方场区底线。

（3）正手发网前球：正手发网前球时，握拍要放松，上臂动作要小，主要靠前臂带动手腕向前切送。球的弧线要贴网而过，落点在前发球区附近。注意：手腕不能有上挑动作。

2. 反手发球

反手发球的特点是动作小、出球快、对方不易判断。在双打比赛中多采用此发球技术。

发球站位：站在前发球线后10~50厘米及发球区中线的附近，也可以站在前发球线及场地边线附近的位置（双打比赛中，从右场区发球时可以看到）。

动作要领：面向球网，两脚前后站立（左脚或右脚在前均可），上体稍前倾，身体重心在前脚上。右手反手握拍，左手拇指、食指和中指捏住球的两三根羽毛，球托明显朝下（避免犯规），球体与拍面平行或球托对准拍面放在拍面前方。击球时，前臂带动手腕朝前横切推送。发网前球时，发力要轻，主要靠切送；发平快球时，发力要突然，击球时拍面要有反压动作。

3. 教学方法

在学习发球时应该由浅入深，初学者可先学习正手发高远球，待发球的动作基本掌握后，再学习正、反手发网前球和平高球。这些发球技术都基本掌握后，就可学习用一种手法发出不同路线、弧度和落点的球。

4. 练习步骤

（1）徒手做发球前准备姿势和模仿发球动作的练习。

（2）在球场上两人对练发球，或一人用多球做完整的发球练习。

（3）先练习定点发球，后练习不定点发球。

（4）综合练习不同的发球，提高发球动作的一致性和变化能力。

（二）接发球

接发球是指将对方发过来的球还击到对方场内。接发球和发球在比赛中（尤其是在双打比赛中）起着同样重要的作用。

1. 接发球站位

（1）单打站位：一般站在离前发球线约1.5米处（可根据自己的身高和对手发球特点加以调整）。在右发球区接发球时，站位应偏靠中线一些；在左发球区接发球时，则应站在左发球区的中间。

（2）双打站位：由于双打发球区较单打时要短0.76米，比赛中通常都以发网前球和平快球为主，接发球时应站在靠近前发球线附近的位置。

2. 准备姿势

身体侧对球网，左脚在前，右脚在后，两脚自然开立。单打接发球时，身体重心落在左脚上，右脚跟自然提起，两膝微屈，含胸、收腹，两臂自然提起，球拍举至身体前方，目视对方。双打接发球时，身体重心比单打接发球时低一些，并应根据对对方发球意图的判断在两脚间调整，球拍也应比单打时举得更高一些。

3. 教学方法

接发球是一项建立在其他基本技术基础上的综合性技术。接对方发来的网前球时，通常运用搓球、推球、勾对角球和扑球技术进行还击。接对方发来的后场球时，则运用高球、吊球和杀球技术进行还击。因此，学习接发球，首先必须掌握好上述基本技术，这是学习接发球技术的前提。同时，接发球教学应该与发球教学结合进行，学习什么样的发球技术，同时应学习相应的接发球技术。

三、后场基本技术

后场基本技术是学习羽毛球技术的基础。按技术的性质特点划分，后场基本技术通常可分为高球、吊球和杀球（扣杀）；按其击球的部位划分，后场基本技术可分为正手击球、反手击球和头顶击球（指在左后场区的一种技术方法）；按击球点的高度划分，后场基本技术又可分为上手技术和下手技术。

（一）高球

高球是将对方击回本方后场靠近端线附近的球在头部上方将其还击到对方后场的击球技术。按不同的飞行弧线，通常将较高弧线的高球称为高远球，比较平直的高球称为平高球。

1. 动作要领

以右手正手握拍法为例，击球前，身体先半侧对球网，右脚在后，左脚在前，两脚尖踮起，重心自然落在右脚掌上。自然地将球拍举到右肩侧上方，左手自然上举，目视来球。当球下落到击球点高度时，右腿开始蹬伸，并以髋关节带动身体由右向左移动，做左腿后撤、右腿前迈的两腿交叉动作。伴随下肢蹬转动作，胸部舒张，两侧肩关节外展，左手自然上举，持拍臂的前臂向后移动，保持高肘，后撤球拍。在腰腹协调用力的配合下，上臂带动前臂，利用伸肘关节、前臂内旋和屈腕的力量，向前上方“甩臂”挥拍击球。在球拍与球接触的瞬间，迅速握紧球拍将球击出。

高远球与平高球的技术动作的区别主要在于击球瞬间拍面与地面形成的夹角大小不同。击高远球时向上用力多一些，而击平高球时则向前用力多一些。

掌握击高球技术的关键：

（1）全身动作要配合协调，主要应依靠上臂带动前臂，采用“鞭打式”击球。

（2）击球的瞬间才握紧球拍，否则关键性的手腕和前臂的发力动作就会受到限制。

（3）把握好击球时机，合适的击球点应在右肩的前上方。

2. 教学方法

学习击高球技术时，应由浅入深。初学者应先学击高远球，后学击平高球；先学击直线高球，后学击斜线高球；最后学习头顶和反手击高球技术。

3. 练习步骤

（1）进行徒手模仿挥拍练习，体会动作要领。

（2）“一点打一点”，即进行直线或斜线的固定球路对击练习。

（3）进行“一点打两点”和“两点打两点”练习。

（4）在上述基础上逐步过渡到和其他技术结合的组合或综合练习，如“高杀”或“高吊”练习。

（二）吊球

吊球是指将对方击来的高球，从本方后场还击到对方近网区域的击球技术。比赛中，吊球常和高球结合使用，起到拉开调动对方场上位置、为本方创造突击进攻机会的作用。吊球主要有轻吊、劈吊和拦截吊3种，球路上有直线和对角线之分。

1. 动作要领

吊球的动作要领与高球的动作要领基本相同，主要区别在于：吊球击球用力较柔和，主要依靠手腕和手指的变化来控制好击球时拍面与球接触的部位和用力的方向；向前下方挥拍击球，击球点较高，使球在略高于球网的位置越网而过，下落在前发球线以内的区域；劈吊时稍加快挥拍的速度，向左下方切击球的右侧部（正手劈吊斜线）。

2. 教学方法

学习吊球应由浅入深，初学者可先学切击球动作，体会击球时的拍面角度和击球部位，然后学习完整的吊球动作；先学对角线吊球，然后学直线吊球。

3. 练习步骤

（1）进行徒手模仿挥拍练习，体会动作要领。

（2）通过定点吊球练习，体会“切击”动作。

（3）采用“挑一点吊两点”的方法，进行变方向的吊球练习。

（4）采用“挑两点吊两点”的方法，提高在移动中吊球的准确性。

（5）逐步过渡到“高吊”组合练习，提高后场击球动作的一致性。

（三）杀球（扣杀）

杀球（扣杀）是指将本方场区内的高球以近似直线状快速地向前下方击向对方场区的一种进攻性击球技术。它具有飞行弧线较直、落地速度快、对对方威胁较大的特点。杀球主要有重杀、轻杀、劈杀和点杀等。

1. 动作要领

杀球的动作要领与高球的动作要领基本相同，主要区别在于：杀球时，为了使击球凶猛有力，身体的大肌肉群参与较多，蹬地起跳后，身体后仰呈反弓后用力收腹，挥上臂带动前臂和手腕迅猛地向下扣压。整个动作要求舒展协调，连贯流畅。杀球击球点较吊球稍微偏前一些。为保证击球后能立即回动，杀球落地时，左脚要后撤蹬伸，右脚应向前做一较大的跨步。

2. 教学方法

初学者可先学正手直线、斜线杀球，后学头顶杀球；注重动作的正确性，发力可由轻到重。

3. 练习步骤

（1）进行徒手模仿挥拍练习，体会动作要领。

（2）通过向前下方投掷羽毛球，体会鞭打发力动作。

（3）采用多球进行定点杀球练习，即“一点杀一点”或“一点杀两点”，并注意动作的正确性。

四、网前基本技术

网前基本技术是羽毛球基本技术中较细腻的技术，特别强调握拍的灵活变换、手指与手腕的灵巧性、击球前期动作的一致性。按击球部位划分，网前基本技术可分为正手网前技术和反手网前技术；按技术种类划分，网前基本技术可分为放网、搓球、推球、勾（对角）球、扑球和挑球等技术；按击球点距网的高度不同划分，网前基本技术可分为网前上手击球和网前下手击球。这里只介绍放网和挑球技术。

（一）放网

放网是指队员将对方击到本方近网区域的球用拍面轻切球托的底部，使球直线越过球网落在对方近网区域的一种击球技术。

1. 正手放网

准备姿势：侧身向来球方向移动，最后一步用左脚后蹬、右脚前跨的步法，同时上体前倾，向前伸臂伸拍，左臂向后伸出，以保持身体平衡。

击球动作要领：击球点在腰际以下，击球瞬间不是用搓切的动作，而是轻轻向上提，碰击球托的后底部，使球过网后垂直下落。

2. 反手放网

准备姿势：与正手放网基本相同，有所不同的是，先向左前场转体，向来球方向做蹬跨步，并且及时转换成反手握拍。

击球动作要领：击球时，用反手握拍，反拍面轻轻击打球托。

3. 教学方法

学习放网时，应注重体会击球动作的缓冲，用力不宜过大，主要靠手腕、手指控制击球时拍面的方向和角度，轻切球托将球送至对方近网区域。

4. 练习步骤

（1）进行徒手模仿挥拍练习，体会动作要领。

（2）利用多球进行正、反手原地放网练习。

（3）从中心位置做左右移动上网放网练习。

（4）与吊球、杀球进行组合练习，如“吊上网放网练习”“杀上网放网练习”。

（二）挑球

挑球是将对方击来的网前球、吊球和杀球等运用较高的弧线向上回击到对方后场的技术方法的泛称。这里主要介绍网前挑球。

1. 正手挑球

准备姿势：与正手放网基本相同。击球前，前臂充分外旋，手腕尽可能后伸。击球时，主要利用前臂内旋和屈腕的力量，在身体右侧从右下方向右前方至左上方挥拍击球托底部，将球向前上方击出。

2. 反手挑球

准备姿势：与反手放网基本相同。击球前，前臂内旋并向下做小回环，将球拍引至左下方，肘关节上抬。击球时，主要利用前臂外旋、伸腕和拇指顶压拍柄的力量，将球向前上方击出。

3. 教学方法

先进行原地的挑球练习，后结合上网步法进行完整的挑球练习。

4. 练习步骤

① 进行徒手模仿挥拍练习，体会动作要领。

② 原地接对方吊球进行挑球练习，可用多球进行练习。

③ 从中心位置进行接对方吊球的挑球练习。

五、步法

步法是指队员在本方场地上运用转体、并步、跨步、交叉步、垫步和蹬跳等动作，进行快速、合理并有一定规律的上网、后退和两侧移动的方法。步法是羽毛球基本技术的重要组成部分，在实战中具有十分重要的地位和作用，也是初学者学习和掌握好正确技术的基础。

根据场上移动的方向和场区的位置，羽毛球步法通常划分为上网步法、后退步法、两侧移动步法和前后场连贯步法等。每一次完整的移动步法均包括起动、移动、协助完成击球动作和回动4个环节。步法起动的速度首先取决于对来球的判断与反应的速度，其次应选择能迅速打破身体平衡的准备姿势。合理的准备姿势：两膝微屈，身体重心落在前脚掌上，并保持其处于“运动”的状态。一般来讲，两脚平行站位有利于左右的起动，而两脚稍前后的站位则有利于上网或后退的起动。防守时重心应低一些，而进攻时则重心相对要高一些。

羽毛球无论是技术练习还是比赛，都十分强调在每一次击球后必须回中心位置。所谓中心位置，是指根据自己击球的落点、质量及对方可能回击的落点等，确定最有利于下一拍移动击球的位置。

下面只对上网步法、后退步法和两侧移动步法作简单介绍。

（一）上网步法

上网步法是指队员从中心位置向网前两侧前进的方法。上网步法通常分为正手上网步法和反手上网步法。其中，正手上网步法又分为交叉步上网步法和并步上网步法。

准备姿势：两脚稍前后自然开立，两膝微屈，重心在两脚间不断移动，以随时调整身体重心，便于起动。

1. 正手上网步法

（1）交叉步上网步法。

起动后，右脚向右前方迈一小步，接着左脚越过右脚（如在身后越过右脚为后交叉）向右前方迈出较大一步，然后右脚迅速向右前方跨一大步到达击球位置。击球后，用并步或交叉步退回中心位置。

采用前交叉上网时也可采用两步上网，即左脚先迈出，右脚再跨一大步。

（2）并步上网步法。

起动后，右脚先向右前方迈一小步，随后左脚立即垫一小步靠拢右脚跟，着地后用脚掌内侧蹬伸，右脚在左脚垫步尚未着地时迅速向右前方跨一大步到达击球位置。击球后，用并步或交叉步退回中心位置。

交叉步上网步法

并步上网步法

2. *反手上网步法*

起动时，右髋迅速转向左前方，使身体右侧斜对反手网前区。脚步移动方法同正手上网步法，只是向左前方移动。

反手上网步法

（二）后退步法

后退步法是指从中心位置后退到端线附近击球的移动方法。后退步法主要由蹬转步、并步、交叉步、小碎步、腾步等组成。后退步法分为正手后退步法、头顶后退步法和反手后退步法等。这里主要介绍正手后退步法和头顶后退步法。

1. *正手后退步法*

起动后，右脚向右后方蹬转，髋部带动身体转向右后方，同时以交叉步或并步移动到接近端线的位置，利用右腿蹬地起跳在空中转体击球。落地时，应左腿后撤，右腿前跨，以便迅速回动。

正手后退步法

2. *头顶后退步法*

起动后，右脚向左后方蹬转，髋部带动身体转向左后方，同时以并步或交叉步移动到左后方端线附近，右脚起跳击球，同时左侧髋部迅速转向左后方，带动左腿后撤到身后，利用脚掌和脚跟内侧着地缓冲并支撑身体重心。当右脚落地时，身体前倾，重心移至右脚，左脚开始回动。

头顶后退步法

（三）两侧移动步法

两侧移动步法包括两侧蹬跨步、并步右侧移动步和左侧前交叉移动步。

两侧蹬跨步

1. *两侧蹬跨步*

两侧蹬跨步通常在接对方速度较快、落点比较偏内的来球时运用较多，而当对方来球落点距边线较近时，则应采用并步和交叉步。向右侧蹬跨步时，身体重心先移至左脚，然后左腿迅速用力蹬伸，右腿向边线跨出的同时髋关节外旋，落地后呈侧弓步。击球后，右腿再内旋蹬伸回中心位置。向左侧蹬跨步则相反而行。

2. *并步右侧移动步*

起动后，身体侧向右侧，重心移至右脚，左脚向右脚靠拢垫一小步并以前脚掌蹬地，髋部向右转，右脚向右侧跨一大步，脚尖朝外。击球后，右腿再内旋蹬伸回中心位置。

并步右侧移动步

3. 左侧前交叉移动步

左侧前交叉移动步

左脚向左侧迈一小步，右髋左转，右脚向左侧跨出，成背部对网姿势。击球后，右腿迅速蹬伸转体，利用左脚并步调整身体重心回到中心位置。

（四）教学方法

在学习步法的过程中，应贯彻“快速、到位、合理、经济、实用”的指导思想。教学步骤应遵循先分解后完整、先正手后头顶和反手、先单一后组合连贯的原则。

（五）练习步骤

（1）学习和掌握转体、并步、跨步、交叉步、垫步和蹬跳等步法。

（2）徒手做单一路线的移动步法练习。

（3）结合击球技术进行单一路线的移动步法练习。

（4）采用手势信号或多球进行场上步法移动练习。

第三节　羽毛球基本战术

一、我国羽毛球战术的指导思想

我国羽毛球战术的指导思想是“以我为主、以快为主、以攻为主”。

以我为主，即不受或尽可能少受对方影响，积极施展自己的特长技术和打法，制约对方技术的发挥，掌握比赛场上的主动权。

以快为主，即在手法、步法、意识上都要抢时间、争速度，从而抓住有利时机控制场上的主动。同时，要善于根据战术变化的需要，把握快慢节奏的转换，使快速进攻收到更好的效果。

以攻为主，即任何时候都要把进攻放在首位，因为进攻是得分的最好手段，同时强调能攻善守，在防守时仍要以各种球路变化来积极地转守为攻。

二、制定和运用战术的基本原则

战术是指队员在比赛中为表现出高超的竞技水平和战胜对手而采取的计谋和行动。任何战术的运用都是为了更好地发挥自己的技术特长，制约对方特长的发挥，控制和掌握比赛的主动权，从而争取比赛的胜利。

在羽毛球比赛中，如果双方技术水平差距悬殊，那么再合理的战术也是无济于事的。但是，如果技术水平相当，或其他方面的因素比较接近，那么，战术运用正确与否就将会起到决定性的作用。在运用战术的具体过程中，一定要积极地贯彻“以我为主、以快为主、以攻为主”的战术指导思想。在制定战术时应遵循以下的基本原则，这样才有可能在实战中取得比较理想的效果。

（一）客观性原则

客观性原则是指对战术的制定和打法的选择必须以比赛双方的技术、身体素质、心理素质、打法特点及比赛场地条件等众多客观因素为主要依据。

自古以来，用兵之要一直强调“知己知彼，百战不殆”这一规律。因此，赛前不但要对自己的上述因素有“自知之明”，而且要对对方各方面的情况通过各种途径进行必要的观察了解和分析研究，从而尽可能做到了如指掌。这样才能在比赛前制定出避实就虚、扬长避短的合理的战术。

(二) 实效性原则

实效性原则是指选择制定的战术方法具有成功的可行性以及实际效果较好。缺乏可行性和实效性的战术方法，即使听起来头头是道，似乎很有道理，在实践中也难以达到预期的效果。因此，在相同的条件下，如果采用两种不同的战术方法都能达到同样的战术效果，那么就应选择成功把握大、难度要求低的战术方法。同样，如果两种战术方法对其他方面要求的难度基本上差异不大，那么就应该选择对比赛结果影响更大的战术方法。权衡利弊的目的在于追求比赛的实际效果。

(三) 灵活性原则

灵活性原则是指战术思维应该不拘一格，采用的打法要多变，战术方法要根据不同的对手灵活运用。因为赛场上的情况是千变万化的，队员必须随时根据比赛场上的实际情况对既定的战术和打法做一些局部的，有时甚至是很大的调整或改变。这就是平时所强调的“战术应变能力”。

上述各个原则是有机联系、互为条件、辩证统一的，制定和运用战术的前提条件是必须了解对方的技术特点和打法情况。因此，队员在培养自己战术意识的同时，应着重培养对对方技术、战术特点及打法情况的观察和分析能力。这样才能在比赛中在较短的时间内迅速掌握对方的技术和战术情况，及时制订作战方案，在比赛中灵活运用战术，取得比赛的胜利。

三、基本战术

(一) 单打战术

1. 压后场战术

压后场战术主要采用后场的高远球和平高球、网前的推球和挑球等技术，重复压对方后场两角，造成对方被动，然后伺机采用杀球、吊球、搓球、勾对角球等技术攻击对方空当。此战术方法应对初学者以及后退步法慢或击球后急于上网的对手较为有效。

2. 发球抢攻战术

发球抢攻战术以发网前球或平快球为主，制约对方进攻，迫使对方出高球，然后运用杀球和吊球攻击对方的弱点或空当。发球抢攻战术主要用于应对防守技能较差的对手和为自己创造更多的进攻机会。

3. 控制网前战术

控制网前战术是指通过运用各种技术主动抢先放网或迫使对方先放网后再重复放网。控制网前战术主要是凭借良好的网前手法，灵活地运用搓、推、勾技术，造成对方网前直接失误，或抓住其被动击球的有利时机进行中后场的杀、劈、吊和网前的扑球得分。

4. 拉吊结合突击战术

拉吊结合突击战术主要是指先以快速而准确的落点控制对方场区四角，迫使对方前后左右来回奔跑，当对方来不及回中心位置或失去身体平衡时，抓住空当及其弱点进行突击。这种战术方法通常用来应对步法移动较慢、灵活性和体力较差的对手。

5. 对角线战术

无论是进攻还是防守，在前场还是后场，都是以打对角线球路为主。对角线战术主要用于应对灵活性较差、转体较慢的对手。

（二）双打战术

1. 人术

人术是双打比赛中常用的一种战术，主要用于应对技术水平不平衡的对手，即使面对技术水平相差不大的对手也可灵活运用。先通过将球下压或控制前场取得进攻机会，然后集中力量“2打1”，避其所长，攻其所短。

2. 中路战术

中路战术是指将球击到对方两名队员站位之间的空隙，从而造成对方出现争抢回击，或相互让球漏接等错误。尤其是针对一些配合不够默契的对手，中路战术比较有效。当对方前后站位时，可将球击到对方中场两侧边线处；当对方分边左右站位防守时，则可利用杀球、吊球等技术攻击对方的中路。

3. 攻后场战术

攻后场战术通常用来应对后场扣杀能力较差的对手，也可将对方能力较弱的队员调到后场。此战术是用平高球、平推球、接杀接吊挑后场球等技术，将对方一名队员紧逼到底线两角来回移动击球，并迫使其回击出质量不高的球，然后抓住有利时机反击。在此过程中，如对方处于前场的队友欲后撤援助，则可伺机攻击网前空当或对其打追身球。

4. 防守战术

（1）调整站位。

为了摆脱被动，伺机转入进攻，首先要调整好防守的站位。如果是在网前挑高球，击球队员应直线后退防守，切忌采用对角线后退。直线后退路线短，站位恢复快；对角线后退不仅路线长，而且很容易被对方打追身球。双打防守时的站位调整，都是一名队员在跑动击球时，另一名队员去填补空当。特别是站位靠后者，其观察比较全面，更要主动去弥补。

（2）防守球路。

① 攻方杀球队员和封网队员在半边场地前后一条直线上，接杀球应主要打到另半边场地的前场或后场。

② 攻方杀球队员和封网队员在前后对角位上，接杀球封网队员可回击到杀球队员一侧场地的网前或封网队员场地一侧的后场。

③ 攻方后场队员杀对角线球后，其队友想要后撤轮转进攻时，可采用中路或直线将球还击到对方网前，或采用对角线还击攻方杀来的直线球，用直线还击对方杀来的对角线球。

以上几种防守球路都是为了破坏攻方的连续进攻，而在攻方杀球质量不高时则可采用平抽或下蹲封挡；当攻方站位混乱出现空当时，守方则应伺机反攻。

四、基本打法

（一）单打

1. 快速拉吊结合突击型

快速拉吊结合突击型是指以快速、准确的平高球和吊球，配合网前抢网搓、推、勾，从而为自己创造在中后场突击进攻机会的一种打法。

2. 后场下压控制网前型

后场下压控制网前型又称“杀上网”或“杀吊上网”打法，这种打法的特点是后场击球多以落点较好的杀球、劈杀球、吊球将球下压，迫使对方放网后，随之快速抢网扑、搓、推、勾直接得分或控制网前为自己创造更好的进攻机会。这种打法速度快，先声夺人，有利于压制对方的攻势，使自己占据场上的主导地位，但对击球的质量及身体条件要求较高。通常采用这种打法的队员必须具备良好的力量、速度和耐力等专项身体素质，掌握快速、凶狠的多种进攻性技术。

3. 底线结合吊杀型

底线结合吊杀型是指主要以威胁大、速度快的平高球、平挑球、推球等技术紧压对方后场，迫使对方重心后移或击出质量不高的球，然后配合杀球和吊球进攻的一种打法。

4. 守中反攻型

守中反攻型虽然自身的进攻技术不是很强，但具备良好的防守技术，能用快速而准确的击球落点控制对方，从而迫使对方在场上疲于奔跑或勉强进攻，然后伺机突击后发制人。

（二）双打

1. 分边压网后压前封型

分边压网后压前封型是指先利用放网前球、推半场球，以及积极、快速、凶狠的平抽挡技术积极封压，控制住前半场，迫使对方起后场高球，然后采用前后站位或前后轮转的方法，进行后场杀吊、前场封杀，向对方发动连贯的、凶狠的、凌厉的进攻。这种打法的特点是速度快、进攻凶狠、反击能力强。

2. 抽压底线拉开突击型

抽压底线拉开突击型是一种先通过拉、抽、挑等技术方法逼压对方后场两角，迫使对方在左右移动中进攻，从而伺机反击、后发制人的打法。

3. 前场打点发动进攻型

前场打点发动进攻型是一种通过网前积极抢网扑、推、勾、放对方半场或空当，打乱对方站位，创造后场进攻机会的一种打法。

拓展阅读

羽毛球裁判员的手势

在羽毛球临场比赛中，发球裁判员和司线员在宣判时都应出示手势，主裁判员在情况需要时，也可用手势辅助。出示手势要求符合规范，自然大方。

1. 主裁判员手势

（1）停止练习。

右臂向前平举，掌心向下，如图1所示。

（2）换发球。

手臂向轮到发球方的一侧平举，肘稍屈，掌心向前，如图2所示。

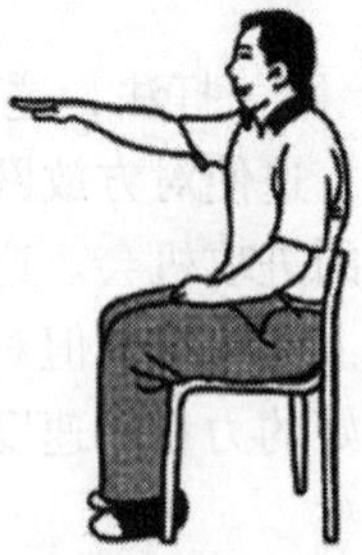

图1　停止练习

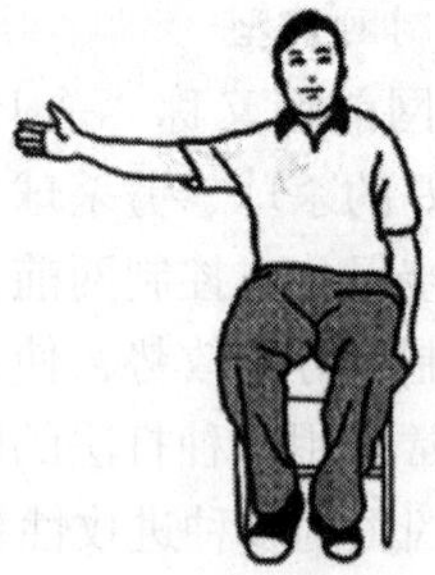

图2　换发球

（3）触网。

用手在触网的一侧轻碰球网，如图3所示。

（4）暂停。

两手呈“T”字形，放在胸前，如图4所示。

（5）交换场地。

两臂在胸前交叉，掌心向两侧，如图5所示。

图3　触网

图4　暂停

图5　交换场地

2. 发球裁判员手势

（1）过腰。

手臂屈肘，平举在胸前，掌心向下，如图6所示。

（2）过手。

手臂前伸，肘稍屈，掌心向左，手腕侧屈，如图7所示。

（3）脚移动、踩线。

身体前倾，用一只手指向脚尖，脚尖略翘起，如图8所示。

（4）延误发球。

手臂伸直，做不连贯的摆动，如图9所示。

图6　过腰

图7　过手

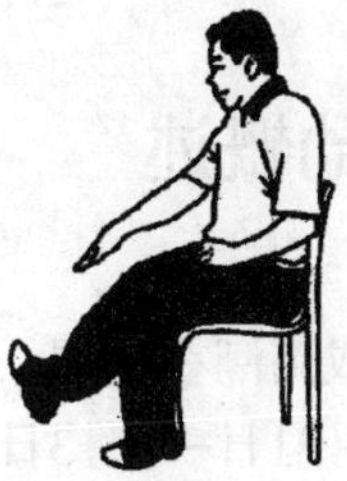

图8　脚移动、踩线

图9　延误发球

3. 司线员手势

（1）界外。

两臂伸直，向左右两侧张开，如图10所示。

（2）界内。

右手指向界线，如图11所示。

（3）视线被挡。

两手举起遮住两眼，如图12所示。

图10　界外

图11　界内

图12　视线被挡

思考与练习

1. 简述羽毛球运动的发展。
2. 简述羽毛球基本技术。
3. 简述羽毛球基本战术。

第十章　网球

第一节　网球运动概述

网球运动孕育于法国，诞生在英国，普及和形成高潮在美国。

1881年，美国草地网球协会成立，并于同年8月31日—9月3日成功地举办了第一届美国草地网球锦标赛。同年，第一届美国网球公开赛在美国罗德岛新港举行。

1896年，在雅典举行的第1届奥运会上，网球的男子单打与双打被列为正式比赛项目。后来，由于国际奥运会和国际网球联合会在“业余运动员”的定义上有分歧，已经连续7届奥运会都进行的网球比赛被取消，直到1984年洛杉矶奥运会，网球被列为表演项目。在1988年汉城（今首尔）奥运会上，网球又被列为正式比赛项目。

网球运动最高级别的组织机构为国际网球联合会，于1913年在法国巴黎成立。中国最高级别的网球运动组织机构为中国网球协会，于1953年在北京成立。

第二节　网球基本技术

握拍

一、握拍

网球的握拍方式可以分为4种，分别是大陆式、东方式、半西方式、西方式。不同的握拍方式会导致击球拍面、挥拍动作框架等不同，因此会产生不同的击球效果。（图10–1）

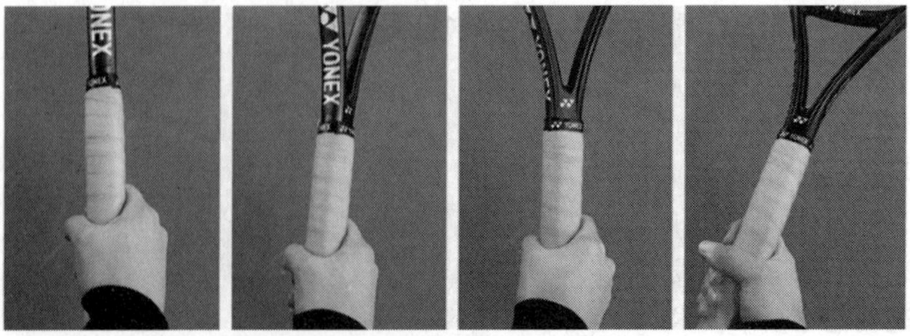

(a)大陆式　(b)东方式　(c)半西方式　(d)西方式

图10–1　网球的4种握拍方式

（一）大陆式握拍

大陆式握拍是典型的正手握拍，食指根部关节对准拍柄2号面，形象表述为“手握水果刀”。（图10–2）大陆式握拍常应用于发球、截击、教练员喂球。现代网球由于弹跳变高、拍面增大、球线旋转潜力提升等，逐渐发展为以上旋打法为主，现在很难看到使用大陆式握拍进行正手抽球。

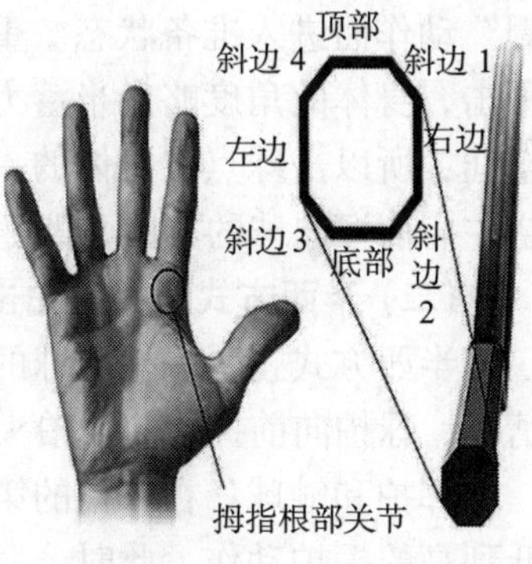

图 10–2　大陆式握拍

（二）东方式握拍

东方式握拍方由于最先在美国东海岸一带流行因而得名。食指根部关节对准拍柄3号面，形象表述为“握手”，球拍是朋友的手。（图10–3）东方式握拍也被称为“万能握拍法”。

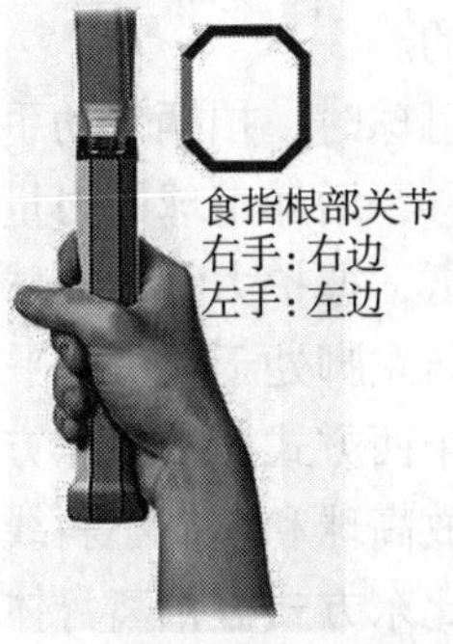

图 10–3　东方式握拍

（三）半西方式握拍

在当今以上旋球为主的网坛，半西方式握拍逐渐成为主流。食指根部关节对准拍柄4号面。（图10–4）半西方式握拍易于击打腰部以上高度的球，不适合初学者。

（四）西方式握拍

西方式握拍被形象地表述为“一把抓”，它是把拍面平放在地面上，再用手抓起来。拇指与食指几乎成直角，拇指直伸压住球拍上平面，食指下关节握住球拍右上斜面，手掌根贴住右下斜面，与拍底平面对齐。（图10–5）西方式握拍非常适合在球速慢、高弹跳的红土场地使用。

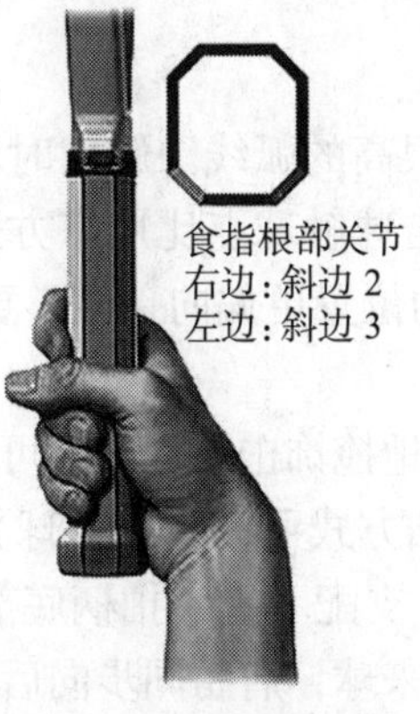

图 10–4　半西方式握拍

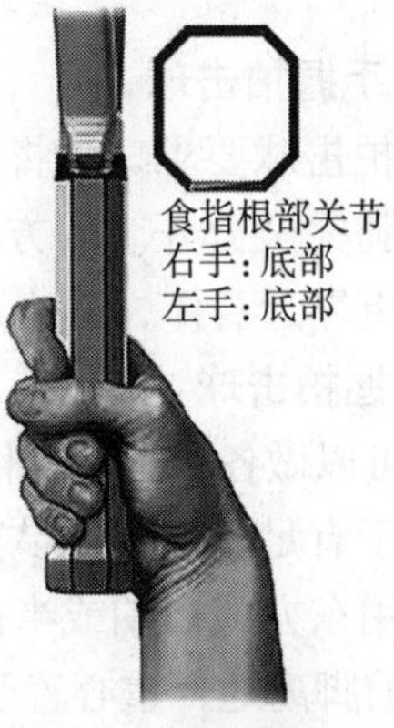

图 10–5　西方式握拍

二、正手击球

（一）东方式正手握拍击球

东方式正手握拍击球包括准备姿势和引拍、挥拍和触球、随挥动作等步骤。

拍柄置于拍身之后，拍面舒适地置于垂直状态，这样可做出特定的拍头向后“绕圈”动作而进入准备状态。重心移至后脚，由后向前挥拍，触球时，将球以小弧度向前平击，身体的角度略呈半蓄力紧张的状态，利用重心移至前脚产生动力。因为挥拍需要空间，所以击球点在身体的一侧和前脚的上方。击球后，队员面对球网向左侧立，拍头绕左肩前挥向球的方向，即随挥动作。

（二）半西方式正手握拍击球

半西方式正手握拍击球的准备姿势通常由肘部开始。用左手将球拍后推，不论何种情况，球拍向前挥动前，拍头位置都应高于肘部。

挥拍和触球：在挥拍的第一阶段球拍拍头朝下，已经弯曲的两膝开始伸直，协助由低到高的挥拍动作。此时，肘部（上臂）靠近身体，在向前挥拍的初级阶段保持击球稳定。前肘部加速前进的同时，转动上体，并在触球前肘部加速。注意：在向前挥拍的过程中拍头移动的弧线由低到高，在挥拍的整个过程中，球拍的轨迹主要是由肘关节弯曲形成的。

触球时，拍柄带动手腕后转，拍面对准球将被击出的方向。触球后，人体的重心发生转移，增加击球的力量，肘部和肩部之间的手臂与地面平行。注意：如果拍头相比手腕过低，握拍力量和控球能力会减弱；为避免受伤，动作结束时右脚通常有一个旋转动作，与左脚处于同一水平线上。

半西方式握拍比东方式握拍能击出更强烈的上旋球，使击球更为保险和受控，特别是在放高球和击打小斜线球时。队员采用半西方式握拍可以选择在击球时加上旋，击球区域比东方式握拍离身体更高更远一些，所以采用这种握拍方式打半高球具有更好的控制性和进攻性，难以打出低球。

由于必须低于球开始挥拍，这种握拍方式很难用来回击低球。而且，这是一种典型的打网前球时需要改变为大陆式握拍的握拍方式。这就是为什么底线型队员来到网前都不是很舒服的原因。

（三）西方式正手握拍击球

西方式正手握拍击球要求球拍挥动时有一个很高的弧线。触球时和击球时球拍的速度很快，击球时两腿完全分开。西方式正手握拍击球触球点比用东方式握拍或半西方式握拍击球时更高，更靠近身体，随击球动作结束的位置更偏向一侧，更低一点。

（四）双手正手握拍击球

双手正手握拍可以做各种击球动作，能够完美地掩饰击球动向，可以打短吊球、大力球、高吊球，适用于有足够速度的队员。这种握拍方式可以弥补击球力量不足的弱点。握拍时主发力手采用东方式握拍或半西方式握拍，支配手置于拍柄底部。

击球准备时，前脚离地，重心置于后脚，目视来球，肩膀同步向后转。当球接近身体时，开始向前转移重心，保持稍开放的站姿。保持拍头在击球点后方，几乎与地面平行。在与球接触时，蹬转击球，重心前移，随挥动作放松。收拍时球拍绕至身体后面与肩同高。

（五）正手削球

正手削球采用大陆式或东方式正手握拍，一般用于回接对方大力发球、对方第二发球上网和随球上网。正手削球可以变化场上比赛节奏，为争取主动创造条件。反手削球同理。

判断来球，及早做准备，在球弹起后的上升期迎击球。击球点在身体侧前方，后摆动作小，略像网前截击动作的引拍。击球后身体重心惯性移动，步法也相应跟上。

如果对方来球是上旋球，球反弹得较高，球拍应击球的中部，向前、向下推切用力；如果对方来球是下旋球，球反弹得较低，球拍应击球的中下部，向前略向上推切。

球拍在来球的水平线以上向上向后移动，拍面在做由高向低击球动作前稍微打开使球产生下旋。触球时，通常两脚稍微靠拢，触球点在身体一侧和前脚的上方。

随挥动作中，球拍移动的轨迹是向前向下。动作结束时通常与两肩在同一水平面上。

三、反手击球

（一）单手反手握拍击球

单手反手握拍击球有3种类型，即东方式反手握拍击球、半西方式反手握拍击球和大陆式反手握拍击球。对于绝大多数队员来说，不论他们开始时采用哪种握拍方式，击球时都必须变换握拍方式，向后引拍时，用非持拍手帮助转拍。

从准备姿势开始，两肩和手在球接近时作为一个整体转动，执拍手上提至大约肩高。继续向后引拍，球拍移动弧度增大，髋部展开，在右脚的前上方击球，拍面垂直，拍柄与地面平行。触球时手臂几乎成直臂，击球肩抬高，帮助球拍向上挥动。触球后，球拍继续向上移动。头部保持稳定（维持身体保持平衡），球拍移至身体前方。拍头处于手腕上方时，随挥动作结束，后脚惯性前移。

（二）双手反手握拍击球

通常来讲，左手采用东方式正手握拍，而右手采用大陆式握拍，是最普遍的双手反手握拍击球方式（右手惯用手）。

双手反手握拍击球的向后引拍要保持流畅和简洁。向后引拍是指在将身体转向一侧的时候向后拉动球拍。最开始的转动是向身体左侧（右手握拍）大约45° 的方向，向后引拍在拍头顶部到达所能达到的最远点时完成。这时，球拍垂直指向球场的后方。当到达向后引拍的最佳位置时，要准备向前迈出一大步，此时身体的重心也要前移。迈步的大小取决于自己的舒适感。这个位置能让自己转动，并且在向前挥拍时，两腿能给自己向前、向上的动力。双手反手握拍击球的向前挥拍开始于球拍的向前移动，拍头的位置会或多或少在球的下面。当拍面向上击球的底部（6点钟的位置）使球产生上旋时，该动作完成。球拍从最远的点（向后引拍时的点）向前移动，可以增加击球的力量。随挥动作因人而异，但队员通常有手臂和球拍绕肩的动作。

四、发球

发球是网球运动中唯一完全由自己控制而不受对方制约的技术，因此能最大限度地发挥出技术特点。发球是现代网球运动重要的技术之一，是比赛第一分的开始。有效的发球应具有攻击性，并在速度、力

发球

量、旋转和落点方面有所变化。可以说，发球技术决定着比赛最终的走向。

发球握拍常用大陆式握拍。发球包括平击发球、上旋发球和侧旋发球等，每一种发球各有特点和用途。

平击发球的球速最快，称为炮弹式发球，常被世界顶尖队员在一发中所采用。平击发球的优点是球速快、反弹低，缺点是准确率较其他发球低。

上旋发球落地后反弹高，变化多，失误率相对平击球低很多。高水平队员和业余队员采用上旋发球较多。

侧旋发球时球拍移动的轨迹是平直的，产生的侧旋较多，可以将对手逼至场外；场地越平滑，球的侧旋越强，因此侧旋发球较多地用于草地和室内球场。

（一）准备姿势和挥拍

全身放松，侧身站立在端线外中场标记近旁，左肩对着左边网柱，两脚分开约与肩同宽，左脚与端线约成45°角，右脚与端线平行，重心在左脚上。左手持球轻托球拍在腰部，拍头指向前方，呼吸均匀，注意力集中。

抛球手的拇指、食指和中指轻轻托住球，掌心向上。当球拍向下、向后引拍时，抛球手同时下降至左腿处。当球拍从身后向头上方做大弧度摆动，身体做转体、屈膝、展肩时，持球手平稳协调地在身前左脚前上举，直至伸直，高及头顶，球离开手指顺势到空中。此时，右肘向后外展与肩同高，拍头指向天空，左侧腰、胯呈弓形，身体重心随着抛球开始先移向右脚，然后平稳地开始前移。此刻，肩与球网约成垂直角。

（二）击球

在屈膝、背弓动作的基础上自下而上依次调动踝部、膝部、髋部，背弓并向出球方转体。与此同时，以肘为轴带动手、拍头挥向抛送于空中的球。发力是自下而上一气呵成的，其间的节奏因人而异，相同的是击球瞬间力量最大。抛球的位置、击球的部位、挥拍击球的轨迹形成了以上所讲的几种发球（平击发球、上旋发球、侧旋发球）。

（三）随挥动作

球发出后，身体向场内倾斜，保持连续的、完整的向前上方伸展的随挥动作。挥拍至身体的左侧，重心前移，整个身体自然地跟进，以维持身体平衡。

五、接发球

接发球是网球运动中较难掌握的技术之一，这是因为接球队员处于防守地位，球一发出，接球队员就需对发来的各种不同球速、落点和旋转的球做出快速的判断和反应，并且要选择各种适当的击球技术来完成接发球动作，而这些技术的运用要比一般来回击球的难度高。

下面概括一下接发球应对的要点：

（1）降低重心，重心在前脚掌，头部保持不动，拉拍幅度相对小一点，随挥动作尽可能完整和充分。接一发时使用平击球更多一些，随挥动作应尽可能向上。建议将球拍收于肩部以上，以便增强球的上旋。

（2）对方的二发一般包含较多旋转，球速相对偏慢，接球队员可以往前站一点，接球时随挥动作可以稍低平一些，甚至可以收在肩部以下，这与在多拍相持中回击对方的上旋球类似。

六、截击球

截击球是网前进行的一种攻击性击球方法，即在球落地之前，便将来球击回对方场地。截击球回击速度快、力量大、威力大，使对方难以应对，是迅速取胜的一种有效手段。截击球分为正手截击球和反手截击球2种。

要点：提前准备，盯住对手及来球，提前到位，封堵路线。

七、高压球

高压球同截击球一样，属于上网击球技术，可用以还击对方挑高球。其动作类似发球，在头部上空用扣杀动作还击来球，堪称击球中的一门“重炮”。高压球虽“重”，但需要运用力量和旋转来击打，将两者相结合，将球击打至最佳落点，进一步向对手施压。高压球类似羽毛球的杀球动作。

要点：持拍手和非持拍手都很关键；用合理的步法调整脚步；除非迫不得已，尽可能不要跳跃；向上看，向上挥拍，过早低头很容易导致球的线路过短甚至下网；髋部和肩膀应该在球拍向前上方挥动时开始旋转，球拍过身体增加随挥动作；应当在随挥动作后立刻分腿垫步来准备接对手的下一次击球。

八、挑高球

挑高球技术在高水平的网球比赛中较少见，而在一般水平的网球比赛中运用较多。当一方在比赛中处于被动地位，而另一方高压球水平也不高时，挑高球可以破坏对方的进攻节奏，为自己赢得时间回到有利的位置；或者挑球过顶，迫使对方退回底线救球，自己上到网前，反守为攻。

九、放小球

放小球是现代网球比赛中备受重视的打法之一。放小球技术良好的队员能够从网球场的任何位置放出小球，有时候还能够使球旋转得很强烈，落地后不但不向前跳，而且向后跳回网，从而达到防不胜防的目的。因此，放小球是一种调动、干扰、牵制对方的有力武器，值得重视。

高水平队员通常在沙地或慢速场地使用放小球技术。在草地赛场，特别是女子比赛中使用放小球也能奏效。队员应把这种击球技术作为其比赛技能不可或缺的组成部分进行训练。

（一）准备姿势和引拍

放小球时，队员应在场内，以缩短球的飞行距离。队员的站立姿势应与击落地球时一样，以使对手防备不及；引拍应与击落地球（侧旋或上旋）的引拍动作相似，以使动作具有隐蔽性。

（二）击球

当引拍动作结束时，拍面在拍柄之上，向触球区开始做向下的动作。拍头减速，速度的控制十分重要。触球时，拍面打开，腕部放松，球拍在触球时向下移动，使球产生下旋。击球时，要求触球动作非常细腻，有很好的球感，这样队员就能控制球速。

（三）随挥动作

击球后身体重心向击球方向跟进，用自然、协调的动作来完成随挥动作。

拓展阅读

网球基本步法

网球基本步法主要有跳步、滑步、交叉步和碎步调整4种。

1. 跳步

两脚左右开立。判断出对方击球落点后，膝关节微屈蹬地，两脚稍微跳离地面。落地时两脚与肩同宽，身体重心放在两脚前脚掌上，脚跟提起。跳步能协调地调整身体并快速地向任何方向移动。

2. 滑步

当准备击球或击球后的移动距离较短时，多采用滑步。如果向左滑步，则先向左跨出左脚，然后带动右脚也向左移动；如果向右滑步，则先向右跨出右脚，然后带动左脚也向右移动。

3. 交叉步

交叉步是指左、右脚一前一后跨步向前，步幅大、速度快，两脚不同时落地，适用于左右或向前快速跑动。交叉步多在距离远而又需要做大幅度移动击球的情况下使用。

4. 碎步调整

在挥拍击打落地球前，队员通过小碎步调整可以使击球处于最佳位置。其动作要点：当接近击球位置时放慢脚步，两脚做小幅度调整，然后跨步击球。

思考与练习

1. 简述网球的握拍方式。
2. 简述正手击球的技术特点。
3. 简述反手击球的技术特点。

第十一章　健美操

第一节　健美操概述

一、健美操的概念和特点

健美操是指在音乐的伴奏下，在有氧运动的基础上，依靠身体练习这一手段，达到强身健体、娱乐、塑形的目的的一项新兴运动。健美操以健、力、美为特征，集音乐、舞蹈和体操于一体。

健美操具有中低强度、持续一定时间的特点，它是一项全身性运动，由传统有氧健身运动发展而来。它是在氧气供应充足的情况下，为人体的有氧系统提供能量的一种运动形式，通过锻炼练习者的心肺功能，为其有氧耐力素质奠定良好的基础。

随着健身运动的快速发展和针对健身运动的研究越来越深入，人们对于健身有了越来越深的理解；同时，随着健身科学化程度和知识水平的不断提高，人们的健身需求也越来越个性化和多样化，这也使得健身具有了多样化的形式。健美操的内容也因多样化的健身形式而变得越来越丰富，并且简单易学、变化繁多，适合更为广泛的人群参与，健身效果也较为明显。同时，健美操降低了运动损伤的可能性。健美操既可美体又可健身，不受年龄、性别、场地、器材等的限制，可使全身各关节都得到充分活动，使各部位的肌肉都得到均衡发展，塑造出良好的体态。它既是一种大众健身方式，也是竞技运动的比赛项目之一。健美操的练习形式主要有3种，分别为徒手、手持轻器械和在专门器械上。健美操不仅能够达到健身、健心、健美的目的，还具有观赏性、竞技性和娱乐性。

健美操虽然发展历史不长，但被广大群众所接受和喜爱。健美操不仅突出动作的“健”和“力”的特点，更加强调“美”的因素，这使得健美操成为体育运动中极具观赏性的运动项目之一。随着现代生活水平的不断提高，人们对于健康观念的意识逐渐增强，在生活中开始增加对健康方面的投资。健美操在我国越来越受到人们的欢迎，已成为人们现代文明生活不可缺少的重要组成部分。

二、健美操的分类

同其他运动项目一样，健美操也是从娱乐、大众健身开始兴起的，并逐步被列为表演项目和竞赛项目。根据健美操的发展状况和未来的发展趋势，按照不同的目的和任务分类，健美操可分为健身健美操、竞技健美操和表演健美操三大类。

（一）健身健美操

健身健美操又称大众健美操，它以锻炼身体、保持健康为主要目的。健身健美操的音乐速度可以控制，动作简单，具有较强的实用性；动作多有重复，并以对称形式出现，以保证一定的运动负荷和全面的锻炼。在进行健身健美操练习时，要严格遵循健康、安全原则，根据自身实际情况对练习及时做出调整，练习时间可以延长，也可以缩短，练习要求较为灵活，以避免发生运动损伤，在确保安全的基础上，以达到锻炼身体的目的。

按照练习形式分类，健身健美操可分为徒手健美操、轻器械健美操和特殊场地健美操三大类（表11–1）。

表 11–1　健身健美操的分类

大类	徒手健美操	轻器械健美操	特殊场地健美操
小类	有氧健美操	踏板健美操	水中健美操
	搏击健美操	哑铃健美操	固定器械健美操
	拳击健美操	杠铃健美操	垫上健美操
	拉丁健美操	橡皮筋健美操	
		健身球健美操	

1. 徒手健美操

徒手健美操既包括一般意义上的有氧健美操，也包括能够使不同人群的需求和兴趣得到满足的各种不同风格的健美操。目前，有氧健美操受到了广大民众的欢迎。其目的主要是提高人体的有氧代谢能力和锻炼心肺功能。近年来，随着现代社会的快速发展和生活水平的提高，人们对健身的需求呈现出多样化趋势，这也使得徒手健美操创编出了很多不同的练习形式，如正在国内外流行的搏击健美操和拳击健美操。其主要练习目的是增强肌肉的力量和弹性与身体的柔韧性，尤其是搏击健美操练习对腰腹部力量的锻炼具有良好的效果。拉丁健美操的练习形式多以群体为主，具有动作变化丰富、规律性不强等特点，不仅能提高练习者的协调能力，而且能提高练习者的心理水平，因此深受年轻人的喜爱。

2. 轻器械健美操

轻器械健美操是健身健美操的一种，它主要采用轻器械，并以力量练习为主要内容。通常来说，采用各种可以移动的轻器械进行练习，既可以使健美操的练习效果得到进一步增强，也可以增加多样化的练习形式。就目前来看，利用轻器械进行的力量练习是发展最快，也是最受欢迎的健身项目。力量练习的主要目的是使练习者保持肌肉外形、增强肌肉力量和防止肌肉退化，从而延缓衰老，使人体更加健康。例如，踏板健美操通过增加踏板的高度来增加大腿部的运动负荷，在使运动量增加的同时，也使下肢关节的冲击力得到缓解，增加了动作编排的多样化。此外，哑铃健美操、杠铃健美操、橡皮筋健美操、健身球健美操等都能够使全身的肌肉得到锻炼，从而使肌肉力量得到有效提高。

3. 特殊场地健美操

特殊场地健美操因其所具有的特殊功效在国外得到了快速发展，但目前在国内开展较少。例如，水中健美操、固定器械健美操、垫上健美操等都是特殊场地健美操。其中，水中健美操在国外非常流行，是健美操的一种独特的表现形式。它可以使膝关节、踝关节在运动中所受到的来自地面的冲击力得到减轻，更为有效地减轻关节的负荷，同时利用水的阻力以及水传导热能较快的原理提升练习效果，以达到锻炼身体和减肥的目的，因此它深受广大中老年人、康复病人和减肥者的喜爱。固定器械健美操是将健身器械固定在某一处，练习者根据自身需要进行练习，进而达到锻炼身体的目的，如功率自行车。

（二）竞技健美操

竞技健美操的产生和发展是以健身健美操为基础的。目前，世界上对于竞技健美操的定义较为公认的是："竞技健美操是在音乐的伴奏下，完成连续复杂的和高强度动作的运动，该项目起源于传统的有氧健身舞。"

成套动作是竞技健美操的主要表现形式，在成套动作中运动员要综合运用7种基本步法和连续的动作组合，并在难度动作中进行完美的展现。

"竞赛、取胜"是竞技健美操的主要目的。针对其特定的竞赛规则和评分办法，在动作设计上要更加多样化，并严格避免重复动作和对称性动作，运动员（队）必须严格按照规定的项目和竞赛规则的要求进行科学的训练和比赛。竞技健美操竞赛规则对竞技健美操动作的完成、成套动作的编排和难度动作所占的比例等都做了非常严格的规定，并且对成套动作完成的时间、比赛场地和参赛人数也有非常明确的要求。根据比赛规模、比赛项目、参赛者年龄，竞技健美操可分为以下几类。

1. 按比赛规模分类

（1）国际比赛。

目前，国际上规模较大的竞技健美操比赛包括：① 世界健美操锦标赛，由国际体操联合会组织；② 世界健美操冠军赛，由国际健美操冠军联合会组织；③ 健美操世界杯赛，由国际健美操联合会组织。

（2）国内比赛。

我国正式的竞技健美操比赛包括：① 全国健美操锦标赛；② 全国健美操冠军赛；③ 全国青少年健美操锦标赛。

竞技健美操对队员的体能、表现力和技术水平等提出了更高的要求，这就使得队员为了获得更加优异的成绩，并力求不断创新，要将大量的难度动作加入成套动作，如空中转体成俯撑、各种大跳成俯撑等。

2. 按比赛项目分类

按比赛项目分类，竞技健美操可分为男子单人操、女子单人操、混合双人操、三人操、五人操、有氧舞蹈、有氧踏板。

3. 按参赛者年龄分类

按参赛者年龄分类，竞技健美操可分为成年组、青年组、少年组。运动员满18岁可以参加成年组比赛，少年组比赛在成套动作难度的选择上有所限制。

(三)表演健美操

表演健美操非常注重表演的效果，针对表演目的进行预先设计，并对成套的健美操动作进行创编和排练，人数没有限制，时间长短不一，但对表演的音乐效果、队形变化、动作设计，以及表演者的动作质量和表现力等有着较高的要求。就难度而言，表演健美操的动作难度比健身健美操的动作难度大，比竞技健美操的动作难度小，更加注重音乐风格、动作风格和表现力的协调和统一。

表演健美操更加强调表演者的表现力。表现力是表演者通过刚柔相济的肢体语言及与队友的默契配合来表达创编者的思想、音乐的情绪的一种能力。表现力往往能够感染观众、烘托气氛、增强表演的效果。

第二节　健美操基本知识与技术

一、健美操基本知识

(一)健美操场地的基本方位

在健美操中，运动员为了表明身体在场地上所处的方位，一般借鉴舞蹈中基本方位的术语。将某一面（如主席台、裁判台）定位为基本方位的第一点，按顺时针方向，每45° 为一个基本方位，把场地划分为8个基本方位，即1、2、3、4、5、6、7、8点。(图11-1)

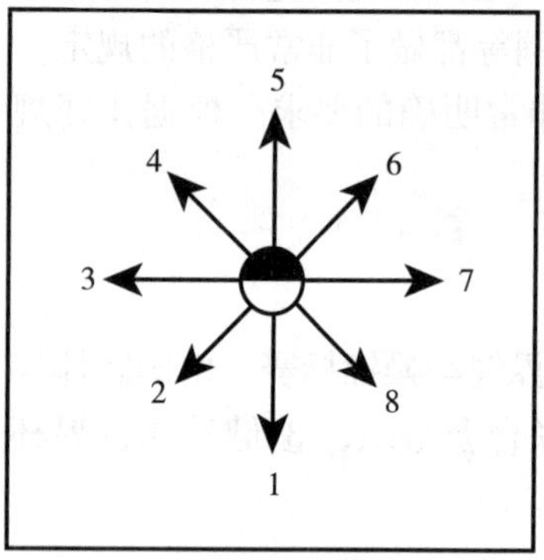

图 11-1　健美操场地的基本方位

(二)健美操的运动方向及连接过程

1. 健美操的运动方向

运动方向是指物体的运动趋势。健美操的运动方向是指在健美操中身体各部位运动的方向。健美操的运动方向一般由运动员直立时的基本方位来确定。

基本方位包括向前、向后、向上、向下、向侧、斜方向、中间方向、顺时针、逆时针、向内（肢体由两侧向身体正中线的运动)、向外（肢体由身体正中线向两侧的运动)、同向（不同肢体向同一方向的运动)、异向（上、下肢体向相反方向的运动）等。

2. 健美操的连接过程

连接过程是指一个连续动作的过程，用于表达动作的相互关系及先后顺序。健美操的连接过程表述为由、经、成、至、接。

由，指动作开始的方位。例如，由内向外。

经，指动作过程中经过的位置。例如，两臂经体前交叉。

成，指动作完成的结束姿势。

至，指动作必须到达的某一指定位置。

接，指两个单独动作之间连续完成。

（三）健美操的运动轴

人体的运动轴分为垂直轴、矢状轴和冠状轴或额状轴。健美操对运动员在运动中的姿态控制要求较高，特别是在竞技健美操成套动作的表现中，更需要运动员在成套动作展示中对自身运动轴进行近乎完美的控制。运动轴的控制不仅是为了提高成套动作的观赏性，更是完成难度动作时自我保护的方法之一。

1. 垂直轴

垂直轴指上自头侧、下至尾侧的人体的轴，与地平面相垂直。

垂直轴主要练习动作有直立位的垂直轴动作和倒立位的垂直轴动作。

（1）直立位的垂直轴动作技术要点。

① 静止：两腿伸直并立，头正直，上顶，下颌微收，双目平视，两肩下沉，两臂自然下垂，挺胸、收腹、立腰、夹臀、提气，保持两肩水平。

② 运动：头部保持正直，下颌微收，双目平视，挺胸、收腹、立腰、提气，始终保持运动时脊柱的生理弯曲。

（2）倒立位的垂直轴动作技术要点。

① 直立，两臂前上举，接着上体前屈，两手向前撑地（与肩同宽）。稍含胸，一只脚蹬地，另一侧腿后摆。当摆动腿摆至垂直上方时，蹬地腿向摆动腿并拢，顶肩立腰，脚尖向上顶，成手倒立。

② 手倒立的控制。当身体重心向前时，手指用力顶住，同时稍抬头拉肩。当身体重心向后时，掌根用力，稍冲肩。

2. 矢状轴

矢状轴是指由前至后，同时与垂直轴成直角交叉的轴。

矢状轴基础动作为侧手翻，同时侧手翻动作也可作为技巧内容融入竞技健美操成套动作。

侧手翻动作技术要点：两腿合拢挺直站立，两臂伸直举起，使手指尽可能举高，使其距地面的距离尽可能大。左腿向右侧迈一大步，两臂伸向前方。收腹，两臂和上体成直线，保证四肢完全伸直。落地时手掌与侧手翻方向成90°角，保持收腹并伸直四肢（不要塌腰），臀部尽可能远离地面，右脚落下并使上体、两臂和左腿成一条直线。

3. 冠状轴或额状轴

冠状轴或额状轴是指左右方向与水平方向平行，与前两个轴垂直的轴。冠状轴或额状轴基础动作为前滚翻，在竞技健美操成套动作中可出现前滚翻动作的技巧内容。

前滚翻动作技术要点：由蹲撑开始，重心前移，两腿蹬直离地，同时屈膝、低头、含胸、提臀，以头的后部为两手支点，前着垫，依次经颈、背、腰、臀向前滚动。当滚至背部着垫时迅速收腹屈膝，上体紧跟大腿团身抱膝成蹲立。

二、全民健身操基本技术

全民健身操以我国的秧歌步，红绸舞，戏曲中的山膀、云手等为基调，结合健美操的某些特点而创编，具有浓郁的民族风韵，融健身、艺术、情感、观赏为一体。全民健身操依据人体生理、心理特点，动作编排由上至下、由远及近，运动量、动作幅度由小到大，动作简便易学，适用于各年龄段的人。全民健身操具有提高人体各关节弹性、灵活性，有助于颈椎病、肩周炎、骨质增生等疾病的防治。

(一) 全民健身操基本姿态

由于全民健身操动作变化复杂多样，因此全民健身操基本姿态要求更多的是对身体躯干的姿态控制。全民健身操基本姿态要求：保持颈部脊柱的自然弯曲及颈部肌肉的控制，下颌微收，挺胸、收腹、立腰、提气，保持运动时胸部及腰部的自然弯曲。

(二) 全民健身操基本动作

全民健身操所有动作的变化和创新都是在基本动作的基础上发展起来的。只有掌握了基本动作，才能更好地结合全民健身操的特点，提高成套动作的准确性。

全民健身操基本动作包括头颈部动作、肩部动作、上肢动作、胸部动作、腰部动作、髋部动作、手部动作。

1. 头颈部动作

头颈部动作由屈、转、绕和绕环等动作组成。

(1) 屈。

屈是指头颈部关节的合理、主动弯曲，包括前屈、后屈、左屈、右屈。

(2) 转。

转指头颈部关节围绕身体垂直轴的转动，包括左转和右转。

(3) 绕和绕环。

绕和绕环是指头以颈部为轴心的圆形运动，包括左绕环和右绕环。

要求：在进行头颈部动作练习时，上身正直，头颈部移动的方向准确，颈部被动肌群充分伸展。

2. 肩部动作

肩部动作由提肩、沉肩、绕肩和肩绕环等动作组成。

(1) 提肩。

提肩是指肩胛骨做向上运动，包括单肩提、双肩提和依次提肩。

(2) 沉肩。

沉肩是指肩胛骨做向下运动，包括单肩沉、双肩沉和依次沉肩。

(3) 绕肩和肩绕环。

绕肩和肩绕环是指以肩为轴做360° 及以上的圆形运动，包括单肩前、后绕环和双肩同时或依次前、后绕环。

要求：在进行肩部动作练习时，身体保持直立，其他部位的肌肉不参与肩部动作过程。

3. 上肢动作

上肢动作由举、屈、绕和绕环、振等动作组成。

(1) 举。

举是指以肩关节为轴，手臂以直臂停止在某一位置的动作，包括单臂和双臂的前举、侧举、斜前举、斜上举、斜下举等。

(2) 屈。

屈是指肘关节的各种弯曲，包括胸前平屈、肩侧屈、肩上侧屈、肩下侧屈、肩上前屈、腰间屈、头后屈等。

（3）绕和绕环。

绕和绕环指以肩关节为轴，单臂或双臂向前、后、内、外做圆形运动。

（4）振。

振指以肩为轴，手臂用力摆至最大幅度，包括上举后振、下举后振、侧举后振。

要求：在进行上肢动作练习时，上身保持正直，位置准确，幅度大，力度达到身体最远端。

4. 胸部动作

胸部动作由含胸、挺胸、移胸、胸绕环等动作组成。

（1）含胸。

含胸指两肩自然放松，胸部主动向里收。

（2）挺胸。

挺胸指两肩自然放松，胸部主动向外挺。

（3）移胸。

移胸指髋关节固定，做胸部的左、右水平移动。

（4）绕胸。

绕胸指髋关节固定，胸部做360° 水平圆形运动。

要求：在进行胸部动作练习时，尽可能不要用肩部动作来对比表现胸部动作。

5. 腰部动作

腰部动作由屈、转、绕和绕环等动作组成。

（1）屈。

屈指下肢不动，上体沿矢状轴和水平轴的运动，包括前屈、后屈、左（右）侧屈。

（2）转。

转指下肢不动，上体沿垂直轴的转动，包括左转、右转。

（3）绕和绕环。

绕和绕环指下肢不动，上体沿垂直轴做弧线、圆形运动，包括左绕、右绕及左右绕环。

要求：在进行腰部动作练习时，身体尽可能向外延伸，幅度要大。

6. 髋部动作

髋部动作由顶髋、提髋、绕髋和髋绕环等动作组成。

（1）顶髋。

顶髋指两膝微屈，髋关节在水平轴做向前顶、向后收的动作，包括前顶、后顶。

（2）提髋。

提髋指两膝微屈，髋关节在矢状轴做向左、向右的动作，包括左提、右提。

（3）绕髋和髋绕环。

绕髋和髋绕环指髋关节做弧线、圆形运动，包括左绕、右绕及左右绕环。

要求：在进行髋部动作练习时，身体其他部位尽可能不参与运动。

7. 手部动作

手部动作包括并掌、开掌、花掌、立掌、拳、一指式和响指等。（图11–2）

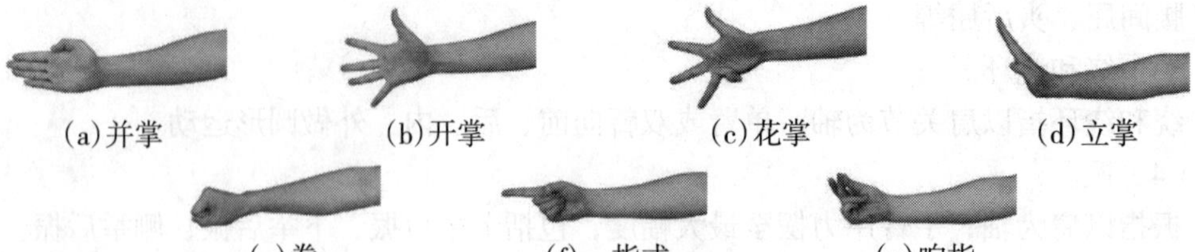

(a)并掌　(b)开掌　(c)花掌　(d)立掌　(e)拳　(f)一指式　(g)响指

图11-2　手部动作

（三）全民健身操基本步法

全民健身操基本步法是组成成套动作的最小元素，是全民健身操的一个重要组成部分，能培养练习者的协调性和节奏感。全民健身操基本步法以踝关节、膝关节和髋关节的弹动为基本技术。根据动作的强度高低分类，全民健身操基本方法可分为无冲击力动作类、低冲击力动作类和高冲击力动作类3类。

1. 无冲击力动作类

（1）提踵。

基本步法：两脚跟抬起，落下时稍屈膝。

要求：两脚夹紧，重心上提时，收紧腹部；落下时，屈膝缓冲。

变化动作：半蹲提踵、开腿提踵及开腿半蹲提踵等。

提踵

（2）弓步。

基本步法：一条腿向前方迈出一大步，为脚长的4~5倍，同时膝关节弯曲，大腿接近水平，膝关节与脚尖垂直，另一条腿挺膝伸直。两脚全脚掌着地，上体正对前方。左腿在前为左弓步，右腿在前为右弓步。

要求：前腿弓，后腿蹬；挺胸、塌腰、沉髋；两脚左右相距约一脚距离。

弓步

变化动作：左侧弓步、右侧弓步等。

（3）半蹲。

基本步法：两腿有控制地屈和伸。

要求：分腿半蹲时，两腿左右分开稍大于肩（与肩同宽），脚尖稍外开；屈膝时关节角度不得小于90°，膝关节对准脚尖方向，臀部向右45°方向下蹲，上体保持直立。

半蹲

动作变化：并腿半蹲、单腿半蹲等。

2. 低冲击力动作类

（1）踏步。

踏步

基本步法：开始动作时两腿原地依次抬起、落地。

要求：两腿依次抬起、落地，腿屈于体前，髋与膝保持弹动，踝关节动作清晰，动作由足尖滚动至脚跟；上体以脊柱为中轴线，保持自然直立，表现出腰腹的力量控制，无附加动作，以额状轴为准，踝关节充分伸展，髋与膝弯曲30°~40°。

动作变化：踏步移动、踏步转动等。

（2）走步。

基本步法：迈步向前走或向后退，然后做反向动作。向前走时，脚跟先落地，过渡到全脚掌；向后走时，动作相同，但方向相反。

要求：保持身体正直或略微向前倾。落地时，膝关节、踝关节有弹性地缓冲。

动作变化：左右走步、走步转身等。

（3）一字步。

基本步法：一只脚向前一步，另一只脚并于前脚，然后一次还原。

要求：向前迈步时，脚跟先着地，再过渡到全脚掌；向后均要有并腿过程；膝关节始终保持有弹性地缓冲。

动作变化：后一字步、斜45° 一字步等。

一字步

（4）V字步。

基本步法：一只脚向前侧方迈一步，另一只脚随后向另一方迈一步，成两脚开立，屈膝，然后依次退回原位。

要求：两腿膝关节、踝关节始终保持弹动状态，分开后成分腿半蹲，重心在两脚之间。

动作变化：后V字步、V字步转身等。

V字步

（5）漫步。

基本步法：一只脚向前迈出，屈膝，重心随之前移，另一只脚稍抬起，然后原地落下；或者一只脚向后撤一步，重心后移，另一只脚稍抬起，然后原地落下。

要求：两只脚始终保持交替落地，重心随动作前后移动，但始终在两脚之间。

动作变化：斜45° 漫步、半程漫步、漫步转身等。

漫步

（6）并步。

基本步法：一只脚迈出，另一只脚随之并拢屈膝点地，再向反方向迈步。

要求：保持身体正直或略微向前倾，两膝始终保持弹动状态。

动作变化：斜45° 并步、两次并步等。

并步

（7）迈步点地。

基本步法：一只脚向一侧迈出一步，两腿经屈膝移重心，另一只脚在前、侧或后用脚尖或脚跟点地。

要求：两膝始终保持弹动地屈伸，重心移动轨迹呈弧形；上体不要扭动。

动作变化：迈步点地转身、迈步组合点地等。

迈步点地

（8）迈步吸腿。

基本步法：一只脚迈出一步成弓步，另一侧腿顺前迈腿方向屈膝抬起，屈膝腿退回到弓步位，前弓步腿收回成并步。

要求：经过屈膝半蹲，抬膝时支撑腿稍屈膝。

迈步吸腿

动作变化：左右迈步吸腿、迈步多次吸腿、迈步吸腿转身等。

（9）迈步后屈腿。

基本步法：一只脚迈出一步，另一侧腿后屈。后屈腿收回到迈步腿位，迈步腿收回成并步。

迈步后屈腿

要求：经过屈膝半蹲，支撑腿稍屈膝，后屈腿的脚跟靠近臀部。

动作变化：左右迈步后屈腿、迈步多次后屈腿、迈步后屈腿转身等。

（10）侧交叉步。

基本步法：一只脚迈出一步，另一侧腿在其后交叉。随后再向侧迈一步，另一只脚并拢，屈膝点地。

侧交叉步

要求：第一步脚跟先落地，身体重心快速随着脚步移动，保持膝关节、踝关节的弹动状态。

动作变化：交叉转身等。

（11）脚尖前点地。

基本步法：一条腿稍屈膝站立，另一条腿伸出，脚尖前点地，然后还原为并腿姿势。

脚尖前点地

要求：支撑腿始终保持屈膝站立，并且随动作有弹性地屈伸。

动作变化：脚尖侧点地、脚尖后点地等。

（12）脚跟前点地。

基本步法：一条腿稍屈膝站立，另一条腿伸出，脚跟前点地，然后还原为并腿姿势。

脚跟前点地

要求：支撑腿始终保持屈膝站立，并且随动作有弹性地屈伸。

动作变化：脚跟侧点地等。

（13）吸腿。

基本步法：一条腿屈膝抬起，落下还原。

要求：支撑腿保持屈膝弹动，大腿上抬超过水平位置；上体保持正直。

吸腿

动作变化：交换吸腿、吸腿转身等。

（14）摆腿。

基本步法：一条腿稍屈膝站立，另一条腿向侧面抬起，然后还原。

要求：抬起腿不需要抬得很高，但要有控制；保持上体正直。

动作变化：左右摆腿等。

（15）踢腿。

摆腿

基本步法：一条腿稍屈膝站立，另一条腿直腿抬起，然后还原。

要求：踢腿时要保持直腿踢，要有控制；保持上体正直。

动作变化：左右侧踢腿等。

3. 高冲击力动作类

（1）跑。

基本步法：两腿依次腾空后，一条腿落地缓冲，另一条腿后屈或抬膝，两臂前后自然摆动。

要求：落地屈膝缓冲，脚跟要落地。

动作变化：移动跑、跑转身等。

（2）并腿纵跳。

并腿纵跳

基本步法：两腿并拢跳起。

要求：落地缓冲有控制。

动作变化：移动并腿纵跳、并腿纵跳转身等。

（3）点跳（小马跳）。

基本步法：一只脚蹬地跳起，同时另一只脚向跳起脚侧迈步落地。随着跳起脚落地，迈步脚点地于跳起脚足弓侧。

小马跳

要求：两脚轻快蹬落地，身体重心随之平稳移动。

动作变化：点跳转身等。

（4）分腿跳。

基本步法：两脚开立，与肩同宽，分腿屈膝半蹲，向上跳起。保持分腿落地，屈膝缓冲。

要求：屈膝半蹲时，大、小腿夹角不小于90°；在空中时要注意对身体的控制。

动作变化：移动分腿跳等。

（5）弹踢腿跳。

基本步法：一条腿站立，另一条腿先向后屈，然后向前下方弹踢，换腿完成反方向动作。弹踢腿跳通常以高冲击力的形式出现。

弹踢腿跳

要求：腿弹出时要有控制，保持上体正直。

动作变化：移动弹踢腿跳、弹踢腿跳转身等。

（6）后屈腿跳。

基本步法：一条腿站立，另一条腿向后屈膝。换腿完成反方向动作。

要求：支撑腿保持弹性，两膝并拢，脚跟靠近臀部。

动作变化：移动后屈腿跳、后屈腿跳转身等。

（7）开并步跳。

基本步法：由并腿跳起，分腿落地；然后由分腿跳起，并腿落地。

要求：分腿屈膝蹲时，两脚自然外开，膝关节沿脚尖方向屈，膝关节夹角不小于90°，脚跟落地。

动作变化：移动开并步跳、开并步跳转身等。

三、竞技健美操基本步法

在竞技健美操项目中，主要有以下7种基本步法。

1. *踏步*

竞技健美操踏步动作与全民健身操的低冲击力动作类中踏步的基本动作相同。

2. *后踢腿跑*

摆动腿最大限度地屈向臀部，髋关节保持直立或轻微弯曲或伸展，膝关节弯曲。脚面在最高位置时尽可能绷直，脚部动作表现为控制，动作表现为足尖滚动至脚跟的着地过程。整个动作过程中上体以脊柱为中轴线，保持自然直立；以额状轴为准，髋关节弯曲0°~10°，膝关节弯曲110°~130°，踝关节充分伸展。

动作变化：后踢腿跑移动、后踢腿跑转动等。

3. 弹踢腿

起始动作为髋部伸展的后踢腿跑，膝踝后屈至臀部，然后向前下方踢腿，髋弯曲30° ~45° ，膝关节弯曲0° ，完成一次弹踢腿。膝和髋的动作均要求看到，整个动作过程中表现出很好的控制，摆动腿表现出股四头肌的动作制动，上体以脊柱为中轴线，保持自然直立；以额状轴为准，髋关节弯曲30° ~45° ，膝由充分屈至完全伸直。

动作变化：左右侧弹踢腿、弹踢腿移动、弹踢腿转动等。

4. 吸腿跳

摆动腿表现出髋与膝的高程度弯曲，两关节最低要求均为90° 。当摆动腿抬至最高点时，小腿垂直地面，绷直脚背，举起腿脚背须在肌肉控制下绷直，支撑腿伸直，髋与膝关节最大弯曲接近10° 。整个动作过程中上体以脊柱为中轴线，保持自然直立，以额状轴为准，摆动腿髋与膝最小弯曲为10° 。

动作变化：左右侧吸腿跳、吸腿跳移动、吸腿跳转动等。

5. 踢腿跳

直腿高踢，踢起腿脚跟最低达到肩的高度，只做屈髋踢腿动作，腿伸直，膝关节没有动作。动作过程中脚面绷直，支撑腿伸直，髋关节与膝关节最大弯曲接近10° 。整个动作过程中上体以脊柱为中轴线，保持自然直立；以额状轴为准，髋关节弯曲150° ~180° ，膝关节充分伸直。

动作变化：左右侧踢腿跳、踢腿跳移动、踢腿跳转动等。

6. 开合跳

两脚向外跳开，膝关节自然弯曲，髋关节自然向外展开，两脚距离大于肩宽，膝关节、脚尖向外，起跳落地控制有力，动作精确。向内跳回，两脚跟并拢，脚尖向前或向外。整个动作过程中上体以脊柱为中轴线，保持自然直立；以矢状轴为准，分开腿的距离接近肩宽加两脚宽，髋关节与膝关节自然外开25° ~45° 。

开合跳

动作变化：开合跳移动、开合跳转动等。

7. 弓步跳

两脚并拢，髋关节不外展，一条腿向后蹬直，前后成一条直线，脚跟有控制地压低，两脚前后成一条直线，整个身体成一个整体移动。整个动作过程中上体以脊柱为中轴线，前后脚距离接近2~3个脚长。

弓步跳

动作变化：弓步跳移动、弓步跳转动等。

拓展阅读

健美操的特点

1. 强烈的节奏性

与其他运动项目相比，健美操是在音乐的伴奏下开展的，其动作具有很强的节奏性。除了练习本身所具有的功效之外，健美操被人们所接受和喜爱的一个重要原因就是现代音乐为健美操注入了活力。健美操因其较强的韵律感和节奏感，并且与运动相结合，体现出运动节奏、生理节奏、色彩节奏和时空节奏。健美操的身体练习是在节奏鲜明、欢快奔放的乐曲的伴奏下进行的。

音乐是健美操的重要组成部分。健美操音乐主要来源于现代音乐（如摇滚、爵士等）以及具有上述特点的民族乐曲。正是音乐所具有的强弱、快慢、长短、高低等节奏变化赋予了健美操一种鲜明的韵律感和时代气息。正是音乐在健美操中的应用才给健美操带来了生命力和感染力，起到了烘托氛围、激发锻炼者和观赏者情绪的作用。

2. 健身的安全性

强身健体、保持健康的体魄是健美操最本质的意义。健美操从运动时间、运动强度、运动负荷、运动节奏以及运动量等方面对运动所带来的一系列刺激结果的可行性进行了充分的考虑，它适合各种不同体质的人群进行锻炼。此外，健美操选在平坦的地面上进行，伴随着欢快的音乐，既保证了安全，也能达到较为理想的锻炼效果。

3. 广泛的群众性

健美操具有的特点是形式多样，运动量大小可调，易于控制，并且对于场地和器材没有过高的要求，不同年龄、性别、身体素质、技术水平的人都能从健美操中找到适合自己的方式，并从中感受到乐趣。健美操既能够给人们带来热情奔放的情感体验，又能够使现代人自娱自乐、追求健美的需要得到满足，得到了广大群众的喜爱，有着非常广泛的群众性。

4. 不断的创新性

健美操比赛要求，参赛的成套动作要具有创新性，运动环节中必须有一个动作是原创的，如若不然便不能作为优秀的成套动作。健美操的创新性主要表现在完成动作的技术风格和质量、动作的组合形式、成套动作的编排、集体动作的配合、队形的变化、音乐的选配、健美操器械以及教学方法手段不断推陈出新等方面，原有基本动作经过加工、提炼、操化，成为具有健美操风格的动作。在现代健美操发展过程中，对健美操动作进行不断的创编，是健美操得以长久发展的重要原因。

5. 优美的观赏性

健美操将以力量性为主的徒手动作作为基础，并在动作组合中将弹力、力度、力量、活力综合表现出来。健美操在追求人体健康与美丽的过程中融入了人体语言艺术和体育美学，成为极具观赏性的运动项目。健美操项目的运动特征主要表现在健、力、美方面。有史以来，对健、力、美的追求是人们追求身体健康的最高境界。健、力、美的特征在各种形式的健美操中都有所体现。它所形成的动作力量风格可将人体的健的风采、力的坚韧和美的神韵充分体现出来。

随着现代健美操竞技水平的不断提高与发展，套路新、难度高、节奏鲜明成为现代竞技健美操的发展方向和趋势。

思考与练习

1. 简述健美操的特点。
2. 简述健美操的连接过程。
3. 简述全民健身操基本动作。
4. 简述竞技健美操基本步法。

第十二章　啦啦操

第一节　啦啦操概述

一、啦啦操的概念

随着啦啦操的表现形式与价值效应的逐步拓展和彰显，啦啦操的概念与内涵也显得更加丰富。对于啦啦操的起源较为一致的认知是衍生于美国大学生橄榄球比赛中的呐喊助威活动，其率先在大学校园得到蓬勃发展，体现的是青春活力与积极向上的团队精神。

现代啦啦操的概念主要是指在音乐或口号的衬托下，借助标语、道具等表达手段，以徒手或手持轻器械的技巧动作或舞蹈动作为基本载体，以团队表演为主要呈现形式，通过展示各种具有强烈鼓舞性、感染性的身体动作，体现团队意识与集体主义精神，反映朝气蓬勃的精神面貌，具有竞技性、观赏性与表演性的一项体育运动。它的内容涉及音乐、身体动作、道具与口号，以及其蕴含的团队精神与文化。

二、啦啦操的分类

啦啦操是动作结构与内容形式较为多元的体育运动。依据动作表现、练习对象和表演场地等，啦啦操形成了多种分类方式。（图12–1）

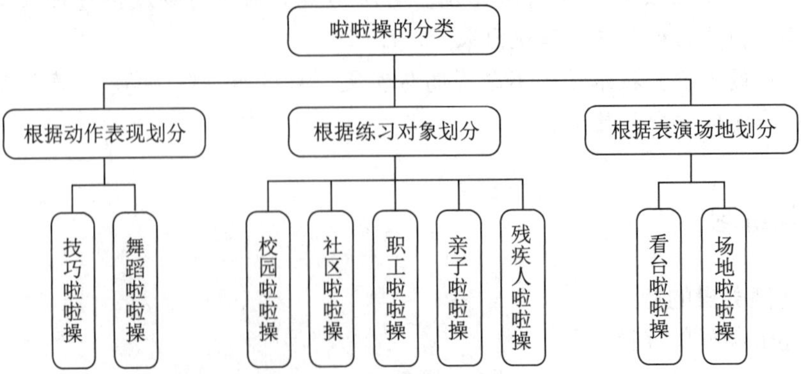

图12–1　啦啦操的分类

(一) 根据动作表现划分

根据动作表现划分，啦啦操可分为技巧啦啦操与舞蹈啦啦操。

1. 技巧啦啦操

技巧啦啦操是在音乐的伴奏下，以跳跃、翻腾、托举、抛接、金字塔组合等技巧性难度动作为主要内容，配合口号、啦啦操基本手位与舞蹈动作，以展示运动员高超的技能技巧、追求团队荣誉的运动。技巧啦啦操又分为双人技巧啦啦操、小团体技巧啦啦操和集体技巧啦啦操。技巧啦啦操的表演形式以团队协作为主。它的成套动作包括难度动作、舞蹈动作、过渡连接与口号等基本内容。其中，难度动作内容包括抛接类、托举类、翻腾类、金字塔类四大类，是参赛运动员技能技巧最高水平的展示。成套动作编排包括音乐的选择与制作、口号与道具的使用、队形与造型的设计、难度动作的编排、服饰风格的选配等诸多要素。

2. 舞蹈啦啦操

舞蹈啦啦操是以结合道具展示各种舞蹈技巧和元素为基本内容的团队竞赛项目。舞蹈啦啦操又可分为花球啦啦操、街舞啦啦操、爵士啦啦操、高踢腿啦啦操和自由舞蹈啦啦操。

（1）花球啦啦操。

花球啦啦操是舞蹈啦啦操中特有的一个项目，它通过集体动作的层次与队形变化获得良好的视觉冲击与美的效果。花球啦啦操的技术包括制动技术与难度技术。其基本动作包括32个基本手位，有统一的动作规格，且对动作力度与控制均有很高的要求。

（2）街舞啦啦操。

街舞啦啦操是以街舞风格的动作为主要内容的啦啦操，它重点强调练习者身体的控制、执行、舞蹈风格的创意、节奏与音乐旋律的统一性。街舞啦啦操不是街舞动作与文化的单纯演绎，而是街舞与啦啦操的结合，是通过街舞风格的动作元素诠释啦啦操的文化特质，将街舞中蕴含的个性、帅气与潇洒的街头文化适时地融入啦啦操时尚、活力、青春的团队表演。

（3）爵士啦啦操。

爵士啦啦操是融入了爵士舞蹈技术动作的啦啦操，它强调动作表现的技术、伸张、控制、身体位置、风格，以及连续性与团队的统一性。爵士啦啦操将爵士舞的自由个性与啦啦操的热情奔放、团结协作融为一体，即通过爵士舞的自由活力来展示啦啦操的青春美。

（4）高踢腿啦啦操。

高踢腿啦啦操注重运动员的控制和身体高度的一致性、柔韧性，以及踢腿动作与踢腿组合的创造性与多样性，强调踢腿动作的精度、定时、控制、技术和高度。高踢腿啦啦操表现出情感性、审美性，以及造型美与层次美的艺术特征。

（5）自由舞蹈啦啦操。

自由舞蹈啦啦操是舞蹈与啦啦操的有机结合，是青少年及社会各界人士在紧张学习与工作之余的一种积极性休息，也是各行各业文化建设的重要内容。自由舞蹈啦啦操是区别于花球啦啦操、街舞啦啦操与爵士啦啦操的其他任何舞蹈形式的舞蹈啦啦操。它通过其他的舞蹈风格来展示啦啦操的特点与文化。其动作包括民族舞、现代流行舞蹈等多种元素，表演形式灵活多变，编排风格不拘一格。

（二）根据练习对象划分

根据练习对象划分，啦啦操可分为校园啦啦操、社区啦啦操、职工啦啦操、亲子啦啦操和残疾人啦啦操。其中，校园啦啦操主要适合于青少年参与，侧重于丰富校园体育文化，助力青少年身心健康成长；社区啦啦操主要面向中老年群体，融入社区体育文化与助力全民健身发展；职工啦啦操主要针对企事业单位的职工开展，侧重于促进职工的身体健康与增强职工凝聚力；亲子啦啦操主要是以家庭为单位参与的啦啦操，有助于家庭和谐，促进家庭体育的发展；残疾人啦啦操是符合残疾人身心特点的啦啦操，参与对象主要为残疾人。针对不同练习对象的身心特点与需求，编排出适合参与者健身、表演或比赛的啦啦操成套动作，既能充分发挥啦啦操的健身价值与休闲娱乐价值，又能表现其青春活力与健康快乐的文化特质。

（三）根据表演场地划分

根据表演场地划分，啦啦操可分为看台啦啦操与场地啦啦操。其中，看台啦啦操是在指挥员的统一指挥下，观众席上的啦啦操运动员通过口令、道具与变换的图形，完成击掌、人浪等助威动作，集中展示啦啦操运动员助威技巧与风貌的运动。场地啦啦操是在音乐的衬托下，通过运动员完成高超的啦啦操特殊运动技巧，结合各种舞蹈动作，体现青春活力、健康向上的团队精神，并追求团队荣誉感的一项体育运动。

第二节　啦啦操基本手位与技术

一、啦啦操的32个基本手位

啦啦操的32个基本手位如图12-2所示。

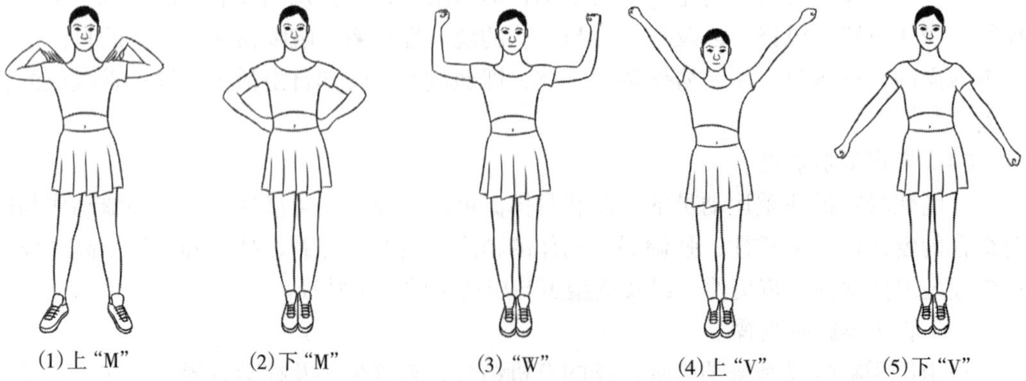

(1)上“M”　(2)下“M”　(3)“W”　(4)上“V”　(5)下“V”

图12-2　啦啦操的32个基本手位

图 12-2　啦啦操的 32 个基本手位(续)

（26）小弓箭　（27）高冲拳　（28）侧下冲拳　（29）斜下冲拳　（30）斜上冲拳

（31）短箭　（32）侧上冲拳

图 12-2　啦啦操的 32 个基本手位（续）

二、啦啦操的动作发力技术

（一）快速定位

快速定位是指运动员在完成成套动作时不仅发力迅速，而且能够快速、准确地到达标准位置，没有晃动。从生物力学角度来看，快速发力需要整个身体协同一致，下肢是提供力量的原动力，经躯干、肩部传至手臂、指尖，身体各部位形成完整的力量传递链。只有快速定位才能够保障啦啦操成套动作内容丰富、激情四射、瞬息万变。

（二）路径直接

路径直接是指动作转换时移动的路线干脆、清晰、直接，从A点至B点使用最有效的移动路线。路径转换可分为以下2种。第一种是点式路径转换。例如，从屈臂到直臂（从加油手位到达上“V”手位或到达“T”手位），由肩部带动肘关节，经肘关节将力量传达至手指尖，从屈臂最快到达直臂的路线过程。第二种是线式路径转换。例如，从直臂到直臂（从上“V”手位到达下“V”手位、从“T”手位到达侧“K”手位等），由肩部肌群发力，肘关节始终保持伸直，直线路径到位。运动员在完成手位动作时，要避免因为发力错误或是本身能力不足而产生代偿反应，出现路线偏离的现象。

（三）动作清晰

动作清晰是指完成所有动作时的精准性，每个动作均要求有照片成像的定位感。为了更好地突出舞蹈动作的幅度和展示的视觉效果，手位的控制在不超过身体额状面范围的情况下，应尽可能延展。

（四）重心稳定

重心稳定是指完成所有动作均需控制重心。在动作快速变化的情况下，无论是舞蹈动作连接技术技巧，还是过渡动作连接手位动作，都需要很好地控制重心的转换，用稳定、准确的身体姿态展示动作完成的全过程。例如，运动员在进行队形变化时，需要将平稳地移动和快速地转换重心相结合，即将重心下沉，利用身体与地面的作用力和反作用力，用自然稳定的发力方式完成重心的移动。切忌只是膝关节弯曲成下蹲的姿态进行移动，腿部未主动与地面产生作用力，这样看起来既不美观，本质上也未能达到很好的重心转移效果。

拓展阅读

中国啦啦操的发展

啦啦操通过美国职业篮球联赛传入我国，首先在高校发展。自1998年全国大学生篮球联赛诞生以来，为其加油呐喊的啦啦操表演应运而生，各高校充满活力和洋溢着青春气息的啦啦操表演给观众留下了深刻的印象，成为篮球场上一道亮丽的风景线。

2001年，我国首次举办了全国性啦啦操比赛。当时，中国大学生健美操艺术体操协会（以下简称两操协会）在广州举办了迎九运全国首届大学生动感啦啦队挑战赛，共23支队伍参加，在全国高校中引起了较大反响，既充分展现了大学生青春、动感、健康的一面，也标志着啦啦操在中国体育史上写下了第一页。

2004年，两操协会组织编排了4个成套动作，首次系统地进行了啦啦操相关理论和技术的培训，出版了动作教学光碟，并将此项目列为两操协会的正式比赛项目。

2006年，我国首次组队参加在美国奥兰多举行的世界啦啦操锦标赛，本次比赛吸引了来自 20个国家和地区的60多支队伍、上千名运动员参加。初登世界舞台的中国啦啦操参赛代表团不畏强手、勇于表现，所参加的3个组别均有收获，其中广西大学附属中学取得了全女子组的亚军，其他5所学校获得2个二等奖、3个三等奖，得到了世界啦啦操同行的关注和认可。

2008年，举世瞩目的北京奥运会隆重举行，其中"有特色"的体现就是要把主办国的文化结合到体育项目中，这在很大程度上需要依靠体育展示的现场表演。北京奥运会体育展示现场表演形式有啦啦操、民族舞、杂技、武术等。其中，啦啦操表演与赛场内外的观众进行的互动交流加深了广大群众对啦啦操项目的认知。

2009年，国家体育总局体操运动管理中心开始正式管理啦啦操项目。

2010年，我国推出首套全国性啦啦操教材《第一套全国啦啦操规定动作》。

2021年，我国已推出《第三套全国啦啦操规定动作》《第三套校园啦啦操示范套路》《全国啦啦操七彩星级规定动作》《全国教科文卫体系统职工啦啦操》等多套啦啦操系列教材。

虽然啦啦操在我国起步较晚，但随着啦啦操在我国20多年的蓬勃发展，这项运动以其热情奔放、青春活力和积极向上的正能量，受到了越来越多人的关注、喜爱与认可。

思考与练习

1. 简述啦啦操的概念。
2. 简述啦啦操的分类。
3. 简述啦啦操的基本手位。
4. 简述啦啦操的动作发力技术。

第十三章　体育舞蹈

第一节　体育舞蹈概述

体育舞蹈，又称国际标准舞，简称国标舞，它由社交舞转化而来，是竞技体育与艺术表演高度结合的一项体育项目；是一项男女为伴的步行式双人舞的竞赛项目；是以身体舞动为基本内容，双人或集体配合，既有娱乐健身作用又具有竞技表演性的体育运动。它将艺术、体育、音乐等融为一体，被人们誉为“健”与“美”的典范，是世界通用的“情感语言”。

社交舞有着悠久的历史，经过几百年的演变过程形成了人们熟悉的布鲁斯、慢华尔兹、狐步、快华尔兹、快步、伦巴、探戈7种体育舞蹈。

按舞蹈的风格和技术结构分类，体育舞蹈分为摩登舞和拉丁舞两大类。按竞赛项目分类，体育舞蹈可分为摩登舞、拉丁舞和团体舞3类。其中，摩登舞包括华尔兹、探戈、狐步、快步和维也纳华尔兹5种，拉丁舞包括桑巴、恰恰恰、伦巴、斗牛舞和牛仔舞5种。这10个舞种均有各自的舞曲、舞步及风格。各舞种根据舞曲和动作要求，组编成各自的成套动作。团体舞是摩登舞或拉丁舞的混合舞，由 8 对选手组成，借助音乐的引导，将5种舞蹈在变化莫测的队形变化中编织出丰富多样的图案。它将音乐、舞姿、队形、图案和选手的和谐配合融为一体，达到了完美的统一，使体育舞蹈的风格特点得到了更为鲜明的体现。

第二节　体育舞蹈基本技术

体育舞蹈中的摩登舞又称标准舞。摩登舞的特点是由贴身握抱的姿势开始，沿着舞程线逆时针方向绕场行进。其步法规范严谨，上体和胯部保持相对稳定挺拔，完成各种前进、后退、横向、旋转、造型等舞步动作，舞姿端庄典雅；曲调大多抒情优美，旋律感强；服饰雍容华贵，一般男着燕尾服，女着过膝蓬松长裙。

拉丁舞的特点是舞伴之间可贴身，也可分离，各自在固定范围内辐射式地变换方向、角度，展现舞姿。其步法灵活多变，舞者通过对胯部及身体的不同摆动来完成各种舞步，表现各种风格。拉丁舞舞姿妩媚潇洒，婀娜多姿；风格生动活泼，热情奔放；曲调时而缠绵浪漫，时而活泼热烈，节奏感强；着装浪漫洒脱，男着上短下长的紧身或宽松装，女着紧身短裙，以显露女性的曲线美。

体育舞蹈基本技术可分为个人技术和双人技术。其中，个人技术包含摩登舞和拉丁舞10个舞种基本步法的动作技术，以及双人合舞时男、女舞步的动作技术。双人技术分为舞伴之间的配合、男女舞伴之间的引导与跟随。此外，体育舞蹈的技术还包括单人独舞和双人合舞时，根据舞种的特点，对时间、空间的把握以及音乐演绎和节奏的处理、临场的发挥等技术。

根据舞蹈风格和技术特点，摩登舞技术主要分为升降技术、倾斜摆荡技术、旋转反身技术、足部技术和重心的转移，拉丁舞技术包含胯部转动、胯部和腰部摆荡、胯部的收缩、膝关节和脚踝的弹动技术、旋转跳跃技术、足部技术和重心的转移。

表13–1为体育舞蹈10个不同舞种的风格特点及技术特点。

表 13–1　体育舞蹈 10 个不同舞种的风格特点及技术特点

舞种名	英文名	发源地	节拍	速度（小节 / 分）	风格特点	技术特点
华尔兹	Waltz	德国	3/4	28~30	舞曲旋律优美抒情，舞步起伏连绵，舞姿华丽典雅	每小节 3 拍为 1 组舞步，每拍 1 步，第 1 拍为重拍，3 步一起伏循环。通过膝、踝、足底、跟掌趾的动作，结合身体的升降、倾斜、摆荡，带动舞步移动
探戈	Tango	阿根廷	2/4	30~34	舞曲节奏带有停顿并强调切分音；舞步顿挫有力，潇洒豪放	舞步有快步和慢步之分，快步（Quick）占半拍，用 Q 表示；慢步（Slow）占 1 拍，用 S 表示。基本节奏是慢—慢—快—快—慢（S—S—Q—Q—S）；身体无起伏、无升降、无旋转；表情严肃，有左顾右盼的头部闪动动作
维也纳华尔兹	Viennese Waltz	奥地利	3/4	56~60	舞曲旋律流畅华丽，节奏轻松明快；舞步平稳轻快、翩跹回旋、热烈奔放；舞姿高雅庄重	每小节为 3 拍，第 1 拍为重拍，第 4 拍为次重拍。基本步法是：6 拍走 6 步，2 小节为一循环，第 1 小节为 1 次起伏。基本动作是：左右快速旋转步，完成反身、倾斜、摆荡、升降等技巧
狐步	Foxtrot	美国	4/4	28~30	舞步流畅平滑，步幅宽大；舞姿优雅、从容、飘逸，似行云流水	每小节为 4 拍，第 1 拍为重拍，第 3 拍为次重拍。基本步法是：4 拍走 3 步，每 4 拍为 1 循环。舞步分快、慢步，第 1 步为慢步（S），占 2 拍；第 2、第 3 步为快步（Q），各占 1 拍。基本节奏为慢—快—快（S—Q—Q）。以踝、足底、跟掌趾的动作完成升降、起伏，注重反身、肩引导和倾斜技术

续表

舞种名	英文名	发源地	节拍	速度（小节 / 分）	风格特点	技术特点
快步	Quick Step	美国	4/4	48~50	舞曲明快；舞步轻快灵活，跳跃感强，轻快欢乐	每小节 4 拍，第 1 拍为重拍，第 3 拍为次重拍。舞步分快步和慢步：快步用 Q 表示，时值为 1 拍；慢步用 S 表示，时值为 2 拍。基本节奏是慢—慢—快—快—慢（S—S—Q—Q—S）。舞步组合有跳步、荡腿、滑步等动作
伦巴	Rumba	古巴	4/4	27~29	舞曲柔美抒情；舞姿舒展优美、婀娜多姿	每小节 4 拍。舞曲旋律的特点是强拍落在每小节的第 4 拍上。舞步从第 4 拍起跳，由 1 个慢步和 2 个快步组成。4 拍走 3 步，慢步占 2 拍（第 4 拍和下一小节的第 1 拍），快步各占 1 拍（第 2 拍和第 3 拍）。胯部摆动 3 次。胯部动作是由控制重心的一只脚向另一只脚移动而形成向两侧的“∞”形摆动
恰恰恰	Cha-cha-cha	墨西哥	4/4	30~32	舞曲热情奔放；舞步花哨利落，步频较快	每小节 4 拍，强拍落在第 1 拍上。4 拍走 5 步，包括 2 个慢步和 3 个快步。第 1 步踏在第 2 拍上，时间值占 1 拍；第 2 步占 1 拍；第 3、第 4 步各占半拍；第 5 步占 1 拍，踏在舞曲的第 1 拍上。胯部每小节向两侧摆动 6 次
桑巴	Samba	巴西	2/4 或 4/4	52~54	舞曲热烈奔放；舞步流动性大，律动感强；步法摇曳紧凑	每小节完成 1 个基本舞步。舞步在全脚掌踏地和半脚掌垫步之间交替完成，通过膝关节上下屈伸弹动，全身前后摇摆，并沿着舞程线绕场行进，属“游走型”舞蹈
牛仔舞	Jive	美国	4/4	42~44	舞曲热情、欢快，舞步敏捷、跳跃，舞姿轻松	基本舞步由踏步、并合步，结合跳跃、旋转等动作组合而成。要求脚掌踏地，腰和胯做钟摆式摆动
斗牛舞	Paso Doble	法国	2/4	60~62	舞步流动性大，动静鲜明，力度感强，发力、收步敏捷	音乐为进行曲，1 拍 1 步，8 拍一循环，沿着舞程线绕场行进，属“游走型”舞蹈。舞姿挺拔，无胯部动作及过分膝关节屈伸。用踝关节和脚掌平踏地面完成舞步

体育舞蹈这些运动技术可归纳为控制技术、弹动技术、抛物状和螺旋状的运动技术、髋部和腰部扭摆技术。

一、控制技术

在体育舞蹈中，每名运动员都需要对肌肉进行控制和对肢体进行拉伸，进而将每个舞蹈动作做到位。每套舞蹈动作的完成都需要运动员合理协调身体的每个部位，如颈部、肩部、四肢等，这些部位都能灵活运动才能保持身体的平衡。因此，一名出色的体育舞蹈运动员要达到审美要求与技术要求的统一就要严格掌握身体的控制技术。

二、弹动技术

弹动技术主要依靠踝关节、膝关节、髋关节的屈伸缓冲进行。在体育舞蹈中，肌肉发力的动作要和关节缓冲的动作共同完成。这两个动作同时完成不仅能够展现出体育舞蹈运动员优美的舞姿，将整场舞蹈带入高潮，还能很好地保护关节和肌肉。

三、抛物状和螺旋状的运动技术

华尔兹与维也纳华尔兹舞步的运动呈抛物状和螺旋状。在做抛物状的运动时脚的动作要迅速，其他部位也要配合；在做螺旋状的运动时，要确保动作到位且美观，不仅需要躯体有效控制肌肉的力量，还要求身体灵活掌握反身技术。反身技术通过运用地面与人体间的作用力与反作用力把力量传递给髋部，再由腰部强烈地推进而实现。这种运动技术要求体育舞蹈运动员有很强的肌肉力量。

四、髋部和腰部扭摆技术

在体育舞蹈中，有些特殊的舞步如伦巴、恰恰、桑巴等需要髋部和腰部在多维空间做上下、前后、左右的摆动动作。这就要求体育舞蹈运动员掌握髋部和腰部扭摆技术。

拓展阅读

体育舞蹈的基本术语

1. 舞程向

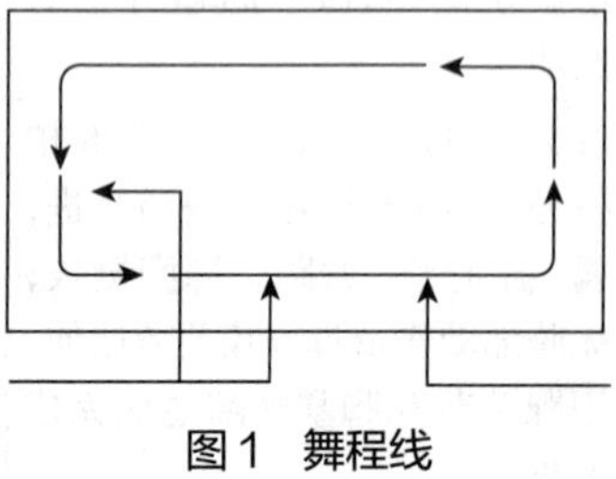

图1　舞程线

在同一舞池中，为避免舞者相碰撞而规定了必须按逆时针方向行进。这一行进方向称为舞程向。

2. 舞程线

沿舞程向方向行进的路线称为舞程线，如图1所示。

3. 舞姿

舞姿泛指舞者跳舞的姿态。舞姿主要分为以下几种。

（1）合对位舞姿（闭式舞姿）。

合对位舞姿（闭式舞姿）泛指男女面对面两手扶握的身体位置。“合”指男女交手握抱，“对”指男女面对面。

（2）侧行位舞姿。

侧行位舞姿指男舞者的右侧身体与女舞者的左侧身体贴靠，身体的另一侧略向外展开呈“V”字形的站立或行进的身体位置。

（3）外侧位舞姿。

外侧位舞姿指在摩登舞中，男女舞者的一侧脚向舞伴同侧脚的外侧（右外侧或左外侧）前进所形成的身体位置。

（4）并肩位舞姿。

并肩位舞姿指在拉丁舞中，男女舞者面对同一方向肩臂相并的身体位置。以男舞者为基准，男舞者左肩与女舞者右肩相并称为“左并肩位”，男舞者右肩与女舞者左肩相并称为“右并肩位”。

（5）影子位舞姿。

影子位舞姿指男女舞者面向同一方向重叠而立，形影相随的身体位置，以女舞者居前较常见。

4. 反身动作

反身动作是指当一侧脚前进或后退时，同侧肩和胯后让或前送，使身体与舞步形成反向配合的身体动作。

5. 反身动作位置

在身体不转动的情况下，一只脚在身前或身后形成交叉，以保证两人身体维持相靠姿态的身体位置称为反身动作位置。该位置常用于外侧位置姿态、侧行位置姿态的舞步。

6. 升降动作（起与伏）

升降动作（起与伏）指在跳舞时身体的上升与下降。升降动作是在膝关节、踝关节、趾关节的屈和伸动作的转换中完成的。

7. 倾斜动作

倾斜动作指在跳一些舞步时身体的倾斜。从形体上讲，它是指肩的平衡线向左或向右倾斜，它与地面的水平线成三角斜线。

8. 节奏

节奏通常指以一定规律反复出现、赋予音乐以性格的具有特色的节拍。

9. 速度

这里的速度指音乐速度，即每一分钟内所演奏的小节总数。

10. 准线

准线是指两脚的位置或两脚方向与场地的关系。

11. 平衡

平衡是指舞蹈中身体重心的准确分配。

12. 基本舞步

基本舞步是指构成一种特定舞蹈的基调舞步。

13. 踌躇步

踌躇步是指前进暂时受阻的舞步或部分重心停留于一只脚超过一拍的舞步。

14. 锁步

锁步是指两脚前后交叉的舞步。

15. 脚跟转

脚跟转是指向后迈出的脚的脚跟旋转。在动作过程中，并上的脚必须与主力脚平行，旋转结束时身体重心移动至并上的那只脚。

16. 脚跟轴转

脚跟轴转是指不变重心的单一脚跟旋转。

17. 开式转

开式转是指第三步不是并靠而是超越第二步的旋转。

18. 轴转

轴转是指一只脚脚掌旋转，另一只脚处于或前或后的反身动作位置。

思考与练习

1. 简述华尔兹的风格特点及技术特点。
2. 简述探戈的风格特点及技术特点。
3. 简述维也纳华尔兹的风格特点及技术特点。
4. 简述伦巴的风格特点及技术特点。
5. 试述体育舞蹈的控制技术。

第十四章　健美运动

第一节　健美运动概述

健美运动是指通过徒手或器械的抗阻练习，以运动解剖学、运动力学、运动训练学、人体美学等为理论指导，为锻炼肌肉、增强力量、塑造体形、提高体能等而进行专门训练的体育项目。与追求最大力量和爆发力的举重相比，健美运动更多的是展示人体肌肉的饱满、清晰、匀称之美。

健美运动按照不同目的可分为竞技健美运动和大众健美运动。其中，竞技健美运动是专业健美选手为在比赛中取得好名次而专门从事的一项运动，其平时训练都是紧密围绕比赛评判标准而进行的，如肌肉的大小、线条、匀称度等。大众健美运动是健美爱好者根据自身的不同需求（如锻炼肌肉、减脂塑形、强身健体等）而进行的一项运动。

第二节　健美训练的技术动作

一、胸部训练

（一）平板卧推

主要参与肌肉：胸大肌、三角肌前束、肱三头肌。

平板卧推

起始姿势：仰卧平躺在长凳上，使头部、背部和臀部触及凳面，两脚自然分开，略宽于肩，两脚平踏在地面上。腹背自然收紧，两肩下沉，背后的肩胛骨适度收紧。两手握杠略宽于肩，伸直两臂，将杠铃举起在胸部正上方，两臂垂直于地面。

动作过程：杠铃下放时，胸肌保持退让用力，使杠铃平稳、缓慢、匀速地下降至胸部，稍作停顿后，胸肌主动收缩发力，将杠铃垂直于地面平稳推起至起始位置。在练习过程中，下放时吸气，上推时呼气；全身适度收紧，保持身体和杠铃的总体平稳，不要晃动。

易犯错误：过多集中肱三头肌和三角肌前束的力量，减弱胸肌的主导发力，将正确的挺胸沉肩姿势变成含胸耸肩姿势。

（二）上斜卧推

主要参与肌肉：胸大肌上部、三角肌前束、肱三头肌。

起始姿势：仰卧在板面与地面成15°~45°角且可以调节的上斜卧推板上，头高脚低，使头部、背部和臀部触及凳面，两脚自然分开，略宽于肩，两脚踏在架板或地面上。腹背自然收紧，两肩下沉，背后的肩胛骨适度收紧。两手握杠略宽于肩，两臂伸直并垂直于地面。

上斜卧推

动作过程：杠铃在整个下降过程中与地面保持平行，胸肌退让用力，使杠铃平稳、缓慢、匀速地下降至胸锁骨处，稍作停顿后，胸肌主动收缩发力，将杠铃按下降路线推起至起始位置。在练习过程中，下放时吸气，上推时配合用力缓慢呼气；全身适度收紧，保持身体和杠铃的总体平稳，不要晃动。

易犯错误：过多地以肱三头肌和三角肌前束发力，减弱了胸肌的主导发力；杠铃上下移动与上体垂直，导致手臂受力过大，难以支撑大重量，容易出现危险事故。

（三）下斜卧推

主要参与肌肉：胸大肌下部、三角肌前束、肱三头肌。

起始姿势：仰卧在板面与地面成15°~45°角且可以调节的下斜卧推板上，头低膝高，使头部、背部和臀部触及凳面，两腿自然分开，两脚固定在挡托上。腹背自然收紧，两肩下沉，背后的肩胛骨适度收紧。两手握杠略宽于肩，两臂伸直并垂直于地面。

下斜卧推

动作过程：杠铃在下降过程中与地面保持垂直，胸肌发力控制住杠铃，使它平稳、缓慢、匀速地下降至胸下部处，稍作停顿后，胸肌主动收缩发力，将杠铃按下降路线推起至起始位置。在练习过程中，下放时吸气，上推时配合用力缓慢呼气；全身适度收紧，保持身体和杠铃的总体平稳，不要晃动。

易犯错误：肱三头肌和三角肌前束发力过多，胸肌的发力减少；杠铃下降和上推路线与上体垂直，使手臂受力过大，难以支撑大重量，容易出现危险事故。

（四）平卧哑铃飞鸟

主要参与肌肉：胸大肌、三角肌前束。

起始姿势：仰卧平躺在长凳上，使头部、背部和臀部触及凳面，两腿分开，略宽于肩，两脚平踏在地面上。腹背收紧，两肩下沉。两手握住哑铃，手心相对，手臂向上伸直与肩同宽，并垂直于地面。

动作过程：用胸大肌的力量控制哑铃向身体两侧慢慢张开，直至上臂略低于肩的水平面，使胸部肌肉有充分的牵拉感，下放时手肘的角度大于直角。在向上推举的过程中，集中胸大肌的收缩力使哑铃向胸正上方靠近，直至两臂各垂直于地面。在练习过程中，呼吸为下吸上呼，肘关节角度不变，两臂与肩始终在一条线上，保持身体稳定、不晃动。

平卧哑铃飞鸟

易犯错误：外展内收练习过程中，两臂与肩不在一条直线上，肘关节角度发生变化，并小于直角，肱二头肌参加发力，减弱了胸肌用力。

（五）上斜哑铃飞鸟

主要参与肌肉：胸大肌上部、三角肌前束。

起始姿势：仰卧在可调节的上斜凳上，头高脚低，板面与地面成15°～45°角，使头部、背部和臀部触及凳面，两脚分开，略宽于肩，两脚平踏在地面上。腹背收紧，两肩下沉。两手握住哑铃，手心相对，手臂向上伸直与肩同宽，并垂直于地面。

上斜哑铃飞鸟

动作过程：用胸大肌的力量控制哑铃，两臂各自向身体两侧慢慢张开，直至胸部肌肉有充分的牵拉感，手肘稍微弯曲。在向上夹胸收缩的过程中，集中胸大肌的收缩力使哑铃向胸正上方靠近，直至两臂各垂直于地面。在练习过程中，呼吸为上呼下吸，肘关节角度不变，两臂与肩始终在一条线上，保持身体稳定、不晃动。

易犯错误：起始时手臂没有和地面保持垂直，肘关节弯曲角度过大或过小，使手臂参与发力，减弱了胸肌用力。

（六）下斜哑铃飞鸟

主要参与肌肉：胸大肌下部、三角肌前束。

起始姿势：仰卧在可调节的下斜板上，脚高头低，板面与地面成15°~45°角，使头部、背部和臀部触及凳面，小腿固定在挡板上。腹背收紧，两肩下沉。两手握住哑铃，手心相对，手臂向上伸直与肩同宽，并垂直于地面。

下斜哑铃飞鸟

动作过程：胸大肌退让性用力，控制哑铃缓慢、匀速地向身体两侧慢慢张开，直至上臂略低于肩的水平面，胸部肌肉有充分的牵拉感。在向上夹胸收缩的过程中，集中胸肌的收缩力使哑铃向胸上方靠近，直至两臂各垂直于地面。在练习过程中，呼吸为上呼下吸，肘关节角度不变，两臂与肩始终在一条线上，保持身体稳定、不晃动。

易犯错误：在向上夹胸发力时，前臂弯曲，移动幅度减小，使胸肌用力不充分。

（七）俯卧撑

主要参与肌肉：胸大肌、三角肌前束、肱三头肌。

起始姿势：两手支撑在地面上，略宽于肩，两臂伸直并垂直于地面，两腿伸直，脚尖并拢触地支撑，抬头挺胸，腹背部收紧，身体成一条直线，目视前方。

俯卧撑

动作过程：在身体下降过程中，屈肘并使两肘外展指向身体两侧，直至上臂平行于地面，使胸肌有充分的拉伸感，稍作停顿。下降时，胸肌消极用力，控制身体缓慢、匀速地下降。在上升过程中，胸肌主动收缩发力，推起身体，直至两臂完全伸直并垂直于地面。在练习过程中，呼吸为上呼下吸，身体始终保持一条直线。

易犯错误：手臂没有垂直于地面，身体没有成一条直线，使用力分散，减弱了胸肌用力。

（八）双杠臂屈伸

主要参与肌肉：胸大肌下部、三角肌前束、肱三头肌。

起始姿势：两手握住杠端，手臂伸直支撑，身体稍向前探出，挺胸收腹，目视前方，两腿稍弯曲，两脚可以交叉叠加在一起。

双杠臂屈伸

动作过程：屈臂使身体下降，胸肌消极用力，控制身体、缓慢、匀速地下降，直至胸肌到最大拉伸位。在上升过程中，胸肌主动收缩用力，身体向后上方移动，直到两臂伸直。呼吸为上呼下吸。在练习过程中，身体适度收紧，保持稳定、不晃动。

易犯错误：含胸耸肩，手臂用力过度，减弱了胸肌主导发力。

二、背部训练

(一) 俯立杠铃提拉

主要参与肌肉：背阔肌、斜方肌、大圆肌、小圆肌、冈下肌、三角肌后束和肱肌。

起始姿势：两脚自然分开，与肩同宽，两腿微屈，挺胸收腹直背，身体向前弯曲与地面平行。两臂自然伸直，两手心向下握住杠铃，握距略宽于肩。

俯立杠铃提拉

动作过程：上体稍抬起，背部肌肉收缩发力，肘部向背部两侧后拉，直到杠铃拉至下腹部，背阔肌达到最大收缩，稍作停顿。在下放过程中，背阔肌消极用力控制杠铃下放时缓慢、匀速，直到两臂自然伸直为止。在整个动作过程中，上体和膝部始终保持同一个位置，不能起伏，背阔肌主导用力，其他肌肉尽可能少参与发力。

易犯错误：在提拉和下放过程中，上体起伏，使腰部肌肉参与发力，膝部有伸屈动作，使大腿参与发力，减弱了背阔肌的用力程度。

(二) 坐姿拉力器后拉

主要参与肌肉：背阔肌、斜方肌、大圆肌、小圆肌、冈下肌、三角肌后束和肱肌。

起始姿势：坐在适宜位置的凳子上，两脚自然分开，略宽于肩，两脚踩在地面或踏板上，挺胸直背抬头，目视前方，两臂伸直，两手握住凳子把手。

坐姿拉力器后拉

动作过程：集中背部肌肉群的收缩力，带动手臂靠近身体两侧最大幅度地后移，腰部挺直，胸部挺出，后拉时肩胛骨收缩向中间脊柱靠拢，整个背部肌群充分收缩后，稍作停顿。在向前的过程中，背部要适当收紧，使手臂缓慢、匀速地向前回到起始位置。在整个动作过程中，上体位置始终保持不变，背部肌肉群主导用力，其他肌肉尽可能少参与发力。

易犯错误：在后拉时，上体后仰使腰部肌肉发力，上臂主动发力，减弱了背部肌肉群的用力。

(三) 站姿哑铃耸肩

主要参与肌肉：斜方肌上部。

起始姿势：两脚自然分开站立，两手握住哑铃，两臂在身体两侧自然伸直；腰腹收紧，身体保持正直稳定。

站姿哑铃耸肩

动作过程：以斜方肌的收缩力缓慢、匀速地带动肩部向上最大幅度地耸起，稍作停顿。在下放过程中，斜方肌要适度收紧，缓慢地带动两肩下沉，回到起始位置。在整个动作过程中，手臂自然伸直、不弯曲，身体不要晃动。

易犯错误：在做动作的过程中身体晃动、手臂弯曲、分散用力，减弱了斜方肌的用力。

（四）引体向上

主要参与肌肉：背阔肌、大圆肌、小圆肌、冈下肌、三角肌后束和肱肌。

引体向上

起始姿势：两手握住单杠，使身体悬垂在空中，两手的握距与肩同宽，两臂伸直，两腿自然伸直，腹背适度收紧，保持身体稳定、不晃动。

动作过程：集中背部肌肉群的收缩力，下拉两臂至横杠触及胸部，稍作停顿。在下放过程中，背部肌肉群适度收紧，使身体缓慢下降到起始位置。在整个动作过程中，身体不要晃动，两腿不能摆动。

易犯错误：身体晃动，两腿上下摆动借力，肱肌过多用力，减弱了背部肌肉群的用力。

三、肩部训练

（一）坐姿杠铃颈前推举

主要参与肌肉：三角肌、胸肌上部和肱三头肌。

坐姿杠铃颈前推举

起始姿势：坐在凳子上，挺胸直腰，头部适度后仰，腰腹部收紧，保持身体稳定、不晃动；两手握杠铃，握距略宽于肩，两臂上翻把杠铃放于上胸部位置，两脚自然分开，略宽于肩，两脚踏地。

动作过程：身体保持不动，上推时保持缓慢、匀速，把杠铃推向头部正上方至两臂伸直，稍作停顿。在下放过程中，三角肌、胸肌上部和肱三头肌保持一定张力使杠铃缓慢、匀速地回到起始位置。在整个动作过程中，身体适度收紧，保持身体稳定、不晃动。

易犯错误：杠铃向身体斜前方推起，导致上臂负重过大，身体易失去平衡。

（二）站姿杠铃提拉

主要参与肌肉：三角肌、肱二头肌和斜方肌。

起始姿势：自然直立，两脚自然分开，与肩同宽，腰腹收紧，手心向下窄握横杠，两臂自然伸直。

站姿杠铃提拉

动作过程：向上提拉时，主要靠三角肌发力，将杠铃缓慢、匀速地垂直提起，直至肘关节高于肩关节。下放时，三角肌保持一定张力，使杠铃缓慢、匀速地下降至起始位置。在整个动作过程中，两腿不能弯曲，身体始终保持收紧状态，保持稳定、不晃动。

易犯错误：在提拉杠铃至最高位时，肘关节没有高于肩关节；腰腹没有收紧，身体出现晃动；膝关节起伏导致大腿借力。

（三）站姿哑铃侧上举

主要参与肌肉：三角肌前束、中束、后束。

起始姿势：两脚自然分开，与肩同宽，身体保持正直，抬头目视前方，两手握住哑铃，置于身体两侧，手臂自然伸直。

站姿哑铃侧上举

动作过程：两手同时缓慢、匀速地向身体两侧画半圆弧上升。在上升过程中，肘关节稍微弯曲，手心随着哑铃上升，由下到外，直至两手到头部正上方。在下放过程中，按原路返回至起始位置。在整个动作过程中，两臂一直在身体两侧，运动轨迹与身体成一个平面。身体始终保持适度收紧，保持稳定、不晃动。

易犯错误：肘关节弯曲幅度过大，手心在上升的过程中没有向外翻，身体摆动，分散三角肌的用力。

四、手臂训练

（一）站姿杠铃弯举

主要参与肌肉：肱二头肌、肱肌。

站姿杠铃弯举

起始姿势：两脚自然分开，与肩同宽，身体保持正直，腰腹收紧，两手握杠铃，握距与肩同宽，手心向上，两臂自然伸直于体前。

动作过程：通过肱二头肌的收缩力，以肘关节为轴点并保持肘关节不动，带动前臂向上呈弧形提起至最高点，稍作停顿。在肱二头肌的控制力下缓慢、匀速地返回原路，放至起始位置。在整个动作过程中，肘关节始终保持原位，不能移动；上下肢要适度收紧，保持身体稳定、不晃动。

易犯错误：身体晃动和肘关节移动，使更多肌肉参与发力，分散了肱二头肌的集中用力。

（二）坐姿单臂哑铃弯举

主要参与肌肉：肱二头肌、肱肌。

坐姿单臂哑铃弯举

起始姿势：坐在凳子上，两腿分开较宽，两脚踏地，上体稍前倾，手握哑铃，手心向上，肘关节放在同侧大腿前部内侧，一只手的前臂自然伸直在两腿间，另一只手放在同侧大腿上。

动作过程：充分利用肱二头肌的收缩力慢慢地将哑铃提起至胸前，稍作停顿后，前臂保持一定张力，按原路返回至起始位置。在整个动作过程中，肘关节始终固定在起始位置不动，身体适度收紧，不要晃动。

易犯错误：在做动作的过程中，肘关节移动，导致肱二头肌用力分散。

（三）颈后哑铃臂屈伸

主要参与肌肉：肱三头肌。

颈后哑铃臂屈伸

起始姿势：坐在凳子上，两脚踏在地上，略宽于肩，腰腹收紧，上身保持正直，抬头目视前方，两臂伸直将哑铃置于头部上方，上臂夹紧并固定在两耳外侧。

动作过程：保持躯干和上臂不动，前臂缓慢向头后方降至最低点，稍作停顿后，充分利用肱三头肌的收缩力缓慢、匀速地将哑铃沿着头后向上伸直至起始位置。在整个动作过程中，身体不能晃动，上臂始终要夹紧，两肘不能向外展开。

易犯错误：在上提过程中，两臂没夹紧，两肘分开，前臂向前不向上，导致肱三头肌用力分散。

（四）凳上臂屈伸

主要参与肌肉：肱三头肌。

起始姿势：两手撑在背后的凳子上，手臂伸直，在身体两侧夹紧，两腿自然分开，两脚踏地，上身稍后仰，腰部收紧，抬头挺胸，目视前方。

凳上臂屈伸

动作过程：利用肱三头肌的张力，控制身体缓慢、匀速地下沉，屈肘，直到上臂与地面平行。稍作停顿后，集中肱三头肌的收缩力，缓慢、匀速地带动身体向上撑至起始位置。在肱三头肌用力的过程中，两腿可以被动弯曲，但不能蹬伸发力。

易犯错误：两腿在身体上升的过程中用力，减弱了肱三头肌的集中用力。

（五）站姿反握杠铃屈腕

主要参与肌肉：前臂屈肌群。

起始姿势：两脚间距与肩同宽，身体正直，抬头挺胸，目视前方，两臂伸直，手握杠铃放于体前，手心向前，两手握距保持与肩同宽。

站姿反握杠铃屈腕

动作过程：用力收缩前臂屈肌，使手腕向上屈起至最大幅度。稍作停顿后，手腕缓慢下放至起始位置。在手腕发力的过程中，上身不要晃动，保持正直，肘关节不弯曲，两臂不移动。

易犯错误：肘关节跟着腕关节一起屈伸，肱二头肌参与用力，减弱了前臂屈肌群的集中用力。

（六）正握哑铃凳上翻腕

主要参与肌肉：前臂伸肌群。

起始姿势：两腿自然分开，全蹲在凳子后，前臂放于凳子上，两手正握哑铃，手心向下，并在凳子前边之外悬空，手腕尽可能下压。

正握哑铃凳上翻腕

动作过程：充分收缩前臂伸肌群，使手腕缓慢地尽可能向上翻起，在最高位稍作停顿后，在前臂伸肌的张力控制下，缓慢向下回到起始位置。在做动作的过程中，前臂不要移动，肘关节不能弯曲，保持身体稳定、不晃动。

易犯错误：肘关节跟着手腕一起屈伸，减弱前臂伸肌群的集中用力。

五、腰腹部训练

（一）双向卷腹

主要参与肌肉：腹直肌、腹斜肌、腹横肌。

起始姿势：仰卧平躺在垫上，两脚自然分开，与肩同宽，两手的手指相互交叉放于头部后面。

双向卷腹

动作过程：以臀部为支点，集中以腹部肌肉群收缩发力，使上、下肢相向运动。抬腿时，两膝自然弯曲，大腿与垫子的夹角不大于90°，与卷起上身的肘关节相碰，膝关节和肘关节的接触点在腹部的正上方，以维持身体平衡为准。在往回下放时，腹部的张力要控制住身体匀速、平稳地下放，上身回到起始位置，两脚跟下放时不触碰垫子，两膝稍微屈。

易犯错误：在向上的过程中，上肢或下肢用力过猛，使身体失去平衡；下放过快，使身体容易在垫上反弹借力。

（二）坐姿负重转体

主要参与肌肉：腹斜肌、腹横肌和腹直肌。

起始姿势：坐在凳子上，两脚自然分开踏地，略宽于肩，身体稍后仰，两手握杠铃片贴近胸腹部，抬头挺胸，目视前方。

动作过程：以左腹斜肌的收缩力控制身体缓慢、匀速地向左转动，直至转动最大幅度。在向右转动时，右腹斜肌收缩发力，左腹斜肌控制速度。在身体转动时，臀部不能移动，保持身体稳定。

坐姿负重转体

易犯错误：体转速度过快，臀部移位，身体晃动。

（三）屈身杠铃提拉

主要参与肌肉：竖脊肌和股四头肌。

起始姿势：两脚自然分开，与肩同宽，身体正直，抬头挺胸，目视前方，两手握杠铃，握距宽于肩，手心向里，两臂伸直，将杠铃贴放在大腿前方。

动作过程：在杠铃下放时，竖脊肌的张力控制杠铃缓慢、匀速地下降，上体前俯至与地面平行，保持抬头、挺胸、直腰，两臂自然伸直，两膝稍弯曲，臀部适度后移，躯干与大腿之间的夹角小于90°，使杠铃下降到最低点。稍作停顿后，竖脊肌收缩发力，将杠铃缓慢、匀速地拉起至起始位置。在上升过程中，两臂不弯曲，保持原样，两膝随着上体顺势伸直，但不做主要发力。

屈身杠铃提拉

易犯错误：在上体前俯时，腰部弯曲，使竖脊肌不能充分发力；两膝弯曲过多，大腿发力过多，减弱了竖脊肌用力。

六、臀部训练

（一）哑铃弓步蹲

主要参与肌肉：臀大肌、股四头肌和腘绳肌。

起始姿势：两脚前后分开站立，上体与地面垂直，两臂伸直在身体两侧，两手握哑铃，手心向里。

动作过程：屈髋屈膝，下蹲至前面的大腿与地面平行，后面腿的膝关节微微触及地面。稍作停顿后，重心后移，两腿同时向上伸直。在练习过程中，上体保持正直，两臂伸直不弯曲，身体的蹲起都是缓慢、匀速地进行，要保持稳定，不要左右摆动。

哑铃弓步蹲

易犯错误：前腿膝关节弯曲角度小于90°，两腿靠得过近；前腿膝关节弯曲角度大于90°，两腿分得太开。

（二）仰卧挺髋

主要参与肌肉：臀大肌和腘绳肌。

起始姿势：仰卧在垫子上，两臂放于身体两侧，两腿自然分开，两膝弯曲至小腿接近与地面垂直，两脚着地。按自身情况，可以在髋部上方放

仰卧挺髋

重物。

动作过程：以臀大肌和腘绳肌的收缩力使髋部缓慢、匀速地挺起，直至大腿与上体成一条直线，稍作停顿后，缓慢下降至起始位置。在练习过程中，头部、肩部、两臂和脚始终在垫子上，不要移动。

易犯错误：臀部收紧不够，腰部用力过多。

(三) 侧卧单腿侧上举

主要参与肌肉：臀中肌、臀小肌和臀大肌。

起始姿势：身体侧卧在垫子上，两腿并拢，两臂自然撑起上体，手掌触垫。

动作过程：上面的腿伸直，缓慢地向上充分举起，在最高点稍作停顿，再缓慢下放到起始位置。身体要适度收紧，控制好平衡，不要晃动。

侧卧单腿侧上举

易犯错误：抬腿时，膝关节弯曲向前，使身体不平衡，用力分散。

七、大腿训练

(一) 杠铃深蹲

主要参与肌肉：大腿前外侧肌群和臀大肌。

起始姿势：两脚自然分开，略宽于肩，脚尖稍向外站立，杠铃放于颈后的斜方肌和三角肌上，两手握住杠铃，握距略宽于肩，抬头挺胸，腰腹收紧，目视前方。

杠铃深蹲

动作过程：在屈髋屈膝缓慢、匀速下蹲的过程中，在抬头挺胸、腰背伸直的基础上，为了保持身体的平衡，上体要适度前倾，两膝稍前移，下蹲至大腿平行于地面或稍低位置。稍作停顿后，集中股四头肌和臀大肌的收缩力，充分蹲伸膝关节，使身体缓慢、匀速地站起来，直到起始位置。

易犯错误：向后屈髋不够，两膝前跪，导致重心在前，蹲不下去；没有挺胸直腰，使腰背负荷过大。

(二) 俯卧腿弯举

主要参与肌肉：大腿后肌群。

起始姿势：身体俯卧在垫子或凳子上，两手握住固定物以保持身体稳定，两腿伸直并拢，两脚跟处可以负重，如沙袋、弹力带、挡托等。

俯卧腿弯举

动作过程：身体保持适度收紧，集中以大腿后肌群收缩力使膝关节弯曲，脚跟靠近臀部，直至最大收缩位置。稍作停顿后，以大腿后肌群的张力控制小腿缓慢、匀速地放回到起始位置。在整个练习过程中，小腿屈伸速度不能过快，不能利用反弹力。

易犯错误：小腿下放速度过快，在垫上产生反弹；髋部离开垫子，使腹部借力。

(三) 站姿单腿内收

主要参与肌肉：大腿内侧肌群。

起始姿势（以左腿为例）：右脚直立，上体正直，右臂伸直在身体右侧，左手扶在固定物上，左腿伸直向左侧抬起，脚踝绑弹力带，并将弹力

站姿单腿内收

带固定在左侧固定物上。

动作过程：身体适度收紧，保持正直、不晃动，集中以左腿内侧肌群的收缩力使左腿伸直缓慢地向右移至直立位。稍作停顿后，左腿再缓慢地回到起始位置。

易犯错误：身体收不紧，导致晃动；左腿上抬过快，导致内收肌用力不集中、分散。

八、小腿训练

（一）站姿杠铃提踵

主要参与肌肉：腓肠肌和比目鱼肌。

起始姿势：两脚前脚掌站在有一定高度的垫高物（如杠铃片）上，后脚跟悬空，两臂伸直在身体两侧，两手握杠铃，身体保持正直和稳定。

动作过程：身体重心保持稳定，膝关节伸直，集中以腓肠肌和比目鱼肌的收缩力使脚跟缓慢踮高，直至最高点。稍作停顿后，脚跟缓慢地回落到地面。动作幅度要尽可能大，速度要缓慢、有控制，身体要保持平稳。

站姿杠铃提踵

易犯错误：膝关节弯曲，大腿用力，减弱了腓肠肌和比目鱼肌的用力。

（二）坐姿提踵

主要参与肌肉：腓肠肌和比目鱼肌。

起始姿势：身体正直坐在凳子上，两脚脚掌放在杠铃片或有适宜高度的物体上，小腿与大腿成直角或稍小于直角，两臂伸直在身体两侧，两手握住凳子，保持身体稳定。膝关节上可以放一定的重物。

动作过程：上体保持不动，集中以腓肠肌和比目鱼肌的收缩力使脚跟缓慢地踮起，直至最高点。稍作停顿后，脚跟缓慢地回落到地面。

坐姿提踵

易犯错误：膝关节的角度大于90°，限制了动作幅度。

拓展阅读

人体健美的标准

健美的人体应该是肌肉与骨骼平衡发展，全身上下、左右的肌肉匀称、发达，皮下脂肪含量适度；身体以脊柱为轴，左右对称；关节不显得粗大、突出，锁骨平伸；脊柱正视垂直，侧看曲度正常；颈、腹部脊柱略前屈，正背面略呈“V”字形，腰肢挺拔，腹部扁平；臀部圆满适度，腿修长，大、小腿有明显曲线，左右对称；足周正，足弓较高；皮肤弹性好、红润、有光泽，头发乌黑光亮，牙齿整齐、有光泽，指甲红润。除此之外，强而有力的健康美，聪明睿智、开朗大方、端庄有礼的气质美都是衡量健美的重要尺度。

通常，我们把超过正常体重20%的人称为肥胖者。肥胖者中除了2.6%的人是由身体内分泌紊乱和新陈代谢障碍引起的以外，大多数人是由于吸收的营养大于机体消耗，多余的营养就变成脂肪在体内储存起来。

思考与练习

1. 简述健美运动的概念。
2. 简述健美运动的分类。
3. 简述胸部训练的技术动作。

第十五章　瑜伽

第一节　瑜伽概述

瑜伽起源于印度，流行于世界。

1939年，现代瑜伽传入我国。这一年，“第一瑜伽夫人”戴维在上海开设了中国第一家瑜伽馆。

健身瑜伽以促进身心健康为目的，通过自身体位训练、气息和心理调节等手段，改善体姿、增强身体活力、延缓机体衰老，是体育养生的重要组成部分。

第二节　瑜伽体式

2016年，国家体育总局社会体育指导中心全国瑜伽运动推广委员会推出了《健身瑜伽108式体位标准》。此标准的制定遵循“循序渐进、全面均衡、安全有效”的原则。这也是健身瑜伽习练的指导原则。体式按难易程度编排，体式采用前屈、后展、侧弯、中立伸展、扭转、倒置、平衡、坐姿与其他类别等形态，兼顾习练安全与健身效果。《健身瑜伽108式体位标准》以印度瑜伽为依据，根据中国国情与大众健身需求研究制定，围绕健身瑜伽的基本内涵，经过多方努力，确定了基本体位108式，并按体位完成的难易，由低向高划分了一至五级体式，既方便了大众瑜伽健身参考，又方便了技术水平考核。大学生瑜伽课程参考其中的一级体式24式、二级体式22式、三级体式24式。

一、一级体式

（一）大拜式

大拜式如图15-1所示。

（1）体式：

① 金刚坐姿。

② 两手从身体两侧向上延伸高举过头顶，髋屈曲，上体自然伸展向前，两手及

图15-1　大拜式

前臂放于地面上，掌心向下，额头触地。

③ 保持几组呼吸，然后还原。

（2）呼吸：吸气时向上，呼气时向下。

（3）功效：这种体式有助于放松整个身体，按摩腹部内脏，促进背部伸展。

（4）要点提示：大幅度屈髋屈膝，两膝可略分，使身躯舒展前伸。

（二）单腿背部伸展式

单腿背部伸展式如图15–2所示。

图 15–2　单腿背部伸展式

（1）体式：

① 山式坐姿。

② 左膝弯曲，髋外展，脚掌抵在右大腿内侧，脚跟抵近会阴，右腿向前延伸，脚尖向上，骨盆中正，两手从身体两侧向上延伸，举至头顶，髋屈曲，上体自然向前伸展，腹、胸、额依次贴近右腿前侧，手抓脚掌或另一侧手腕。

③ 保持几组呼吸，然后还原。左右交替练习。

（2）呼吸：吸气时伸展，呼气时前屈。

（3）功效：这种体式有助于拉伸股后和背部肌群，提高髋关节的灵活性，增强内脏器官的消化功能，促进脊柱血液循环。

（4）要点提示：练习中注意骨盆坐姿，体会背部、腿后侧的伸展；患腰椎间盘疾病、坐骨神经痛与疝气者不适宜练习此式。

（三）两腿背部伸展式

两腿背部伸展式如图15–3所示。

图 15–3　两腿背部伸展式

（1）体式：

① 山式坐姿。

② 两臂高举过头顶，髋屈曲，上体自然伸展向前，腹、胸、额依次贴近两腿前侧，手抓脚掌或另一侧手腕。

③ 保持几组呼吸，然后还原。

（2）呼吸：吸气时伸展，呼气时前屈。

（3）功效：这种体式有助于拉伸股后和背部肌群，提高髋关节的灵活度，增强内脏器官的消化功能，促进脊柱血液循环。

（4）要点提示：腹、胸、额依次贴腿，背部充分伸展，两腿伸直，脚尖向上；患腰椎间盘疾病、坐骨神经痛与疝气者不适宜练习此式。腰部有伤者在舒适范围内进行练习。

（四）锁腿式

锁腿式如图15–4所示。

图 15–4　锁腿式

（1）体式：

① 仰卧。

② 右膝弯曲，两手十指相交于右小腿胫骨中部，两肘内收，右大腿紧贴腹部，两

脚背绷直，头部、上背部抬起，鼻尖触膝。

③ 保持几组呼吸，然后还原。左右交替练习。

（2）呼吸：吸气时放松头肩，呼气时大腿贴近躯干。

（3）功效：这种体式有助于增强内脏器官功能，促进消化，缓解便秘，减少腹部脂肪。

（4）要点提示：脚面绷直，伸直腿用力下沉贴地，屈膝腿紧贴腹部；患腰椎间盘疾病者不适宜练习此式。

（五）展臂式

展臂式如图15–5所示。

图 15–5　展臂式

（1）体式：

① 山式站姿。

② 两臂从身体两侧向上伸展，举至头顶，掌心向前，胸骨上提，胸腔打开，以手臂带动躯干向后上方伸展。

③ 保持几组呼吸，然后还原。

（2）呼吸：吸气时向上，呼气时后展。

（3）功效：这种体式有助于放松背部，增强脊柱力量，伸展身体前侧肌群。

（4）要点提示：胸腔打开，胸椎上提后展，头放于两臂之间，不可过分后仰，骨盆中正。

（六）人面狮身式

人面狮身式如图15–6所示。

图 15–6　人面狮身式

（1）体式：

① 俯卧。

② 两手放在头部两侧，指尖与头顶成直线，肘内收，压实地面，头和胸腔抬起，上臂与地面垂直，目视前方。

③ 保持几组呼吸，然后还原。

（2）呼吸：吸气时上身抬起，呼气时回落。

（3）功效：这种体式有助于提高脊柱的灵活性，缓解背部不适，促进骨盆区域血液循环。

（4）要点提示：肘关节呈90°，胸腔上提，充分打开，目视前方。

（七）桥式

桥式如图15–7所示。

图 15–7　桥式

（1）体式：

① 仰卧。

② 两膝弯曲，两脚分开，与髋同宽，脚跟抵住臀部，手臂伸直，两手尽可能抓脚踝，臀部、背部抬起，胸腔上提，下颌微收。

③ 保持几组呼吸，然后还原。

（2）呼吸：吸气时上身抬起，呼气时回落。

（3）功效：这种体式有助于伸展腹部，缓解背部不适。

（4）要点提示：手抓脚踝，两膝与髋同宽，膝关节、脚趾指向正前方，小腿垂直于地面，下颌内收至胸骨。

（八）简易蝗虫式

简易蝗虫式如图15-8所示。

（1）体式：

① 俯卧。

② 两手掌心向下，置于大腿前侧，右腿保持伸直平压地面，左腿尽可能伸直提高，左髋下沉。

③ 保持几组呼吸，然后还原。左右交替练习。

（2）呼吸：吸气时抬腿，呼气时下落。

（3）功效：这种体式有助于增强臀部、背部肌肉的力量，释放骨盆压力。

（4）要点提示：脚背绷直，抬腿时保持髋部稳定。

图 15-8　简易蝗虫式

（九）风吹树式

风吹树式如图15-9所示。

（1）体式：

① 山式站姿。

② 两手从身体两侧向上延伸至头顶合掌，躯干向右侧弯曲，头部保持中正。

③ 保持几组呼吸，然后还原。左右交替练习。

（2）呼吸：呼气时侧弯，吸气时回正。

（3）功效：这种体式有助于均衡伸展躯干两侧，缓解肩部不适。

（4）要点提示：头在两臂之间，保持髋部中正，身体在同一平面上。

图 15-9　风吹树式

（十）祈祷式

祈祷式如图15-10所示。

（1）体式：

① 山式站姿。

② 两手在胸前合掌，目视前方。

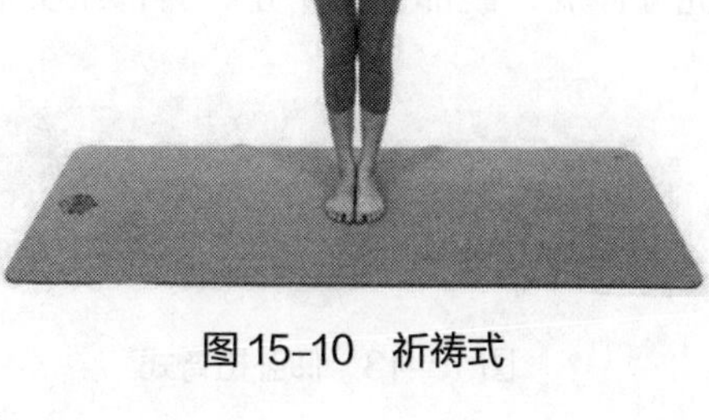

图 15-10　祈祷式

（2）呼吸：保持自然呼吸。

（3）功效：这种体式有助于保持专注，放松身心，为后续体式做准备。

（4）要点提示：前臂成一条直线平行于地面，两脚并拢，骨盆保持中正。

（十一）幻椅式

幻椅式如图15-11所示。

图 15-11 幻椅式

（1）体式：

① 山式站姿。

② 两臂从身体两侧上举，至头顶合掌，屈膝，大腿与地面平行，手臂、背部保持平直。

③ 保持几组呼吸，然后还原。

（2）呼吸：呼气时下蹲，吸气时还原。

（3）功效：这种体式有助于缓解肩部不适，矫正不良姿势，锻炼脚踝、腿部肌肉，伸展背部，扩展胸腔。

（4）要点提示：膝关节不超过足尖，后背平直，与两臂成一条直线，头在两臂之间，避免塌腰、翘臀。

（十二）简易扭脊式

简易扭脊式如图15-12所示。

图 15-12 简易扭脊式

（1）体式：

① 山式坐姿。

② 左膝弯曲，左脚置于右膝外侧，脚尖与右膝成一条直线，脚掌踩实地面，右臂经外侧向上延伸，身体向左侧扭转，右腋窝抵住左膝外侧，右手抓住左脚踝，左手掌置于臀部正后侧，背部伸展，脊柱垂直于地面。

③ 保持几组呼吸，然后还原。左右交替练习。

（2）呼吸：呼气时脊柱伸展，吸气时扭转。

（3）功效：这种体式有助于加强脊柱的伸展，提高脊柱的灵活性，促进血液循环，按摩腹部。

（4）要点提示：后侧手放在臀部正后方，下颌、两肩和屈膝腿在同一平面内，脊柱充分伸展，髋部保持中正，臀部压实地面。

（十三）仰卧扭脊式

仰卧扭脊式如图15-13所示。

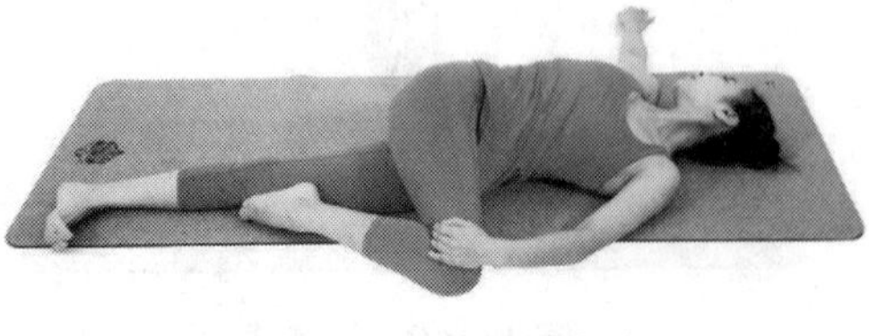

图 15-13 仰卧扭脊式

（1）体式：

① 仰卧，两脚并拢，脚尖向上。

② 两臂侧平展，掌心向下置于地面，右

膝屈，右脚置于左大腿上，脚尖与左膝对齐，左手置于右膝上，右膝带动脊柱扭转，向左侧贴地，头部转向另一侧，目视右手中指，两肩尽可能下沉。

③ 保持几组呼吸，然后还原。左右交替练习。

（2）呼吸：呼气时身体扭转，吸气时回正。

（3）功效：这种体式有助于提高脊柱的灵活性，促进血液循环，按摩腹部，放松背部肌群。

（4）要点提示：两肩不离开地面，屈膝腿内侧贴地，头转向相反方向。

（十四）树式

树式如图15–14所示。

（1）体式：

① 山式站姿。

② 左膝弯曲，将左脚置于右大腿内侧，脚跟靠近会阴，髋外展，两手伸展至头顶上方或合掌于胸前，目视前方。

③ 保持几组呼吸，然后还原。左右交替练习。

（2）呼吸：吸气时伸展，呼气时还原。

（3）功效：这种体式有助于缓解肩部不适，增强脚踝与腿部肌肉的力量，提高平衡能力和专注力。

（4）要点提示：脚掌置于大腿根部，骨盆保持中正，身体在同一平面内，脊柱充分向上伸展。

图 15–14　树式

（十五）摩天式

摩天式如图15–15所示。

（1）体式：

① 山式站姿。

② 两脚分开，与髋同宽，两手于体前十指交叉，翻掌向上，举至头顶，两臂伸直，同时提踵，目视前方。

③ 保持几组呼吸，然后还原。

（2）呼吸：吸气时伸展，呼气时回落。

（3）功效：这种体式有助于脊柱伸展，促进肩部、背部血液循环，缓解疲劳。

（4）要点提示：骨盆中正，腰背充分伸展，两肩下沉，头保持在两臂之间。

图 15–15　摩天式

（十六）简易坐式

简易坐式如图15–16所示。

图 15-16　简易坐式

（1）体式：

① 山式坐姿。

② 两腿收回交叉，脚分别置于大腿或膝下，两手呈智慧手印落于膝上，脊柱充分伸展，目视前方。

③ 保持几组呼吸，然后还原。

（2）呼吸：保持自然呼吸。

（3）功效：这种体式有助于增强髋、膝、踝等关节的灵活性。

（4）要点提示：髋外展，脊柱中正，肩部后展下沉。

（十七）骑马式

骑马式如图15–17所示。

图 15-17　骑马式

（1）体式：

① 金刚坐姿。

② 跪立，右腿向前迈一大步，两手置于脚两侧，左膝和左脚趾着地，髋部前推下沉，脊柱充分伸展，目视前方。

③ 保持几组呼吸，然后还原。左右交替练习。

（2）呼吸：吸气时胸部充分伸展，呼气时沉髋。

（3）功效：这种体式有助于伸展大腿前后侧肌肉，促进骨盆区域血液循环。

（4）要点提示：后脚脚趾点地，手指尖和脚尖在一条直线上，小腿垂直于地面，髋部中正下沉。

（十八）斜板式

斜板式如图15–18所示。

图 15-18　斜板式

（1）体式：

① 金刚坐姿。

② 身体前倾，两手置于肩下方，两臂、大腿垂直于地面，两腿依次向后伸直，脚趾点地，身体成一条直线。

③ 保持几组呼吸，然后还原。

（2）呼吸：保持自然呼吸。

（3）功效：这种体式有助于提高机体的整体力量。

（4）要点提示：头部与身体成一条直线，手臂与地面垂直，肘窝相对，后背平直。

（十九）上伸腿式

上伸腿式如图15–19所示。

（1）体式：

① 仰卧。

② 两腿抬起，与地面垂直。在两腿抬起与放下过程中，也可分段停留，以增加

强度。

③ 保持几组呼吸，然后还原。

（2）呼吸：吸气后，呼气抬腿；吸气后，呼气缓慢放下。

（3）功效：这种体式有助于增强腹部、两腿肌肉的力量，锻炼腹部肌肉。

（4）要点提示：两腿垂直于地面，脚心向上，腰部、背部、臀部均贴合地面；高血压与坐骨神经痛患者不适宜练习此式。

图 15-19　上伸腿式

（二十）鱼戏式

鱼戏式如图15-20所示。

图 15-20　鱼戏式

（1）体式：

① 俯卧。

② 十指交叉置于头下方，头侧转，同侧膝关节弯曲，躯干侧弯，肘膝相触，眼睛微闭。

③ 保持几组呼吸，然后还原。左右交替练习。

（2）呼吸：保持自然呼吸。

（3）功效：这种体式有助于全身放松。

（4）要点提示：肘膝相触，脚掌与伸直腿贴合。

（二十一）猫伸展式

猫伸展式如图15-21所示。

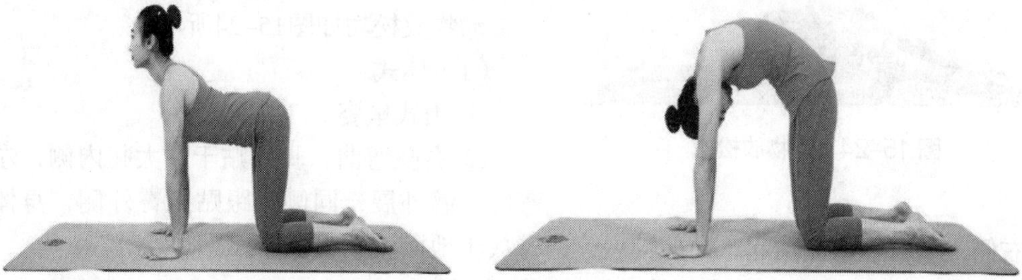

图 15-21　猫伸展式

（1）体式：

① 金刚坐姿。

② 身体前倾，两手置于肩下方，指尖与肩对齐，两膝与髋同宽，脊柱逐节伸展，胸腔扩展，然后收腹、拱背，目视肚脐。

③ 保持几组呼吸，然后还原。

（2）呼吸：吸气时伸展，呼气时拱背。

（3）功效：这种体式有助于提高脊柱的灵活性，放松肩颈。

（4）要点提示：手臂垂直于地面，脚背压实地面，伸展时大腿始终垂直于地面。

（二十二）摇摆式

摇摆式如图15-22所示。

图 15-22　摇摆式

（1）体式：

① 仰卧。

② 屈膝团胸，两手交叉环抱小腿于胫骨中段，沿脊柱前后摇摆数次，也可左右摇摆，两腿外侧贴向地面。

③ 保持几组呼吸，然后还原。

（2）呼吸：呼气时向前滚动，吸气时向后滚动；呼气时向两侧摆动，吸气时回正。

（3）功效：这种体式可以按摩背部，有助于促进背部血液循环，缓解背部不适；有助于增加腹内压力，促进肠胃蠕动，排出腹中胀气。

（4）要点提示：两手团抱小腿胫骨正中间，大、小腿尽可能贴合。

（二十三）仰卧放松式

仰卧放松式如图15-23所示。

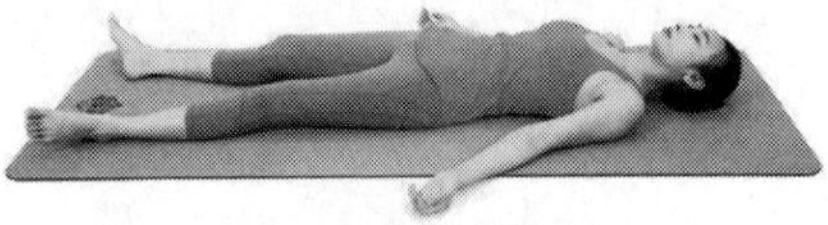

图 15-23　仰卧放松式

（1）体式：

① 仰卧。

② 两脚分开，脚尖朝外，两臂微分，掌心向上，两眼微闭，全身放松。

（2）呼吸：自然缓慢呼吸。

（3）功效：这种体式有助于身心放松。

（4）要点提示：腰背尽可能贴合地面，下颌微收。

（二十四）动物放松功

动物放松功如图15-24所示。

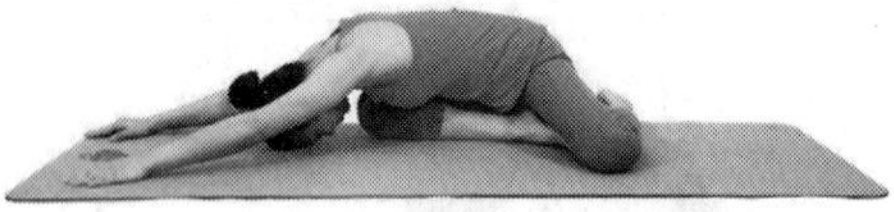

图 15-24　动物放松功

（1）体式：

① 山式坐姿。

② 右膝弯曲，脚底贴于左大腿内侧，左膝弯曲，髋外展，同侧脚跟贴于臀外侧，身体转向右侧，手臂经两侧抬起，向前伸展，两臂放于地面，额头触地。

③ 保持几组呼吸，然后还原。左右交替练习。

（2）呼吸：吸气时两臂向上伸展，呼气时身体前屈。

（3）功效：这种体式可以按摩腹部，有助于放松躯干，提高髋关节的灵活性。

（4）要点提示：两腿弯曲成90°角，身体与前屈腿膝关节朝同一方向。

二、二级体式

（一）增延脊柱伸展式

增延脊柱伸展式如图15-25所示。

（1）体式：

① 山式站姿。

② 两臂从两侧上举，上臂靠近两耳，掌心向前，脊柱延伸，髋屈曲，两手抓住脚踝，躯干保持伸展。

③ 保持几组呼吸，然后还原。左右交替练习。

（2）呼吸：吸气时脊柱延伸，呼气时身体前屈。

（3）功效：这种体式有助于增强腹部器官功能，促进消化。

（4）要点提示：腿后侧肌肉充分伸展，避免膝关节过伸，背部平直，头部不可过分后仰，患有腰椎间盘突出者不适宜练习此式。

图 15-25　增延脊柱伸展式

（二）束角式

束角式如图15-26所示。

图 15-26　束角式

（1）体式：

① 山式坐姿。

② 两膝弯曲，脚掌相合，脚跟靠近会阴，十指交叉抓握脚背，大腿外旋，两膝下沉，脊柱伸展，身体前屈，两肘平放于地面，额头触地，坐骨下沉。

③ 保持几组呼吸，然后还原。

（2）呼吸：吸气时脊柱延展，呼气时身体前屈。

（3）功效：这种体式有助于促进骨盆和腹部区域血液循环，缓解坐骨神经痛。

（4）要点提示：坐骨下压，脚跟靠近会阴，背部充分伸展，两膝、肘部及额头触地。

（三）站立前屈伸展式

站立前屈伸展式如图15-27所示。

（1）体式：

① 山式站姿。

② 两臂从两侧上举，上臂靠近两耳，掌心向前，脊柱延伸，髋屈曲，两手放在两脚两侧，掌根对齐脚跟，屈肘，腹、胸、额依次贴近两腿。

③ 保持几组呼吸，然后还原。

（2）呼吸：吸气时脊柱延展，呼气时躯干贴腿。

图 15-27　站立前屈伸展式

（3）功效：这种体式有助于增强腹部器官功能，促进消化，拉伸背部及腿后侧肌群。

（4）要点提示：两手放在两脚两侧，肘部指向后侧，背部平展，下肢垂直于地面，膝关节避免过伸。

图 15-28　新月式

（四）新月式

新月式如图15–28所示。

（1）体式：

① 金刚坐姿。

②跪立，左腿向前迈一大步，两手置于脚两侧，右膝和右脚背着地，髋部前移下沉，两臂经身体两侧向上抬起至头顶合掌，脊柱充分后展。

③ 保持几组呼吸，然后还原。左右交替练习。

（2）呼吸：吸气时脊柱延伸，呼气时脊柱后展。

（3）功效：这种体式有助于伸展大腿前后侧肌肉，促进骨盆区域血液循环，拉伸躯干前侧，伸展肩部、背部，增强平衡感。

（4）要点提示：骨盆中正下沉，胸腔上提后展，前腿膝关节与脚尖指向正前方。

图 15-29　蝗虫式

（五）蝗虫式

蝗虫式如图15–29所示。

（1）体式：

① 俯卧。

② 头、胸、腿同时上抬，两腿伸直，手臂尽可能向后延展，掌心相对。

③ 保持几组呼吸，然后还原。

（2）呼吸：吸气时头、胸、腿抬起，呼气时回落。

（3）功效：这种体式可以按摩腹部，促进消化，增强背部肌群的力量，缓解腰部不适。

（4）要点提示：掌心相对，与肩同宽，除下腹部和髋部以外的身体部位均离开地面，头部不要过分后仰。

图 15-30　眼镜蛇式

（六）眼镜蛇式

眼镜蛇式如图15–30所示。

（1）体式：

① 俯卧。

② 两手放于胸部两侧，指尖对齐肩膀，肘内收，胸部上提，手臂推地，脊柱向后伸展，下颌延伸。

③ 保持几组呼吸，然后还原。

（2）呼吸：吸气时胸部抬起，呼气时胸部回落。

（3）功效：这种体式可以按摩腹部，促进消化，增强上肢及背部肌群的力量，缓解腰部不适，提高脊柱的灵活性。

（4）要点提示：手指指尖与肩平齐，成一条直线，胸腔打开，胸椎充分上提、后展，耻骨贴地，头不宜过度后仰。

（七）三角伸展式

三角伸展式如图15–31所示。

（1）体式：

① 山式站姿。

② 两脚分开，约两肩半宽，右脚向右转90°，左脚内收15°~30°，两臂侧平举，躯干向左侧延伸弯曲，左手掌置于左脚外侧地面，右臂上举，两臂成一条直线垂直于地面，目视上方指尖。

③ 保持几组呼吸，然后还原。左右交替练习。

图 15–31 三角伸展式

（2）呼吸：吸气时手臂抬起，呼气时躯干侧弯。

（3）功效：这种体式有助于增强膝关节、踝关节的稳定性，伸展腿部内侧、后侧，侧腰及手臂肌群。

（4）要点提示：身体在同一平面内，前脚脚跟与后脚足弓在一条直线上，两臂成一条直线，垂直于地面。

（八）侧角伸展式

侧角伸展式如图15–32所示。

（1）体式：

① 山式站姿。

② 两脚分开，约两肩半宽，右脚向右转90°，左脚内收约30°，两臂侧平举，右膝屈，躯干向右侧延伸弯曲，右手掌置于右脚外侧地面，左臂伸展与躯干成一条直线。

③ 保持几组呼吸，然后还原。左右交替练习。

图 15–32 侧角伸展式

（2）呼吸：吸气时手臂抬起，呼气时躯干侧弯。

（3）功效：这种体式有助于增强髋关节、膝关节、踝关节的稳定性及腿部力量，伸展腿部内侧、后侧，侧腰及手臂肌群。

（4）要点提示：屈腿成90°角，上臂与身体、伸直腿成一条直线，下臂置于腿外侧，垂直于地面。

（九）战士一式

战士一式如图15–33所示。

（1）体式：

① 山式站姿。

② 两脚分开，约两肩半宽，右脚向右转90°，左脚内收约60°，髋部向右转，保持中正，两臂经身体两侧向上抬起至头顶合掌，屈右膝成90°角，脊柱延展。

图 15-33　战士一式

图 15-34　战士二式

图 15-35　扭脊式

③ 保持几组呼吸，然后还原。左右交替练习。

（2）呼吸：吸气时展臂，呼气时屈膝。

（3）功效：这种体式有助于增强髋关节、膝关节、踝关节的稳定性及腿部力量，伸展腿部内侧、后侧，侧腰及手臂肌群，使胸部得到完全伸展。

（4）要点提示：屈腿成90° 角，髋部中正，脊柱向上伸展。

（十）战士二式

战士二式如图15-34所示。

（1）体式：

① 山式站姿。

② 两脚分开，约两肩半宽，右脚向右转90°，左脚内收约30°，两臂侧平举，脊柱延展，屈右膝成90° 角，头转向右侧，目视右手中指。

③ 保持几组呼吸，然后还原。左右交替练习。

（2）呼吸：吸气时手臂侧平举，呼气时屈膝。

（3）功效：这种体式有助于增强髋关节、膝关节、踝关节的稳定性及腿部力量，伸展腿部内侧、后侧和手臂肌群。

（4）要点提示：屈腿成90° 角，骨盆中正，手臂成一条直线平行于地面，脊柱垂直伸展，身体保持在同一平面内。

（十一）扭脊式

扭脊式如图15-35所示。

（1）体式：

① 山式坐姿。

② 左膝弯曲，左脚置于右膝外侧，脚尖与右膝成一条直线，脚掌踩实地面，右膝屈，右脚置于左臀外侧，右臂经外侧向上延伸，身体向左侧扭转，右腋窝抵住左膝外侧，右手抓住左脚踝，左手掌置于臀部正后侧，背部伸展，脊柱垂直于地面。

③ 保持几组呼吸，然后还原。左右交替练习。

（2）呼吸：吸气时脊柱伸展，呼气时脊柱扭转。

（3）功效：这种体式可以按摩腹部，有助于加强脊柱的伸展，提高脊柱的灵活性，促进血液循环。

（4）要点提示：后侧手放在臀部正后方，下颌、两肩在同一平面内，脊柱充分伸展，扭转时应保持骨盆稳定，臀部压实地面。

（十二）半莲花扭脊式

半莲花扭脊式如图15-36所示。

图15-36 半莲花扭脊式

（1）体式：

① 山式坐姿。

② 右膝弯曲，右脚背置于左大腿根部，靠近腹股沟处；右臂经体侧上举，带动身体前屈，右手三指抓握左脚踇趾，右臂伸直，脊柱延展；左臂向前抬起，带动脊柱向左后方扭转，目视左手指尖方向。

③ 保持几组呼吸，然后还原。左右交替练习。

（2）呼吸：吸气时脊柱延展，呼气时脊柱扭转。

（3）功效：这种体式有助于增强脊柱的灵活性，缓解背部不适。

（4）要点提示：屈膝腿贴合地面，脊柱充分延展，向后伸展的手臂与地面平行。

（十三）半三角扭转式

半三角扭转式如图15-37所示。

图15-37 半三角扭转式

（1）体式：

① 山式站姿。

② 两脚分开，约两肩半宽，两手侧平举，髋屈曲；左手置于胸部正下方撑地，手臂垂直于地面，脊柱延展；右臂带动脊柱向右上方扭转，目视右手指尖方向。

③ 保持几组呼吸，然后还原。左右交替练习。

（2）呼吸：吸气时脊柱延展，呼气时脊柱扭转。

（3）功效：这种体式有助于增强脊柱的灵活性，拉伸腰部和腿部后侧肌群。

（4）要点提示：骨盆中正，两臂成一条直线，垂直于地面，脚趾朝前或微内扣。

（十四）顶峰式

顶峰式如图15-38所示。

（1）体式：

① 金刚坐姿。

② 身体前倾，两手置于肩下方，两臂、两腿撑地，脚趾回勾，两膝伸直，臀部上提，脚跟下压。

图 15-38　顶峰式

③ 保持几组呼吸，然后还原。

（2）呼吸：吸气时臀部上提，呼气时脚跟下压。

（3）功效：这种体式有助于拉伸背部和腿部后侧肌群，增强手臂力量，改善头部血液循环，缓解疲劳。

（4）要点提示：两臂、头颈与后背在同一平面内，两脚并拢，脚跟压地，两腿后侧充分伸展；高血压或血糖偏低患者应谨慎练习此式。

（十五）半舰式

半舰式如图15-39所示。

图 15-39　半舰式

（1）体式：

① 山式坐姿。

② 两膝弯曲，大腿贴近腹部，以坐骨为支撑点，收腹，两脚抬起，小腿平行于地面，两手向前伸直，掌心相对，两臂与小腿平齐，腰背立直。

③ 保持几组呼吸，然后还原。

（2）呼吸：吸气时脊柱伸展，呼气时两腿抬起。

（3）功效：这种体式有助于增强腹部肌肉的力量，提高平衡能力。

（4）要点提示：脚尖向前与两肩、两臂在同一平面内，头部和脊柱成一条直线。

（十六）金刚坐

金刚坐如图15-40所示。

图 15-40　金刚坐

（1）体式：

① 跪姿。

② 两膝并拢，两脚踇趾重叠或并拢，脚跟分开，臀部坐在两脚跟之间，腰背自然挺直，两肩自然下沉，两手置于大腿前侧。

③ 保持几组呼吸，然后还原。

（2）呼吸：保持自然呼吸。

（3）功效：这种体式有助于促进骨盆区域血液循环，促进消化，提高下肢关节的灵活性，安定情绪。

（4）要点提示：臀部坐在两脚跟之间，腰背自然挺直。

（十七）至善坐

至善坐如图15-41所示。

（1）体式：

① 山式坐姿。

② 左膝弯曲，脚跟靠近会阴，右膝弯曲，右脚置于左小腿内侧之上，左脚置于右小腿之下，两脚跟上下重叠，两膝触地，脊柱向上伸展，两肩和手臂放松，两手呈智慧手印，两眼微闭。

③ 保持几组呼吸，然后还原。

（2）呼吸：保持自然呼吸。

（3）功效：这种体式有助于促进骨盆区域血液循环，提高下肢关节的灵活性，安定情绪。

图 15-41　至善坐

（4）要点提示：两脚跟上下重叠，两膝触地，腰背自然挺直。

（十八）半莲花坐

半莲花坐如图15-42所示。

（1）体式：

① 山式坐姿。

② 左膝弯曲，脚跟靠近会阴，右膝弯曲，右脚背置于左大腿根部，两膝贴近地面，脊柱向上伸展，两肩和手臂放松，两手呈智慧手印，两眼微闭。

③ 保持几组呼吸，然后还原。

图 15-42　半莲花坐

（2）呼吸：保持自然呼吸。

（3）功效：这种体式有助于促进骨盆区域血液循环，提高下肢关节的灵活性，安定情绪。

（4）要点提示：上方腿脚跟靠近另一侧腹股沟，两膝着地，腰背自然挺直。

（十九）蝴蝶式

蝴蝶式如图15-43所示。

（1）体式：

① 山式坐姿。

② 两膝弯曲，脚掌相合，脚跟靠近会阴，十指交叉抓握脚背，躯干直立，两膝上提、下沉。

③ 保持几组呼吸，然后还原。

图 15-43　蝴蝶式

（2）呼吸：保持自然呼吸。

（3）功效：这种体式有助于促进骨盆和腹部区域血液循环，提高髋关节的灵活性，缓解坐骨神经痛。

（4）要点提示：两脚跟靠近会阴，两膝下沉时贴地，躯干自然挺直。

（二十）虎式

虎式如图15-44所示。

图 15-44　虎式

（1）体式：

① 金刚坐姿。

② 身体前倾，两手置于肩下方，指尖与肩对齐，两膝与髋同宽，脊柱逐节伸展，胸腔扩展，同时左腿向后、向上抬起，左脚掌与枕骨相对。左膝屈、内收，逐节拱背，低头使鼻尖与左膝相触，目视肚脐。

③ 保持几组呼吸，然后还原。左右交替练习。

（2）呼吸：吸气时抬腿向后，呼气时收腿向前。

（3）功效：这种体式有助于提高脊柱的灵活性，放松肩颈，增强手臂、腿部及臀部肌肉的力量。

（4）要点提示：骨盆中正，脚掌与枕骨相对，鼻尖触膝，手臂垂直于地面，支撑腿大腿始终垂直于地面，脚背压实地面。

（二十一）八体投地式

八体投地式如图15-45所示。

图 15-45　八体投地式

（1）体式：

① 金刚坐姿。

② 身体前倾，两手置于肩下方，两臂、大腿垂直于地面，脚趾点地，身体前移，屈肘，胸部落于两手之间，下颌、两手、胸部、两膝、两脚脚趾等8个部位与地面接触。

③ 保持几组呼吸，然后还原。

（2）呼吸：呼气时身体前移下沉，吸气时收回。

（3）功效：这种体式有助于增强手臂及背部肌肉的力量，提高上肢关节的灵活性。

（4）要点提示：肘内收，指向正后方，下颌、两手、胸部、两膝、两脚脚趾贴地。

（二十二）反斜板式

反斜板式如图15-46所示。

（1）体式：

① 山式坐姿。

图 15-46　反斜板式

② 两手分开，与肩同宽，置于臀部正后方一掌处，手臂支撑垂直于地面，指尖向后，脚掌下压撑地将臀部抬起，身体成一条直线。

③ 保持几组呼吸，然后还原。

（2）呼吸：吸气时臀部上抬，呼气时还原。

（3）功效：这种体式有助于增强躯干力量及腕关节、踝关节的稳定性。

（4）要点提示：手指尖向后，与肢体成一条直线，脚掌完全贴地。

三、三级体式

（一）花环式

花环式如图15-47所示。

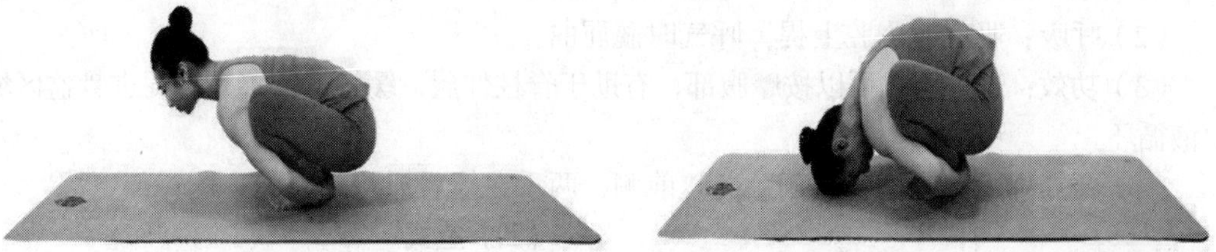
图 15-47　花环式

（1）体式：

① 山式站姿。

② 两臂前平举，屈膝下蹲，两膝外展，两臂从前向后环抱两膝，手握住脚跟，身体前倾。

③ 保持几组呼吸，然后还原。

（2）呼吸：吸气时胸腔扩展，呼气时额头触地。

（3）功效：这种体式有助于改善骨盆区域血液循环，促进消化，缓解下背部疲劳，减轻压力。

（4）要点提示：脚跟并拢落地，臀部下沉，前额触地。

（二）双角式

双角式如图15-48所示。

（1）体式：

① 山式站姿。

② 两脚分开，略比肩宽，两手体后十指相扣，掌跟贴合，两臂伸直，脊柱伸展，髋屈曲，腹、胸贴向两腿前侧，头部置于两腿之间，两臂平行于地面。

③ 保持几组呼吸，然后还原。

图 15-48　双角式

（2）呼吸：吸气时脊柱伸展，呼气时髋屈曲。

（3）功效：这种体式有助于增强腹部器官功能，促进消化，拉伸肩、胸、背部及腿后侧肌群。

（4）要点提示：后背平直，手臂平行于地面，身体贴向下肢，膝关节避免过伸。

（三）圣哲马里琪一式

图 15-49　圣哲马里琪一式

圣哲马里琪一式如图15-49所示。

（1）体式：

① 山式坐姿。

② 左膝弯曲，脚跟贴近同侧坐骨，脚掌踩地，右臂经体侧向上伸展、内旋，掌心向外置于腰部，左手向后抓握右手腕，胸腔上提，脊柱延展，髋屈曲，额头触膝。

③ 保持几组呼吸，然后还原。左右交替练习。

（2）呼吸：吸气时胸腔上提，呼气时髋屈曲。

（3）功效：这种体式可以按摩腹部，有助于脊柱伸展，缓解背部不适，促进骨盆区域血液循环。

（4）要点提示：腹、胸、额贴向腿前侧，两手在体后抓腕，屈腿一侧臀部下沉。

（四）鱼式

图 15-50　鱼式

鱼式如图15-50所示。

（1）体式：

① 仰卧。

② 肘内收，下压支撑地面，胸腔上提，颈部后仰，头顶着地，两腿伸直，脚面绷直，整个背部呈弓形。

③ 保持几组呼吸，然后还原。

（2）呼吸：吸气时胸腔上提，呼气时还原。

（3）功效：这种体式有助于舒展胸部和颈部，强化肩部、背部肌群的力量，缓解抑郁情绪和压力。

（4）要点提示：胸腔充分上提展开，头顶触地；患严重颈部疾病者不适宜练习此式。

（五）上犬式

图 15-51　上犬式

上犬式如图15-51所示。

（1）体式：

① 俯卧。

② 两脚分开，与髋同宽，两肘弯曲，两手指尖向前置于胸两侧，胸腔上提，手臂伸直，两腿肌肉收紧，膝关节与骨盆离开地面，脚背下压贴地。

③ 保持几组呼吸，然后还原。

（2）呼吸：吸气时胸腔上提、脊柱伸展，呼气时还原。

（3）功效：这种体式有助于增强腿部、躯干、肩部、手臂肌肉的力量，扩张胸部，舒展肩背，拉伸腹部，缓解压力。

（4）要点提示：除两手、脚背以外的身体部位均离开地面，胸腔上提，充分后展，头部不宜过度后仰。

（六）骆驼式

骆驼式如图15–52所示。

（1）体式：

① 金刚坐姿。

② 跪立，两膝分开，与髋同宽，脚背贴地，两手扶髋，肘内收，胸部上提，两臂依次经前向上、向后，两手置于脚掌心处，大腿、手臂垂直于地面。

图 15–52 骆驼式

③ 保持几组呼吸，然后还原。

（2）呼吸：吸气时手臂上提，呼气时后展。

（3）功效：这种体式有助于矫正扣肩、驼背，改善胸廓形态，增强腰背肌肉的力量。

（4）要点提示：大腿及两臂垂直于地面，胸腔充分打开，脊柱后展，头部不宜过度后仰。

（七）弓式

弓式如图15–53所示。

（1）体式：

① 俯卧。

② 两腿分开，与髋同宽，两膝弯曲，手抓脚踝，头、胸、两腿同时上提，脊柱充分伸展。

图 15–53 弓式

③ 保持几组呼吸，然后还原。

（2）呼吸：吸气时两腿上提，呼气时还原。

（3）功效：这种体式可以按摩腹部，有助于伸展脊柱，增强脊柱力量，矫正驼背。

（4）要点提示：两膝与肩同宽，胸腔充分打开，头部不宜过度后仰。

（八）加强扭脊式

加强扭脊式如图15–54所示。

（1）体式：

① 山式坐姿。

② 左膝弯曲，左脚置于右膝外侧，脚尖与右膝成一条直线，脚掌踩实地面，右膝屈，右脚置于左臀外侧；右臂经外侧向上延伸，身体向左侧扭转，右腋窝抵住左膝外侧，右手穿过左膝窝下方，左手经体后抓握

图 15–54 加强扭脊式

右手腕，背部充分伸展、扭转。

③ 保持几组呼吸，然后还原。左右交替练习。

（2）呼吸：吸气时脊柱伸展，呼气时脊柱扭转。

（3）功效：这种体式可以按摩腹部，有助于加强脊柱的伸展，提高脊柱的灵活性，促进血液循环。

（4）要点提示：手在背后抓腕，下颌、两肩在同一平面内，脊柱充分伸展，扭转时应保持骨盆稳定，臀部压实地面。

图 15-55　三角扭转式

（九）三角扭转式

三角扭转式如图15-55所示。

（1）体式：

① 山式站姿。

② 两脚分开，约两肩半宽，右脚向右转90°，左脚内收约60°，向右转髋，保持中正；髋屈曲，左手置于右脚外侧，脊柱扭转，右臂向上伸展，与左臂成一条直线，目视右手指尖。

③ 保持几组呼吸，然后还原。左右交替练习。

（2）呼吸：吸气时脊柱伸展，呼气时脊柱扭转。

（3）功效：这种体式可以按摩腹部，有助于增强躯干两侧、背部与两腿后侧肌肉的力量，缓解背部不适，提高脊柱的灵活性。

（4）要点提示：后脚内旋60°，两肩、两臂成一条直线垂直于地面，下方手在前脚外侧，目视上方手指尖方向。

图 15-56　侧角扭转式

（十）侧角扭转式

侧角扭转式如图15-56所示。

（1）体式：

① 山式站姿。

② 两脚分开，约两肩半宽，右脚向右转90°，左脚内收约60°，髋部向右转，保持中正，右膝屈；左臂经体侧向上伸展，髋屈曲并扭转，同时左腋窝抵右膝外侧，两手合掌，两前臂成一条直线。

③ 保持几组呼吸，然后还原。左右交替练习。

（2）呼吸：吸气时脊柱伸展，呼气时脊柱扭转。

（3）功效：这种体式可以按摩腹部，有助于增强躯干两侧、背部与两腿后侧肌肉的力量，缓解背部不适，提高脊柱的灵活性。

（4）要点提示：后脚内旋60°，两前臂成一条直线垂直于地面，前腿屈膝成90°角。

（十一）犁式

犁式如图15-57所示。

（1）体式：

① 仰卧。

② 两臂下压，腹部用力，两腿抬起，臀部、背部抬离地面，两腿越过头顶，脚趾回勾点地，屈两肘，内收撑地，两手掌推送上背部，保持背部直立。

图 15-57 犁式

③ 保持几组呼吸，然后还原。

（2）呼吸：吸气时两腿抬起，呼气时两脚落地。

（3）功效：这种体式可以按摩腹部，有助于增强颈、肩部肌肉的力量，放松背部肌群，改善血液循环。

（4）要点提示：后背展平垂直于地面，肘内收撑地，同肩宽，脚尖回勾点地；患颈椎病、腰椎间盘突出和高血压者不适宜练习此式。

（十二）肩倒立式

肩倒立式如图15-58所示。

（1）体式：

① 仰卧。

② 两臂下压，腹部用力，两腿抬起，臀部、背部抬离地面，同时屈肘，与肩同宽，两手掌推送腰背部，使躯干、两腿成一条直线并且与地面垂直，脚尖回勾，脚掌心向上，下颌微收抵住锁骨。

图 15-58 肩倒立式

③ 保持几组呼吸，然后还原。

（2）呼吸：吸气时准备，呼气时两腿向上抬起。

（3）功效：这种体式有助于增强颈、肩部肌肉的力量，放松背部肌群，改善血液循环。

（4）要点提示：后背展平，与两腿成一条直线垂直于地面，手肘内收撑地，与肩同宽，脚心向上；患颈椎病、腰椎间盘突出和高血压者不适宜练习此式。

（十三）船式

船式如图15-59所示。

（1）体式：

① 仰卧。

② 两手、两脚和躯干同时上抬，重心置于坐骨上，两臂向前伸直，平行于地面，掌心向下，脊柱延伸，背部展平，目视脚趾。

图 15-59 船式

③ 保持几组呼吸，然后还原。

（2）呼吸：吸气时准备，呼气时两手、两脚和躯干同时抬起。

（3）功效：这种体式有助于增强腹部肌肉的力量，紧实腹部，提高平衡能力。

（4）要点提示：两臂与脚尖等高，平行于地面，趾尖向前，后背平直。

图15-60　战士三式

（十四）战士三式

战士三式如图15-60所示。

（1）体式：

① 山式站姿。

② 两手经体侧向上至头顶上方合掌，髋屈曲，同时右腿向后伸展，与躯干、手臂成一条直线，平行于地面，脚尖指向后方，目视地面。

③ 保持几组呼吸，然后还原。左右交替练习。

（2）呼吸：呼气时髋屈曲，吸气时还原。

（3）功效：这种体式有助于增强腿、臀、背、肩部的肌肉力量，提高平衡能力，培养专注力和意志力。

（4）要点提示：防止膝关节过伸，手臂、躯干与后展腿成一条直线，平行于地面，髋部不可外翻。

图15-61　鸟王式

（十五）鸟王式

鸟王式如图15-61所示。

（1）体式：

① 山式站姿。

② 屈膝，右腿缠绕于左腿上，右脚勾住左小腿，两臂前平举，右臂在上，两臂缠绕，两手合掌，拇指指向眉心，指尖与头部同高，目视前方，脊柱延展，屈膝下蹲。

③ 保持几组呼吸，然后还原。左右交替练习。

（2）呼吸：吸气时脊柱延展，呼气时屈膝下蹲。

（3）功效：这种体式有助于提高平衡能力和专注力，提高四肢关节的灵活性，增强肌肉力量，放松背部。

（4）要点提示：两膝指向正前方，骨盆中正，背部平直。

图15-62　舞蹈式

（十六）舞蹈式

舞蹈式如图15-62所示。

（1）体式：

① 山式站姿。

② 右膝弯曲向后，右手抓握脚踝，两

膝并拢，保持平衡。左臂抬起向上伸展贴近左耳侧，胸腔上提，脊柱延展，右腿抬起向后伸展，目视前方。

③ 保持几组呼吸，然后还原。左右交替练习。

（2）呼吸：吸气时胸腔上提，呼气时后腿后展。

（3）功效：这种体式有助于提高平衡能力和专注力，增强两臂、肩部、背部、髋部与腿部肌肉的力量，舒展胸腔，延伸脊柱。

（4）要点提示：髋部不可外翻，后伸腿大腿平行于地面，手从外侧抓脚踝，胸腔打开，脊柱向上伸展。

（十七）直立抓趾平衡式

直立抓趾平衡式如图15–63所示。

（1）体式：

① 山式站姿。

② 右膝上提，右手三指从内侧抓握右脚踇趾，左手向左伸直保持平衡，右腿伸直，右臂平行于地面，向右侧打开，身体保持同一平面，右髋下沉，两肩后展，两臂伸直。

③ 保持几组呼吸，然后还原。左右交替练习。

图 15–63　直立抓趾平衡式

（2）呼吸：吸气时胸腔上提，呼气时腿外展。

（3）功效：这种体式有助于提升平衡能力，增强背部、髋部与腿部肌肉的力量。

（4）要点提示：肢体在同一平面内，手臂成一条直线平行于地面，骨盆中正。

（十八）鹤禅式

鹤禅式如图15–64所示。

（1）体式：

① 山式站姿。

② 两脚分开，与髋同宽，屈膝下蹲，两手置于两脚前方，两膝抵住腋窝，身体前移，肘微屈，同时两脚抬离地面，两脚踇趾相触，小腿与地面平行，目视鼻尖。

图 15–64　鹤禅式

③ 保持几组呼吸，然后还原。

（2）呼吸：保持自然呼吸。

（3）功效：这种体式有助于提高平衡能力、稳定性和专注力，增强上臂力量。

（4）要点提示：膝关节抵住腋窝，头和脚在同一平面内，背部展平，肘内收指向正后方。

（十九）板式

板式如图15–65所示。

图15-65　板式

（1）体式：

① 金刚坐姿。

② 身体前倾，两手置于肩下方，两臂、大腿支撑于地面，两腿依次向后伸直，脚趾点地，身体成一条直线，右臂支撑，身体转向左侧，两脚并拢，右脚外侧支撑于地面，同时左臂抬起向上，与右臂成一条直线垂直于地面，头、颈、脊柱、腿保持在一条直线上，并与髋在同一平面内。

③ 保持几组呼吸，然后还原。左右交替练习。

（2）呼吸：保持自然呼吸。

（3）功效：这种体式有助于增强手臂、两肩、背部与腿部肌肉的力量，提高平衡能力和协调性。

（4）要点提示：身体在同一平面内，两臂成一条直线，垂直于地面，脊柱中正，两脚上下重叠。

（二十）半月式

半月式如图15-66所示。

图15-66　半月式

（1）体式：

① 山式站姿。

② 两脚分开，约两肩半宽，左脚向左转90°，右脚内收约30°，两臂侧平举，左膝弯曲，躯干向左侧延伸弯曲，左手放在左脚尖前方约30厘米处，左手位于左肩的正下方，左腿充分伸直，右腿抬平伸直，左、右手成一条直线。

③ 保持几组呼吸，然后还原。左右交替练习。

（2）呼吸：吸气时躯干伸展，呼气时侧弯抬腿。

（3）功效：这种体式有助于提高平衡能力和协调性，锻炼专注力，增强腿部力量，舒展胸部。

（4）要点提示：两臂成一条直线垂直于地面，身体在同一平面内，上方腿平行于地面。

（二十一）英雄坐

英雄坐如图15-67所示。

（1）体式：

① 跪立。

② 两膝并拢或微分，两脚分开，与肩同宽，脚背贴地，脚尖向后，重心后移，臀部落在两脚之间的地面上，脚跟贴于臀部两侧，手放在大腿上，上体直立伸展，目视前方。

③ 保持几组呼吸，然后还原。

（2）呼吸：保持自然呼吸。

（3）功效：这种体式有助于舒展髋关节、膝关节、踝关节，拉伸大腿前侧肌肉，放松背部，缓解压力。

（4）要点提示：两膝并拢，脚尖向后，臀部坐于两脚之间的地面上，腰背自然伸直。

图 15-67　英雄坐

（二十二）牛面式

牛面式如图15-68所示。

（1）体式：

① 山式坐姿。

② 两腿屈膝交叠，右膝位于左膝正上方，脚跟贴近臀部两侧，脚心向后；右臂经体侧向上举过头顶，屈肘，手掌心贴于后背，同时左臂经体侧打开向后旋绕，屈肘，两手在背后相扣，脊柱挺立伸展。

③ 保持几组呼吸，然后还原。左右交替练习。

（2）呼吸：保持自然呼吸。

（3）功效：这种体式有助于缓解疲劳，提高四肢关节的灵活性，增强背部肌肉的力量。

图 15-68　牛面式

（4）要点提示：两膝重叠成一条直线，脚跟贴于臀部外侧，上方肘与头、颈成一条直线，臀部两侧均匀着地。

（二十三）侧鸽式

侧鸽式如图15-69所示。

（1）体式：

① 金刚坐姿。

② 身体前倾，两手置于肩下方，两臂、大腿垂直于地面，左膝弯曲向前移送，臀部落于两臂之间的位置，膝关节指向正前方，脚跟抵近耻骨，上体微左转，右膝弯曲，右脚置于同侧肘窝处，两臂上抬绕至头后，脊柱立直，头转向左侧，目视前方。

图 15-69　侧鸽式

③ 保持几组呼吸，然后还原。

（2）呼吸：吸气时身体伸展，呼气时保持沉髋。

（3）功效：这种体式有助于促进骨盆区域血液循环，拉伸臀部和腿部肌群，提高肩

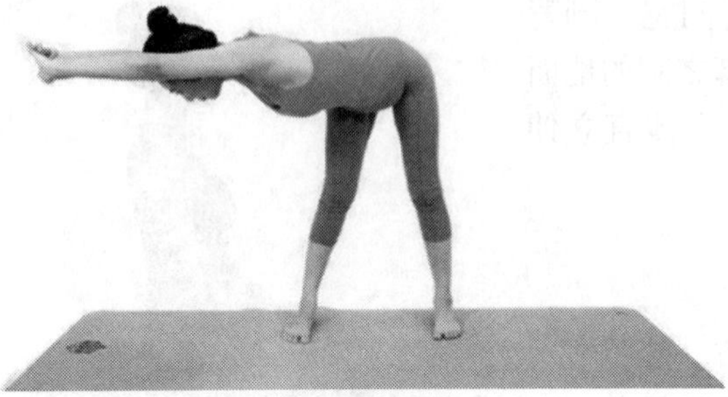
图 15-70　直角扭转式

关节、髋关节、膝关节、踝关节的灵活性，缓解脊柱压力。

（4）要点提示：前、后膝关节在一条直线上，侧腰充分伸展，两肘与背部在一个平面内。

（二十四）直角扭转式

直角扭转式如图15-70所示。

（1）体式：

① 山式站姿。

② 两脚分开，略比肩宽，两手体前十指交叉翻掌向外，两臂举至头顶上方，髋屈曲，躯干平行于地面，向左、右水平摆动至极限。

③ 保持几组呼吸，然后还原。左右交替练习。

（2）呼吸：呼气时躯干左右摆动，吸气时回正。

（3）功效：这种体式有助于增强髋、肩部的灵活性，拉伸腰背，增强核心力量。

（4）要点提示：手臂、后背成一条直线，与下肢成90°角，摆动时两脚、两膝稳定不动，骨盆中正。

拓展阅读

瑜伽的流派

瑜伽有许多不同的流派，正统的印度古典瑜伽包括智瑜伽、业瑜伽、奉爱瑜伽、哈他瑜伽、王瑜伽五大类。

（1）智瑜伽，又称吉纳瑜伽，为起悟之道，认为知识有低等和高等之别，寻常人所说的知识仅仅局限于生命和物质的外在表现，这种低等知识可以通过直接或间接的途径获得，提倡培养知识理念。

（2）业瑜伽，又称实践瑜伽，为静心之道，倡导内心修行，充分地利用强健的身体去工作，无私地、不求回报地服务众生，更加完善自己的行为。

（3）奉爱瑜伽，又称巴克提瑜伽，为爱心之道，是将前者综合并衍生发展而来的，倡导通过情绪的培养，得知真理的本质为爱。

（4）哈他瑜伽，又称科托瑜伽，为强身之道，注重生理，是身体洁净、呼吸和各种体格锻炼方法的体系。

（5）王瑜伽，又称八支分法瑜伽，为冥想之道，偏于意念和调息，倡导的是瑜伽的八支分法，即禁制、遵行、坐法、调息、制感、内醒、静虑、三摩地。

思考与练习

1. 瑜伽一级体式包括哪24式？
2. 瑜伽二级体式包括哪22式？
3. 瑜伽三级体式包括哪24式？

第十六章　武术

第一节　太极拳

一、太极拳锻炼的身体要求

（一）虚灵顶劲

虚灵顶劲又称顶头悬等。太极拳锻炼时讲究头正、顶平、项直、收下颌，要求头顶的百会穴向上轻轻顶起，同时必须保持头顶的平正。要使头正、顶平，就必须使颈项竖直、下颌内收。顶劲不可过于用力，要有自然虚灵之意。只有做到虚灵顶劲，提起精神，使动作沉稳、扎实。

（二）气沉丹田

气沉丹田，是指身法端正、宽胸实腹、意注丹田，即意识引导呼吸，将气徐徐送到腹部脐下。太极拳锻炼时，一般都采用腹式呼吸，同时意注丹田，以达到太极拳“身动、心静、气敛、神舒”的境地。腹式呼吸使气息深长，应自然、均匀、徐徐吞吐，要与动作自然配合，整套动作都要与一呼一吸结合得非常紧密，即根据动作的开合、屈伸、起落、进退、虚实等变化应自然地配合呼吸。一般来说，呼吸总是与胸廓的张缩、肩胛的活动自然结合。一个动作往往伴随着一呼一吸，而不是一个动作固定为一吸或一呼。这种与动作自然配合的方法若运用得当，可以使动作更加协调、圆活、轻灵、沉稳。

（三）含胸拔背

含胸是指胸廓略向内屈，使胸廓有舒宽的感觉。含胸有利于做好腹式呼吸，既能使肩关节放松、两肩微含、两肋微敛，又能通过动作使胸腔上下径放长，横膈肌下降舒展；既能使重心下降，又能使肺脏、横膈肌活动加强。

含胸与拔背是相互联系的，要含胸就势必拔背。拔背是在胸廓略向内屈时使背部肌肉向下松沉。拔背可以使背部肌肉有一定的张力和弹力，皮肤有绷紧的感觉。

含胸拔背时，胸部肌肉须松沉，不能挺胸。

（四）松腰敛臀

太极拳要求含胸、沉气，在含胸时必须松腰。松腰不仅能帮助沉气和稳固下肢，更主要的是它对动作的进退旋转、用躯干带动四肢的活动及动作的完整性起着主导作用。

敛臀是在含胸拔背和松腰的基础上使臀部稍微内收。敛臀时，应尽可能放松臀部和腰部肌肉，使臀部向外下方舒展，然后轻轻向前、向里收敛，好像用臀部把小腹托起来。

（五）圆裆松胯

裆即会阴部。裆既要圆，又要实。胯撑开，两膝微向里扣，裆自圆。会阴处虚上提，裆自会实，加上腰的松沉、臀的收敛，自然产生裆劲。

太极拳讲究“迈步如猫行”，要求步法轻灵、稳健，两腿弯曲转换支撑身体进行活动。因此，臀髋部关节须放松，膝关节须灵活，才能保证上体旋转自如，踢腿、换步灵活。

（六）沉肩坠肘

太极拳在松肩的前提下要求沉肩坠肘，两臂由于肩、肘的下坠会有一种沉重的内劲感，这就是上肢内在的遒劲。两肩除了松沉之外，还要微向前合抱。这能使胸部微屈，脊背团成圆形。两肘除下坠之外，也要有一些向里的裹劲。这样的沉肩坠肘才能使劲力贯穿到上肢手臂。

（七）舒指坐腕

舒指是手指自然伸展。坐腕是腕关节向手背、虎口的一侧自然曲起。掌的动作是整体动作的一部分，许多掌法是与全身动作一气呵成的。舒指坐腕实际上是将周身劲力通过“其根在脚，发于腿，主宰于腰，形于手指”而合成一气。

（八）尾闾中正

尾闾中正是关系身躯、动作姿势“中正安舒”“支撑八面”的准星。太极拳运动非常重视尾闾中正，不论是直的还是斜的动作姿势，都必须保持尾闾与脊柱成一条直线，处于中正状态。更重要的是，尾闾中正还能保证下盘的稳固，所以尾闾中正同样是和以上七点身体要求连贯统一的。能够统一地做到这八点要求，就可以使躯干、上肢、下肢的内在劲力达到完整统一的水平。

（九）内宜鼓荡，外示安逸

鼓荡是对内在精神提出的要求，使精神振奋的意思。内宜鼓荡是说内在的精神要振奋，然而这种振奋是沉着的，是“神宜内敛”的，并不流于形色，而表现是安逸的。

（十）运劲如抽丝，迈步似猫行

练太极拳要像抽丝那样既缓又匀，既稳又静；迈步要像猫那样轻起轻落，提步、落步都要有轻灵的感觉。静是太极拳的特点之一。练太极拳首要的条件就是做到心里安静，排除杂念，使精神完全集中到运动上来。心静才能做到“用意不用力”。太极拳注重“用意识引导动作”，是一种“会意”的运动。“缓以会意”，只有徐缓地运动才能会意，因此太极拳要求运劲像抽丝那样徐缓不躁。太极拳还要求速度均匀，即保持适当的等速运动，像抽丝那样均匀地抽拉。其步法要像猫迈步那样轻灵。

二、二十四式简化太极拳概述

（一）二十四式简化太极拳的由来

二十四式简化太极拳是中华人民共和国成立后推行的简易太极拳套路。为了便于在广大人民群众中推广太极拳，1956年国家体育运动委员会（现国家体育总局）组织部分专家，在传统太极拳的基础上，遵循由简入繁、循序渐进、易学易记的原则，去其繁难和重复的动作，选取了二十四式，编成简化太极拳。简化太极拳的套路共由二十四式组成，所以又称二十四式简化太极拳。全套共4段，5分钟左右可练完一遍。

（二）二十四式简化太极拳的动作名称及歌诀

第一式：起势

太极起势要自然，含胸拔背头顶悬。屈膝松腰向前看，松肩垂肘气丹田。

第二式：左右野马分鬃

野马分鬃抱球起，一前一按斜上举。弓步向前似猫行，虚实转换要清晰。

第三式：白鹤亮翅

白鹤亮翅展翅娇，左按右挑至眉梢。右实左虚足尖点，沉肩坠肘要记牢。

第四式：左右搂膝拗步

搂膝拗步斜中行，一手按膝一手拥。坐腕舒指朝前打，分清虚实转换灵。

第五式：手挥琵琶

手挥琵琶抱在胸，左前右后身前迎。右实左虚脚跟点，沉肩坠肘要记清。

第六式：左右倒卷肱

坠身退步倒卷肱，撤步足尖点地行。退步之后成虚步，转腰松胯手前拥。

第七、第八式：左（右）揽雀尾

掤手前举要撑圆，捋手用劲在掌中。挤手着力在手背，按手劲起在腰功。

第九式：单鞭

左手推出拉单鞭，右手钩子在后边。弓步脚跟先着地，虚实转换记心间。

第十式：云手；第十一式：单鞭

云手三进上下翻，一左一右在面前。左步横跨数二次，再拉单鞭又一遍。

第十二式：高探马

高探马上拦手穿，左拦右穿马上边。足尖点地左虚步，沉肩坠肘要记全。

第十三式：右蹬脚

右蹬脚式腿上功，力发腰部要记清。左足站立身要稳，右脚提起向前蹬。

第十四式：双峰贯耳；第十五式：转身左蹬脚

双峰贯耳两笔圆，二拳钳形在眼前。提膝弓步向前迈，转身左脚蹬一番。

第十六、第十七式：左（右）下式独立

下式独立随峰连，一钩一掌往前穿。扑步下式腿要屈，提膝挑掌在胸前。

第十八式：左右穿梭

摇化单臂向上送，一托一推手上功。弓步向前两斜角，左右穿梭一般同。

第十九式：海底针

海底金针手下插，左按右插顶勿斜。左虚右实足尖点，气沉丹田松腰胯。

第二十式：闪通臂

闪通臂上托架功，右架左推向前拥。提膝弓步向前迈，松胯松腰记心中。

第二十一式：转身搬拦捶

转身搬拦捶向前，右搬左拦莫等闲。右脚外撇左脚进，弓步捶打护肘间。

第二十二式：如封似闭

如封似闭护正中，前后仰俯不可行。向后下按足尖跷，向前两手朝前拥。

第二十三式：十字手

十字手法变无穷，两臂环抱交在胸。右脚要向左脚靠，松腰垂肘腰要松。

第二十四式：收势

收势下按不可匆，太极合手式完成。伏九寒暑勤习练，日久天常见奇功。

(三) 二十四式简化太极拳动作全过程演示

二十四式简化太极拳动作全过程演示如图16-1所示。

图 16-1　二十四式简化太极拳动作全过程演示

图 16-1　二十四式简化太极拳动作全过程演示(续)

图 16–1　二十四式简化太极拳动作全过程演示(续)

图 16-1　二十四式简化太极拳动作全过程演示(续)

第二节 防身术

一、正当防卫进攻技术

(一) 拳法

1. 直拳

动作说明：直拳是最常用的拳法，是一种可靠的进攻动作。其特点是动作短促、准确、迅速，适用于击打对方头、胸、腹、肋等部位，往往与其他动作配合使用。直拳可以结合假动作，也可以结合身体的高低姿势，既能主动进攻，又能防守反击。(图16-2)

图16-2 直拳

要点：拳面领先，上臂推前臂，臂微内旋，肘微屈。打完一拳后，迅速收回，并注意防守。

练习方法：可以将一条毛巾挂与胸部同高的位置，并以此为目标。预备势站立，两手自然握拳放于胸前，做突然转髋的动作，使身体重心随之迅速移向另一只脚；以髋带肩，以拳面向前直线冲出。

2. 摆拳

动作说明：摆拳是横向型拳法，可以结合身体姿势的高、低变化击打对方的侧面。上盘可以攻击对方的头部，中盘可以攻击对方的腰肋部。(图16-3)

图16-3 摆拳

要点：以腰带臂，拳经过向前、向内的弧线横向打击。练习时结合身体的晃动和假动作出拳。

练习方法：固定靶、沙袋练习，或用肘击打目标，这样在实战中可以提高速度。

3. 鞭拳

图16-4 鞭拳

动作说明：鞭拳是先屈臂内收，后伸臂以拳背击打的拳法。鞭拳有着如皮鞭抽打的效果，是突发性较强的拳法之一。（图16-4）

要点：从身前任何高度打出，充分运用抽击和手腕猛抖发力；拳头应当以肘关节为圆心自下而上地做圆弧的抽击动作，而不是横抡。一定要记住放松打出。

练习方法：一只手握一个短棍或其他不影响速度的器械，向前上方做挥击的鞭打动作。动作要尽可能放松，在发出前不要有任何征兆。另一只手配合做出防守动作。为了提高速度及敏捷性，可以点燃一支蜡烛，尝试以拳背带出的风将其熄灭。

（二）腿法

1. 蹬腿

动作说明：蹬腿的攻击位置在对方的整个身体中线，抬腿就可以威胁到对方。蹬腿是非常自然、快速的腿法。（图16-5）

图16-5 蹬腿

要点：提膝、抬腿、勾脚尖，以脚跟领先向前踢出，力达脚跟。

练习方法：踢击不同高度的沙袋和脚靶。

2. 踹腿

动作说明：踹腿是攻击距离最远、力量最大的腿法。踹腿多用于攻击对方下盘和中盘。（图16-6）

图 16-6 踹腿

要点：屈膝、勾脚，向一侧踹出，同时展髋，力达脚掌外沿。

练习方法：手扶肋木或支撑物做控腿练习、踹沙袋。

3. 弹踢腿

动作说明：弹踢腿是攻击距离最近、最隐蔽的腿法。弹踢腿攻击对方裆部极具杀伤力。（图16–7）

要点：将蹬腿勾脚尖改为绷脚尖，力达脚背。

练习方法：踢沙袋或脚靶，也可以空踢，练习连续的不同高度的踢腿，以提高出腿速度和踢腿控制能力。

图 16–7 弹踢腿

4. 横摆踢腿

动作说明：横摆踢腿是在实战中使用较多的腿法，它以身带腿，速度快，力量大。

要点：以右横摆踢腿为例，左膝外展，上体左转，收腹，带动收右腿、扣膝，直腿向左上方横摆踢出。

练习方法：踢击不同高度的沙袋和脚靶。

（三）肘法

肘部尖而硬，在腰、肩关节带动下，肘部运动灵活，招式快速有力，可攻可守，发力远比拳法更加迅速、隐蔽，适用于近身防卫。武术谚语中有“宁挨十拳，不挨一肘”的说法，足见肘法威力巨大。肘法十分丰富，如一肘变多肘、拳领肘走、肘催拳行。肘法可以前后、左右、上下不断变化。

1. 顶肘

动作说明：顶肘用于直线攻击对方中盘。（图16–8）

要点：屈肘，顺着腰的发力，向身体一侧顶出，力达肘尖。

2. 挑肘

动作说明：挑肘用于直线攻击对方上、中盘。（图16–9）

要求：屈肘，用肘尖和前臂向前上猛挑，用身体配合动作。

图 16-8　顶肘

图 16-9　挑肘

3. 扫肘

动作说明：扫肘用于横向打击和防卫。随转体前臂内旋，屈肘用前臂外侧向前横扫，目视前方。（图16-10）

要点：动作要干脆利落，攻击对方中上盘。

练习方法：肘法练习随时随地都可以进行，建议以组合方式练习肘法，以提高肘法的运用能力。

（四）膝法

1. 前顶膝

动作说明：前顶膝用于攻击对方裆部和胸部，是隐蔽性强、杀伤力大的一种膝法。（图16-11）

要点：配合上步、近身或抓住对方身体，屈膝前顶。

2. 侧顶膝

动作说明：侧顶膝动作基本与前顶膝相同，提膝向斜上用力，攻击对方肋部。（图16-12）

要点：配合上步、近身或抓住对方身体，腰胯配合发力。

图 16-10　扫肘

图 16-11　前顶膝

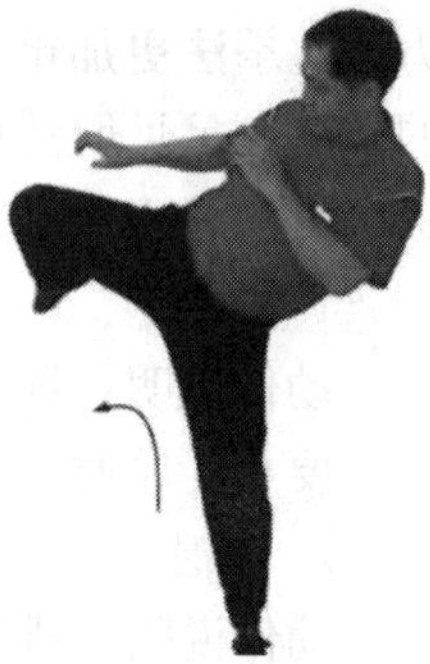

图 16-12　侧顶膝

（五）摔法

1. 别腿摔

动作说明：当甲顺步右拳击乙的胸部时，乙以右手拦抓甲右腕，并向后、向下

拉，右脚随即向甲右侧上步，同时右臂压其胸颈部；身体贴近猛向左扭转，将甲摔倒。（图16–13）

要点：抓腕、上步和别腿拧转动作要协调、快速。

图16–13　别腿摔

2. 转身大捋摔

动作说明：当甲用右直拳或右摆拳进攻时，乙用右手上架防守，并用左手搂抓甲的右前臂，随即近身上右脚，左手经外侧抓握甲的手臂，然后以左侧为支点用力向前下方转体、压拉，身体前屈，使甲翻倒。（图16–14）

要点：乙的所有动作，从上架到抓握、从上步近身到转身捋摔要按照顺序进行，渐至流畅连贯。

图16–14　转身大捋摔

（六）拿法

1. 破抓肩拿法

破正面抓肩拿法：甲、乙两人面对面站立。当甲右手抓乙左肩时，乙用右手按住甲手背，身体右转迫使甲前臂内旋，以左臂压甲尺骨一侧，将其拿住。（图16–15）另一侧方法相同。

破背面抓肩拿法：当甲在乙身后用右手抓乙左肩时，乙用右手按住甲手背，左臂屈臂抬起向甲前臂外侧切下，随即屈臂从甲肘弯处绕过向回用力。（图16–16）另一侧方法相同。

图 16-15　破正面抓肩拿法

图 16-16　破背面抓肩拿法

2. 抓肩别臂

动作说明：当甲顺步右拳击来时，乙速以左手向外拦抓甲的右手腕，右臂由下向上击甲的右手肘弯，左手同时下压，右脚迅速向甲右侧上步，紧接着身体左转，右手上穿抓甲右肩，左手将甲右手推至其背上。（图16-17）

要点：别臂动作要连贯、快速，一气呵成；左手下压、右臂上击和上右步要同时进行。

3. 折腕拿

动作说明：当与对手行走相错时，迅速用右手抓其右手腕；随即迅速向上提腕，同时上步向右转体，两手合力卷折其手腕，迫其就擒。（图16-18）

要点：抓手腕要准，上步转身要快，折腕要注意力度。

图 16–17　抓肩别臂

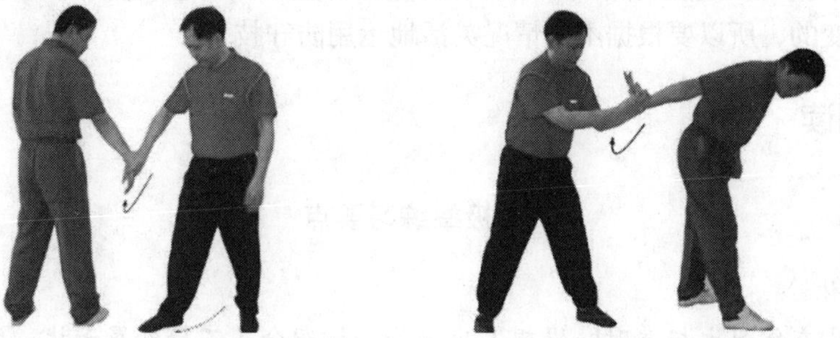

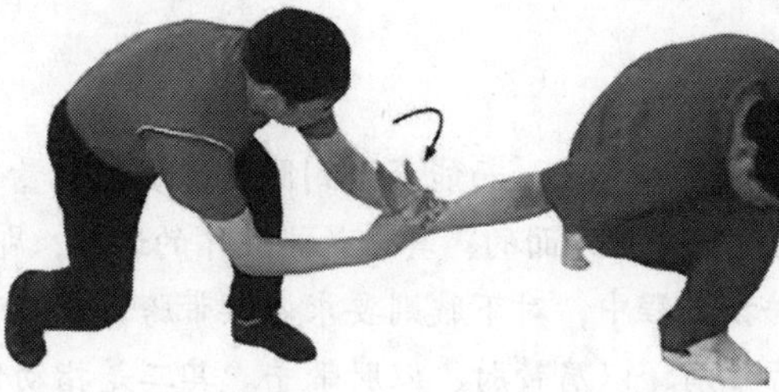

图 16–18　折腕拿

（七）非常规动作

除了上文介绍的比较常规的武术动作外，在遇到实际危急的时刻，推、拽、搡、拉、扇、撞这些非常规动作也可以发挥作用。中国武术技术包括头、肩、肘、膝、拳、脚、胯几乎所有身体部位，经过练习，这些部位都能成为防卫的有力武器。由于每个人身体条件、用力方式、习惯爱好等方面的差异，每个人都可能会采取不同的方式。练习的秘诀：一是在放松的状态下，假想危机出现在身边，然后突然抖动肢体发力于瞬间，做模拟的击打动作（这在传统武术中称为“试力”和“发力”）；二是投掷手边的东西，经过练习，随身携带的很多物品都能成为有力的防身武器。

二、正当防卫的防守技术

准确、巧妙地防守，既能保护自己，又能为更好的进攻创造条件。

防守技术分为2类：一类是躲闪防守，即通过身体姿势的变化或位置的移动达到防守的目的；另一类是接触防守，即通过肢体的拦截达到防守的目的。

（一）躲闪防守法

动作说明：躲闪防守要对对手的进攻时间和路线、攻击方法和部位有准确的判断，进而做到反应敏捷，达到自动化的程度。闪躲防守包括撤步、后闪、侧闪、下躲闪、转、摆、晃等。例如，在对手摆拳进攻时，通过身体下沉躲过对手的拳。

要点：时机恰当、位移准确、整体协调，保持身体平衡。

（二）接触防守法

动作说明：接触防守是指通过肢体的拦截达到防守目的的一种防守技术。它包括架、格、砸、拍、挡、截击等。

要点：根据对方进攻的路线、角度和力量，分别采用对应的防守技术。格斗中的情况是复杂多变的，所以要根据不同情况灵活地运用防守技术。

拓展阅读

太极拳练习要点

1. 心静体松

心静是指在练习太极拳时，思想上应排除一切杂念，不受外界干扰；所谓体松，是指太极拳练习时在保持身体姿势正确的基础上，有意识地让全身关节、肌肉以及内脏等达到最大限度的放松状态。

2. 圆活连贯

心静体松是太极拳练习的基本要求，而能否做到圆活连贯是衡量一个人功夫深浅的主要依据。太极拳练习所要求的连贯是多方面的：其一是指肢体的连贯，即“节节贯穿”。肢体的连贯以腰为枢纽。在动作转换过程中，对下肢则要求以腰带胯、以胯带膝、以膝带足；对上肢，则要求以腰带背、以背带肩、以肩带肘、以肘带手。其二是指动作与动作之间的衔接，即“势势相连”：前一动作的结束就是下一个动作的开始，势势之间没有间断和停顿。圆活是在连贯基础上的进一步要求，意指活顺、自然。

3. 虚实分明

要做到“运劲如抽丝，迈步似猫行”，首先要注意虚实变换适当，使肢体各部位在运动中没有丝毫不稳定的现象。若不能维持平衡稳定，就根本谈不上“迈步如猫行”。一般来说，下肢以主要支撑体重的腿为实，以辅助支撑或移动换步的腿为虚；上肢以体现动作主要内容的手臂为实，以辅助配合的手臂为虚。总之，虚实既要互相渗透，又要在意识的指导下变化灵活。

4. 呼吸自然

太极拳练习的呼吸方法有自然呼吸、腹式顺呼吸、腹式逆呼吸和拳势呼吸。以上几种呼吸方法不论采用哪一种，都应自然、匀细，徐徐吞吐，要与动作自然配合。初学者宜采用自然呼吸法。

思考与练习

1. 简述太极拳的身体要求。
2. 简述二十四式简化太极拳的动作名称。
3. 简述正当防卫的防守技术。

第十七章　飞盘运动

第一节　飞盘运动概述

飞盘的起源可以追溯到公元前8世纪的古希腊。当时古希腊的人们会通过投掷圆盘类的坚硬物体来打猎或者进行军事训练。但直到20世纪初，才产生了用于休闲娱乐的飞盘运动。

目前，飞盘运动是世界上发展快且时尚的运动项目之一，追求“盘不落地，永不放弃”的精神。它综合了像篮球一样的传球、足球一样的跑动、橄榄球一样的得分等特点，是男女混合比赛，是集时尚、趣味、娱乐、竞技和社交于一体的新兴休闲有氧健身运动，具有上手快，安全性、观赏性、娱乐性强、不受场地限制等运动特点，有利于人的“健体、健心、健志”。

根据所用飞盘材质、规则的不同，飞盘项目有数十种不同的玩法。目前，世界上主流的飞盘玩法有团队飞盘、沙滩飞盘、飞盘掷准赛、躲避飞盘、花式飞盘以及其他飞盘。

世界飞盘联合会是一个国际性的飞盘运动组织，管理包含团队飞盘（草地和沙滩）、飞盘掷准赛、花式飞盘、飞盘勇气赛等飞盘运动项目。世界飞盘联合会是国际奥林匹克委员会及国际残疾人奥林匹克委员会、国际大学生体育联合会、国际体育联合会协会、国际单项体育联合会总会、国际世界老将运动会协会和国际世界运动会协会的成员。它还是世界反兴奋剂组织的签署组织之一。

第二节　飞盘运动技能及飞盘比赛规则

一、团队飞盘

（一）反手传盘动作要领

反手传盘是飞盘运动重要的基本技术，是参与所有飞盘运动的基础动作。

1. 握盘技术要领

（1）两手持盘，可进行调整，以找到最适合自己的握盘方式。

（2）将拇指放在飞盘正面的凸起纹路上并向下压。

（3）食指同时接触飞盘的边及底面。

（4）手掌贴住飞盘的边缘。

（5）握盘不要过紧。

反手握盘动作如图17–1所示。

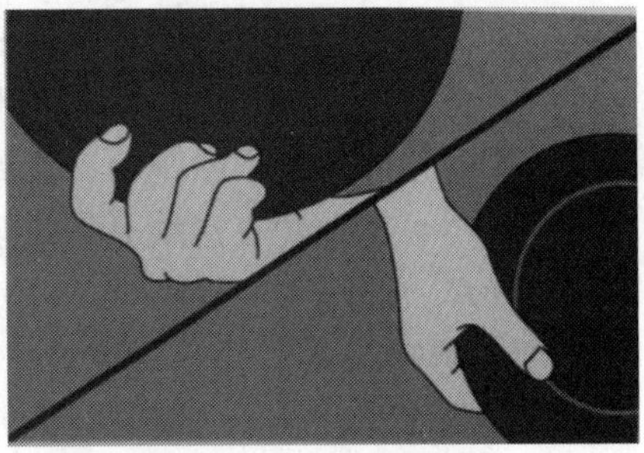

图 17–1　反手握盘动作

2. 传盘技术要领

（1）保持飞盘和前臂在一个水平面上。

（2）握盘手同侧的腿向斜前方迈出，身体略微侧向迈腿方向。

（3）重心保持在身体中轴线上，放低重心，保持身体稳定。

（4）用连贯动作将飞盘向目标框掷出。

（5）掷出飞盘时，手腕旋转发力，使飞盘旋转起来。

（6）手臂自然弯曲，不要将飞盘抱在怀里。

（7）在胸口正对目标框时将飞盘掷出。

（8）运用臂部的力量将飞盘掷得更远。

（二）正手传盘动作要领

正手传盘是飞盘比赛中重要的基础动作之一。握盘的舒适与否会影响正手传盘的质量。

1. 握盘技术要领

（1）两手持盘进行调整，以找到最适合自己的握盘方式。

（2）用虎口和拇指夹紧飞盘的外边缘。

（3）拇指指向飞盘的中心。

（4）将中指压在飞盘的内沿上。

（5）用食指来控制飞盘的平衡。

正手握盘动作如图17–2所示。

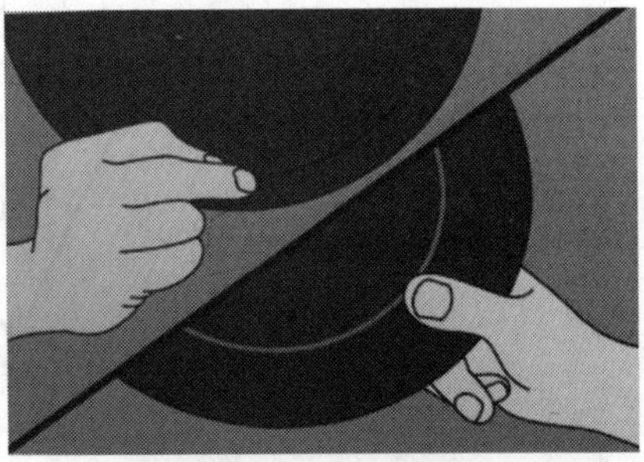

图 17–2　正手握盘动作

2. 传盘技术要领

（1）用手腕和前臂的甩动来发力。

（2）保持身体平衡，同时将重心控制在身体中轴线上，降低重心。

（3）握盘手同侧的腿向身体侧面迈出。

（4）出手时保持飞盘外侧略微向下倾斜，这样可以使飞盘飞行得更加平稳。

（5）手肘靠近身体，肩膀略微下沉。

（6）从短距离的传盘开始练习，逐渐拉长距离。

（7）减少手臂动作，用核心力量发力。

（三）进攻综述

团队飞盘是一项团队运动，场上队员间的配合十分重要，进攻方创造跑动空间是第一目标。在进攻过程中应注意以下几点。

（1）保持冷静与耐心，时刻观察场上的形势，寻找跑动空间，同时注意队友的跑位，避免重复跑动，要相信队友。在跑动时要寻找空间来发挥自己最大的优势，同时分析防守方的策略，找出其防守中的漏洞。

（2）保持飞盘在场上的转移，利用回传和横传来拉开空间，充分利用场地的宽度和长度，同时让防守方不断跑动，找到防守空当。

（3）尽可能避免在边线开展进攻，因为在边线进攻会使传盘和跑动空间变小，使防守变得简单，而进攻变得困难。

（四）防守综述

在团队飞盘比赛中，防守是非常重要的一环，成功有效的防守可以使队伍获得更多的进攻机会，从而获得比赛的优势。比赛中的防守与其说是一种战术，不如说是对防守队员精神上的考验。防守队员要有顽强拼搏的意志、专注的态度、永不放弃的精神，这样才能保证场上的防守强度。

作为防守的第一线，对持盘队员的防守显得格外重要，这是防守的起点，只有先做好了对持盘队员的防守，其他防守策略才能奏效。在防守过程中，队员要学会观察进攻队员的优势和劣势，逼迫他们用不擅长的进攻方式来进行比赛，采用不同的防守策略破坏对方进攻的流畅性，打乱其进攻节奏。一旦防守成功，就要抓住攻防转换的间隙，快速组织进攻，打对方一个措手不及。

（五）团队飞盘的基本规则

1. 场地

使用长方形的场地，两端各有得分区。正规的比赛场地长为100米、宽为37米，双方的得分区有18米长。（图17–3）

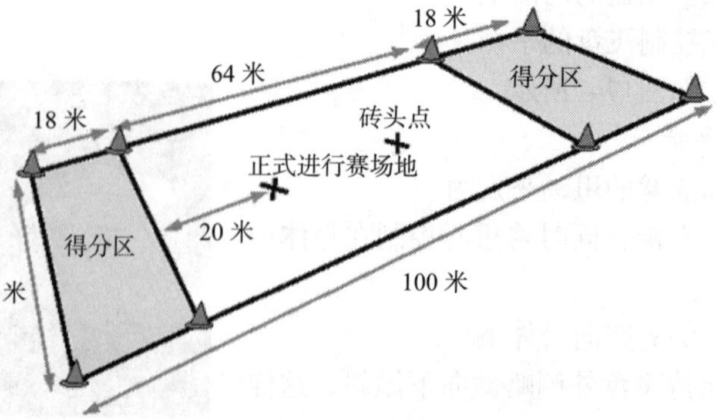

图 17–3　团队飞盘标准比赛场地

2. 开赛

两支队伍的上场队员排在本方防守的得分区。先防守的队伍把飞盘扔给进攻的队伍称为发盘。正规的比赛中，每支队伍只许有7名队员上场。

3. 得分

每次正在进攻的队伍成功地把飞盘传给在对方防护的得分区内的队友且该队友接住飞盘，进攻队伍得1分。得分之后，根据开赛的方式准备开始下一回合。

4. 飞盘的转移

每名持盘队员都可以将飞盘传向任何方向以及任何在场上的队友。队员不许拿着飞盘跑动。拿着飞盘的队员称为持盘队员。持盘队员有10秒的时间决定往哪里扔飞盘。防守持盘队员的队员称为防盘队员。防盘队员应大声地数出来这10秒（称为“延时计数”）。

5. 攻防转换

进攻队伍传飞盘时若没能成功地传给一位队友（如出界、没接住、被对方挡下、被对方拦截等），防守队伍就有权拿飞盘然后攻防立即转换。

6. 换人

只有在刚得分之后或队员受伤的时候允许更换场上比赛的队员。

7. 避免身体接触

队员之间不应该有任何身体接触，也不允许阻挡别的队员跑动。

8. 犯规

当一位队员与另一位队员有身体接触时属于犯规。如果犯规导致了失误，飞盘将还给被影响的队员。如果犯规的队员觉得自己没有犯规，飞盘将还给前一位拿飞盘的队员，然后继续比赛。

9. 自我仲裁

队员有责任决定什么时候示意犯规或是否出界。队员应该互相文明地讨论及解决场上发生的矛盾。

10. 飞盘精神

团队飞盘很重视体育道德和公平的比赛。它鼓励队员努力竞争，但竞争永远不能损害队员之间相互尊重、规则或玩飞盘的乐趣。

二、飞盘掷准赛

（一）基本玩法

1. 流程

飞盘掷准赛一个目标框的流程如图17-4所示。

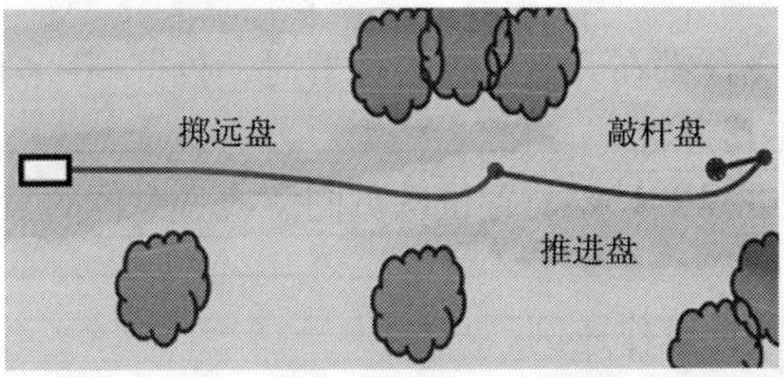

图17-4　飞盘掷准赛一个目标框的流程

2. 标记投掷点

（1）飞盘出手后在界内场地表面上的落点标记为落停点，即下一次的投掷点。

（2）队员也可以选择将迷你标记飞盘放在场地表面上，以标记投掷点。（图17–5）

迷你标记飞盘尺寸较小，不用于比赛，规格符合世界职业掷准飞盘运动协会对迷你标记飞盘的技术标准。

图17–5　选手放置标记飞盘

（3）若飞盘出手后没有落在界内的场地表面上，或者根据规则改变投掷点，队员可根据规则使用迷你标记飞盘标记投掷点。

（4）未按照上述方式标记投掷点，视为违规标记。队员首次违规标记时会受到警告。在同一回合中，后续的每次违规标记都会被加罚一盘。

3. 出界

（1）当飞盘的静止位置明显地被界外区完全包围时，即飞盘出界。

（2）飞盘出界的队员，加罚一盘。该队员下次投掷可从以下地方开始。

① 上一处投掷点。

② 在场地平面有明显飞盘投掷标记的投掷点。投掷点的位置应在垂直于界外线的1米线上。该1米线从飞盘出界点向界内延伸1米。

③ 在指定投掷区内。

（3）若投掷出的飞盘的位置在界内，且离界外线不足1米，则可以由原投掷点转移至新的投掷点。新的投掷点应在1米线上，该1米线从界外线上距离飞盘中心最近的点开始向界内延伸。

4. 比赛顺序

（1）队员在第一个目标框开盘区上按照记分牌上的顺序进行投掷。

（2）下一轮开盘时，前一轮投掷次数少的先开盘；平局时，平局者与前一轮的投掷顺序一致。

（3）当所有队员的飞盘都在开盘区外有位置时，投掷顺序为：离目标框最远的位置先投掷。（其他所有人在其身后）

（4）为了加快比赛进程，只要前置位队员同意或者对他的投掷没有影响，下一名队员也可以先行投掷。

（5）不按顺序进行投掷算作违例。

5. 投中目标框

投掷队员投出的飞盘必须进入目标框，即位于托盘的顶部和链条底部之间，并且被目标框支撑，才算成功投入目标框。

6. 竞赛礼仪

（1）队员需要避免的行为。

① 伤及其他人员或干扰其他队员的飞盘投掷。

② 未经同意不按顺序投掷，或影响其他队员。

③ 做出干扰他人或缺乏体育精神的行为。

a. 大声喊叫（提醒飞盘将打到他人的叫喊除外）。

b. 辱骂他人。

c. 击打、踢踹、丢弃、破坏场地或其他队员的设施和装备。

d. 在其他队员投掷时移动或讲话。

④ 超越远位点队员进行投掷。

⑤ 把设备放在可能会影响其他队员的地方，或是投掷飞盘进行干扰。

⑥ 乱扔垃圾，包括烟头等。

⑦ 抽烟产生烟雾，影响其他队员。

（2）队员必须遵守的行为。

① 遵照规范行事，包括帮助寻找遗失的飞盘、按照要求移动比赛设施。

② 公正计分。

③ 监督同组其他队员投掷，确保投掷符合规则，并帮助寻找飞盘。

队员在违反任一竞赛礼仪时，将受到警告。在之后的同一回合中，该队员每违反一次竞赛礼仪，将加罚盘。违反竞赛礼仪的行为可由任何受影响的队员提出或指认，也可由裁判员提出或指认。对于反复违反竞赛礼仪的队员，赛事执行长有权取消其参赛资格。

（二）基本技巧及技能

1. 敲杆

（1）握法：扇形握法。

要点：盘紧贴手掌，食指扣盘沿，拇指压盘面，其余三指呈扇形托住盘底。

（2）站姿：正对目标框。

要点：可以稍微侧身（类似投篮），但不要侧对目标框；两脚前后分开，稳定站立。

（3）摆臂：推试敲杆。

要点：上身保持竖直，不要弯腰；在从准备到出盘的整个过程中，盘始终在身体中线上，动作由慢到快；出盘后手对着目标。

（4）下身动作和时机。

要点：准备时，重心移至后脚，同时手臂下摆；身体重心转移，整个身体向前爆发发力，同时手臂前摆出盘。

2. 反手开盘

（1）握法：扇形握法、强力握法、其他。

要点：尝试不同的握法，找到让自己稳定的舒服握法；盘头向下；手背与手臂成一条线。

（2）转身。

要点：转髋、转肩至两肩平齐，背对开盘方向；将盘送离身体至手臂伸直；上半身保持竖直，不要为了将盘后送而弯腰。

（3）前拉。

要点：转髋，将飞盘从远端向前拉；从转身到前拉过程中，盘始终处在一条水平直线上，同时盘应通过身体核心区域，不宜过高或过低；此过程中另一只手紧贴身体。

（4）步法和时机：交叉步。

要点：放慢速度，与走路速度相当，找到自己的节奏；最后一步前脚向身前多跨一些（建议新手平行站立），与开盘方向成90°或小于90°的角；最后一步前脚踏实时，持盘手臂应伸直，此时飞盘离身体最远；最后一步重心开始由后脚向前脚转移时，将盘向前拉。

（5）出盘和跟随动作。

要点：转髋带动手臂前拉。当转至侧面时，盘贴着躯干，手肘远离躯干，前臂与上臂、上臂与胸成2个90°角；出盘全程不要松手，找到一个稳定的松紧程度；出盘之后手臂跟随盘的飞行方向；手臂不应高过两肩连线；前脚的脚跟支撑身体转动，出盘之后自然站立。

3. 正手开盘

（1）握法。

要点：最好使用两指；盘紧贴虎口；尝试不同的握法，找到适合自己的稳定的握法。

（2）步法。

要点：与正常走路相同。

（3）转身和时机。

要点：右脚前踏时，右手持盘向后伸，上身不转；左脚前踏时，髋部自然向后转动。

（4）出盘和跟随动作。

要点：转髋转身，使身体朝前；右肘带领右手腕向前送，同时抖动手腕出盘；跟随动作自然发生。

拓展阅读

飞盘运动由“小众”稳步迈向“大众”

随着中国飞盘联赛的举办，越来越多的飞盘活动开展起来，这在带来飞盘运动人口基数增长的同时，也促进了该项目竞技水平的提升，推动了飞盘运动稳步走向规范化、职业化。2022—2023年中国飞盘联赛四川成都站的比赛更是“圈粉”无数，更好地推广和普及了飞盘运动。

飞盘“火”出圈，与人们与日俱增的运动需求密不可分。人们对美好生活的向往，使个性化、多元化的消费需求不断扩展，运动员赛场上一次次奋力扑救，不放弃每一次抓握飞盘的机会，完美诠释了对待生活挫折与困难的态度与决心，不仅反映了一种生活态度，更是一种人生哲学。

中国飞盘联赛2023年的首个分站赛落户四川省成都市青羊区，在成都市建设“世界赛事名城”的进程中，为成都市注入了体育活力，自发布赛事信息以来，该站比赛受到四川省内众多飞盘爱好者的热情关注。报名通道开启仅1分20秒，就已有16支俱乐部完成参赛报名提交流程，占了该站赛事所有名额。

飞盘运动是一项充满青春与魅力的时尚运动，对消除疲劳、愉悦身心、增进健康都十分有益。飞盘运动在四川省拥有良好的群众基础，本次参赛的16支队伍，有新兴飞盘社群队伍，有资深老牌强队，也有来自高校的青春力量。参赛队员中，年纪最小的只有14岁，年纪最大的45岁。参赛队员涵盖各行各业飞盘爱好者，展现出了飞盘运动的全民性、包容性和独特的竞技魅力。其中获得第四名的悟空飞盘队以在四川省生活的外籍人士为代表，队员来自中国、美国、伊朗、南非等9个国家。他们在成都市学习或者工作，通过飞盘彼此相识，并结识了许多成都朋友。

以中学生为班底、平均年龄只有17岁的成都飞盘大学院，首次正式比赛表现不俗，展现出的青春力量感染了每一位参赛队员和观众。

四川省成都市在2023年迎来了第31届世界大学生夏季运动会，全市市民对于体育的热情空前高涨。成都市始终坚持“办赛、营城、兴业、惠民”战略，以诸多体育盛会聚拢运动热情，逐步打造开放共享、活力多元的和谐宜居社区。

同时，2025年成都市将举办第12届世界运动会，飞盘运动正是世界运动会的比赛项目之一。2022年11月，成都市举办了首届“公园城市杯”飞盘公开赛，世界飞盘联合会主席罗伯特·劳赫在赛前发来视频祝福，预祝此次赛事圆满举办，世界运动会也进入了“成都时间”。

中国飞盘联赛2023年首站比赛在成都市举办，不仅带动了区域飞盘运动竞技水平的提高，加强了当地群众对于飞盘运动项目的认知，更提升了成都市举办飞盘赛事的品质，锻炼了竞赛工作团队，为飞盘运动在四川省和全国的健康发展打下了坚实的基础，也营造出热烈的“爱成都　迎大运”的氛围。

中国飞盘联赛是由国家体育总局社会体育指导中心主办的高规格全民性飞盘赛事，2023年已举办四川成都和湖北武汉两站比赛，接下来还将在长沙、北京、重庆、南京、青岛、上海、深圳、天津等地举办。

思考与练习

1. 简述飞盘的发展。
3. 简述团体飞盘中正手传盘动作要领。
4. 简述飞盘掷准赛的基本技巧及技能。

第十八章　体育与生存

第一节　体育与生存概述

一、体育教育与人类生存的关系

人类历史的不断前进，科技日新月异，物质文明和人类社会文明在提高的同时也诱发了现代文明病。例如，工业化程度的进一步提高导致环境污染加剧，也在某种程度上危害着人们的健康和正常的生活。这就要求人们突破传统的体育教育，把“促进学生身体健康”的传统体育价值观和“使学生学会生存的必要知识和技能”这一新的教育价值观结合起来。

我们知道，婴儿开始伸展四肢，幼儿开始学习走路，表明每个人都具备基本的活动能力，但这仅仅是运动的原始状态，而并非内涵深刻而丰富的科学性的体育运动。有内涵且科学的体育教育的本质是让人们通过一般的教与学的过程，掌握知识、技能及科学的锻炼方法，把掌握的体育知识、技能方法以及体育保健常识和技能运用于生活实践，从而为人类生存和发展服务。

二、“体育与生存”课程的意义

随着社会的进步，体育（广义）的功能在不断拓展，体育教育与人们社会生活的联系日益加强。无论在广度上还是在深度上，体育的功能都在不断延伸。事实上，正确的走、站、坐、卧的姿态，良好的作息和饮食卫生，游泳能力，各种自我防卫技巧，防火常识，基本运动创伤的救护常识和方法，急救知识，团队协作，等等，都与生存与发展紧密联系。从现阶段来看，大学体育的着眼点应放在培养大学生的生存能力、自我锻炼能力等方面，把增强大学生身体素质贯穿于课程的全过程，使大学生具备应对复杂环境的身体素质、心理素质、生存技巧和基本技能。这样的课程既能加深大学生尊重生命的情感，也能培养大学生终身体育的意识。

三、“体育与生存”课程的内容和目标

（一）课程内容

（1）科学的健身知识与运动营养学知识。

（2）常见运动损伤的处理、心肺复苏救护知识。

（3）地震、火灾等突发事件的逃生知识。

（4）应对危机、化解暴力伤害的安全知识。

（二）课程目标

（1）培养大学生良好的思想作风和顽强的意志品质，使其形成正确的健康观与生命观。

（2）提升大学生情绪管理能力与团队合作能力。

（3）增强大学生对自然和社会的适应能力。

（4）发展大学生的个性和创造力。

（5）将课程思政元素与体育教学相结合，培养大学生遵守规则、热爱集体的优秀品质。

（6）通过运动帮助大学生建立积极乐观的心态，引导大学生建立正确的世界观、人生观、价值观，不断提升大学生的安全智慧及生活智慧，为其今后建立和谐的人际关系、适应社会专业工作打下良好的基础。

第二节　意外伤害急救与处理

生命健康是人类社会一切文明进步的基础和前提。但是各种意外伤害和突发急症却时刻威胁着人们的生命和健康。有效地传播和普及救护知识与技能，可以使人人都成为生命的守护者，最大限度地保护生命和健康。

一、心肺复苏

（一）概述

心脏骤停是导致猝死的主要原因。心脏骤停4分钟后脑组织将发生不可逆的损害，所以心脏骤停4分钟被称为“黄金4分钟”。相关研究表明，90%以上的心脏骤停发生在医院之外。在日常生活中，心脏急症是导致心脏骤停最常见的原因，许多意外伤害（如电击、淹溺、中毒、严重创伤及运动猝死等）都可能会导致呼吸、心脏骤停。心肺复苏是抢救心脏骤停患者最有效的方法，一旦发现发生心脏骤停者，必须争分夺秒，采取现场心肺复苏，抢救越早，成功率越高。

心肺复苏通过徒手、辅助设备及药物来实施，以维持人工循环、呼吸及纠正心律失常，是最基本、最重要的抢救呼吸、心脏骤停患者生命的医学方法。

（二）心肺复苏的步骤

心肺复苏的主要步骤是胸外按压、开放气道、人工呼吸，具体包括以下7个步骤。

1. 第一步：评估环境

在任何事故现场，救护员都要冷静地观察周围情况，判断环境是否存在危险。只有在确保安全的情况下才能进行救护。

2. 第二步：判断意识

救护员用两手轻拍患者两肩，并在其两侧耳旁大声呼叫，如“先生（女士），您怎么了？”观察患者有无应答。若患者无动作、无应答，即判断为无意识、无反应。

3. 第三步：呼叫、求救

当发现患者无意识、无反应时，救护员应立即大声呼喊旁人帮忙，指定某人拨打120，并设法取得自动体外除颤仪（Automated External Defibrillator，AED）。

4. 第四步：判断生命体征

做到“一听，二看，三感觉”。“一听”，即听患者是否有呼吸；“二看”，即看患者胸廓是否有起伏；“三感觉”，即在患者喉结旁两横指或颈部正中旁三横指处，用食指和中指两指触摸颈动脉，感觉有无搏动。这3个动作同时操作，应在10秒内完成。若患者无呼吸、无脉搏，应立即实施心肺复苏。

5. 第五步：胸外按压

（1）将患者置于平坦坚硬的地面上，使其呈仰卧位，救护员跪立在患者一侧，两膝分开。

（2）找准正确按压点。找准患者两乳头连线中点部位，救护员右手（左手）掌根紧贴患者胸部中点，两手交叉重叠，右手（左手）五指翘起，两臂伸直。两肩位于手正上方，以保证每次按压的方向与胸骨垂直。

（3）保证按压力量、速度和深度。救护员利用上身力量，用力按压30次，按压频率为100~120次/分。按压胸壁的下陷幅度至少5厘米，但不能超过6厘米。每次按压放松使胸廓恢复到按压前的位置，放松时，掌根不能离开胸壁，以免引起按压位置波动，发生肋骨骨折。

6. 第六步：开放气道

（1）观察患者口腔中有无异物，如有异物则应取出。使患者的头偏向一侧，清理其口腔分泌物。如患者有活动假牙，需要摘除。

（2）用仰头举颏法将气道打开。用一只手置于患者前额处，并向下压迫，另一只手放在其颏部（下巴）并向上提起，使其头部后仰，双侧鼻孔朝正上方即可。

7. 第七步：人工呼吸

救护员用手捏住患者鼻翼两侧，防止漏气，用嘴完全包裹住患者的嘴部，吹气2次。每次吹气时，需观察胸廓有无起伏，以保证有效吹气。在2次吹气间歇，松开紧捏患者鼻翼的手指。每次吹气应持续1秒钟，时间不宜过长，也不可吹气量过大，500~600毫升即可。

注意：胸外按压和人工呼吸按照30：2的比例，即30次胸外按压和2次人工呼吸为1个循环心肺复苏，每5个循环心肺复苏评估1次患者呼吸、脉搏是否恢复，直到医护人员到场。

（三）AED的使用

（1）当取得AED后，打开AED电源，按照AED语音提示进行操作。

（2）根据电极片上的标志，将一个电极片贴于患者右胸上部，另一个电极片贴于患者左侧乳头边缘（可根据AED上的图片指示贴）。

（3）离开患者并按下心电分析键。如提示室颤，则按下电击按钮。

（4）如果一次除颤后未恢复有效心率，则立即进行5个循环的心肺复苏，直至医护人员赶到。

二、中暑

中暑是指在温度或湿度较高且不透风的环境中，因体温调节中枢功能障碍，或汗腺功能衰竭，或水、电解质丢失过多，从而发生的以中枢神经和（或）心血管功能障碍为主要表现的急性疾病。

（一）症状

（1）先兆中暑：多汗、口渴、乏力、头晕、耳鸣、恶心、心慌、四肢无力、疲惫、精神不集中、动作不协调，体温常常低于37.5℃。

（2）轻症中暑：除有先兆中暑症状外，患者面色潮红或苍白、呕吐、胸闷、皮肤灼热、皮肤湿冷、脉搏细弱、血压下降，体温升至38.0℃甚至以上。

（3）重度中暑：患者出现痉挛、昏迷，体温40℃以上或出现休克症状。这类中暑又分为热痉挛、热衰竭、日射病和热射病4种。重度中暑如不及时救治会危及生命。

（二）预防

（1）天气炎热时，尽量将户外活动安排在早上或晚上进行；或者在活动一段时间后，选择阴凉的地方休息；注意调整户外活动的强度。

（2）在锻炼过程中，若出现心跳加速、喘不过气、头晕、心慌等症状，必须立即停止运动，寻找阴凉的地方及时休息。

（3）晒伤会影响身体的降温能力，所以要做好防晒工作。

（4）合理饮食，保持身体水分，增强身体抵抗力。

（三）应急救护原则

（1）脱离：将患者带离高温环境，置于阴凉、通风的环境中，最好解开衣领、腰带，以利于加速降温。

（2）降温：体温升高者，可采用冷敷（用冰袋冷敷双侧腋下、颈动脉处及腹股沟区等），也可用冷水擦浴全身（除胸部）。如果使用冰块，要注意防止冻伤。

（3）补液：患者如果神志清醒，可以口服淡盐水或含盐清凉饮料，也可以服用藿香正气水、十滴水、人丹等。

（4）必要时拨打120。

三、淹溺

淹溺是指人被淹没在水中并导致呼吸障碍及窒息的状况。淹溺的过程很快，人一般过4~6分钟就会因呼吸、心搏停止而死亡。因此，当发生淹溺时，要争分夺秒、积极地抢救。

（一）预防

（1）有关部门根据水源地情况制定预防措施，包括安置醒目安全标志或警告牌。

（2）进行防淹溺宣传教育。

（3）过饱、空腹、酒后及身体不适者避免下水或进行水上活动。

（4）儿童、老年人、伤残人士避免单独接近危险水源。

（5）游泳前做好热身活动，适应水温，减少抽筋和心脏病发作的机会。有活动义齿者应取下。远离激流和漩涡，不逞能、不嬉闹。

（6）在游泳时如突感身体不适，应立即上岸或求救。

（二）应急救护原则

1. 水中救护

水中救护可分为自救和他救。

（1）自救。

① 不要慌张，发现周围有人立即呼救。

② 放松全身，让身体漂浮在水面上，将头部浮出水面，用脚踢水，防止体力丧失，等待救援。

③ 当身体下沉时，可将手掌向下压。

④ 如果在水中突然抽筋又无法靠岸，应立即求救。若周围无人，可深吸一口气潜入水中，伸直抽筋的那条腿，用手将脚趾往上扳，以解除抽筋。

（2）他救。

① 有条件时，施救者可将救生圈、竹竿、木板等物抛给淹溺者，再将其拖至岸边。

② 施救者自觉有能力的可充分做好自我保护后跳入水中，将淹溺者救出；如无能力，千万不要贸然跳入水中，应立即高声呼救。

③ 迅速接近淹溺者，观察其位置，从其身后靠拢，不要被慌乱挣扎的淹溺者抓住。从后面用两手托住淹溺者的头部，采用仰泳的姿势将其带到安全处；或推动其向岸边靠近。切忌迎面接触淹溺者。

2. 岸上救护

（1）尽量将淹溺者放成侧卧位，使其头部的位置能使口鼻自动地排出液体，清理口鼻中的异物，无须控水。

（2）如淹溺者无呼吸、心跳，应立即给予2次人工呼吸，然后做胸外按压，5个循环心肺复苏后判断救护效果。

（3）如淹溺者有呼吸、心跳，意识不清楚，应立即清理其口鼻中的异物，保证其呼吸通畅，密切观察其呼吸、心跳的变化。

（4）不要轻易放弃抢救，特别是在低体温的情况下，抢救应坚持直至医护人员到达。

（5）一旦淹溺者恢复呼吸、心搏，可用干毛巾为其擦拭全身，自四肢、躯干向心脏方向摩擦，以促进血液循环。

第三节　突发事件的应急与逃生

突发事件是指突然发生，造成或者可能会造成重大人员伤亡、财产损失、生态环境破坏和严重社会危害，危及公共安全的紧急事件。突发事件可分为自然灾害、事故灾难、公共卫生事件和社会安全事件四大类。遇突发事件时需要采取应急处置措施予以应对。面对突发事件，如何应急和逃生？下面介绍3种典型的突发事件的应急知识。

一、地震

（一）概述

地震在自然灾害中属于受灾面积广、破坏性强、死伤人数多的地质灾害，往往会在瞬间给人类和社会造成巨大损失。在过去的几十年里，在我国极为典型的是1976年7月28日唐山7.8级地震、2008年5月12日汶川8级地震以及2010年4月14日玉树7.1级地震，人员伤亡多，经济损失巨大，给国家和人民留下了惨痛的记忆和教训。面对地震，应急知识的掌握是十分必要的。

（二）地震时的应急措施

1. 室内避震

（1）地震时，切勿试图冲出房屋，以防被砸。权宜之计是躲到能形成“生命三角空间”的地方，这才是最佳躲避地点，如承重墙墙角、冰箱旁边、坚固的家具旁边。

（2）躲进开间小、有支撑物的房间，如厨房、厕所、储藏室等。

（3）危急中也可以选择桌子、床，在其旁边抱头屈膝，让头部低于床和桌子的高度，而且尽可能用枕头、椅垫保护住头部。

（4）千万不要跳楼，也不要滞留在床上。

（5）不要躲在楼梯处和电梯间。

（6）不要到外墙边、窗边或阳台上避震。

2. 学校避震

（1）上课时发生地震，应在教师的指挥下迅速抱头、闭眼、躲在各自的课桌旁边，震后迅速、有序地撤离。

（2）在操场或室外发生地震时，可原地蹲下，两手保护头部，注意避开高大建筑物或危险物。

（3）不要跳窗、跳楼或在楼梯处停留。

3. 公共场所避震

（1）发生地震时就近在牢固物旁蹲伏，震后有序撤离，避免拥挤。不要乘坐电梯，不要在楼梯处停留。

（2）在体育馆、影剧院内，就地蹲下或趴在排椅旁。注意避开悬挂物，用书包等物保护头部。

（3）在商场、展览馆、饭店等处，要选择在内墙角、柱子旁，结实的柜台、商品（低矮家具等）旁迅速蹲下；避开玻璃柜台、门窗和橱窗等。

（4）在行驶的汽车、公交车、火车内，要抓牢扶手，降低重心，躲在座位附近并注意防止行李从架上掉下伤人；面朝行车方向的人，要将胳膊靠在前座席的椅垫上，护住面部，身体倾向通道，两手护住头部；背朝行车方向的人，要两手护住后脑部，并抬膝护腹，紧缩身体，做好防御姿势。地震后，迅速下车向开阔地转移。

4. 户外避震

（1）就地选择开阔地蹲下或趴下，不要立即返回室内。

（2）避开高大建筑物，特别要避开有玻璃幕墙的建筑、过街天桥、立交桥、水塔等。

（3）避开危险物，如变电器、电线杆、路灯、广告牌等；避开其他危险场所，如生产危险品的工厂、储藏易爆易燃品的仓库等。

（4）如果在野外，不要在山脚下、悬崖边停留。遇到山崩、滑坡，要向垂直于滚石前进的方向跑。

（5）要避开河边、湖边、海边，以防河堤坍塌、出现洪水或海啸。

（6）要避开桥面或桥下，以防桥梁坍塌。

（三）地震后的应急措施

1. 自救

一旦被震倒的建筑物埋压，要坚定生存信念，根据自身所处条件，尽力清除压在身上的物体，力争及时脱险。如不能自行脱险，应该采取以下措施。

（1）尽量用湿毛巾、衣物或其他布料捂住口、鼻和头部，防止灰尘呛闷发生窒息，避免建筑物进一步倒塌造成的伤害。

（2）尽量活动手、脚，清除脸上的灰土和压在身上的物体，设法避开身体上方不结实的倒塌物，并设法用砖石、木棍等支撑残垣断壁，加固、扩大活动空间，保持足够的空气。

（3）如果受伤，要设法包扎，避免流血过多。

（4）若几个人同时被压埋，要互相鼓励，共同计划，团结配合，必要时采取脱险行动。

（5）寻找和开辟通道，设法逃离险境，朝着有光亮、安全、宽敞的地方移动。若一时无法脱险，要尽量节省气力，不要大声呼叫，可用身边的石块等敲击与外界联系，以减少体力消耗。当确定不远处有人时，再呼救。

（6）搜寻可饮用水和食品，必要时可以饮用自己的尿液，以延续生命，静待救援。

2. 他救

在外援抢救队伍到来之前，应组织大家互救。抢救中应采取以下措施。

（1）注意搜听被埋人员的呼喊、呻吟、敲击器物等声音。

（2）根据房屋结构，先确定被埋人员位置，再抢救，防止再次受伤。

（3）先抢救建筑物边沿瓦砾中的人员和其他容易获救的被埋人员，扩大互救队伍。

（4）抢救被埋人员时，不可用利器刨挖等，应首先使其头部暴露，迅速清除其口、鼻内尘土，再抢救。

（5）对于埋在废墟中时间较长的幸存者，首先应输送饮用水和食品，然后边挖边支撑，注意保护幸存者的眼睛。

（6）对于颈椎和腰椎受伤人员，切忌猛拉硬拽，要在暴露其全身后，慢慢移出，用硬木板担架送到医疗点。

（7）对饥渴、受伤、窒息情况较严重，埋压时间较长的人员，将其救出后要用深色布料蒙上其眼睛，避免强光刺激。对于伤者，根据受伤轻重，可进行包扎或送医疗点抢救治疗。

二、火灾

在各类自然灾害中，火灾是不受时间、空间限制，发生频率较高的一种灾害，也是最经常、最普遍的威胁公众安全和社会发展的主要灾害。

（一）火灾避险原则

火灾避险应遵循报警、扑救、撤离的原则。

1. 报警

不论何时何地，一旦发生火灾，应立即向119报警。报警内容包括单位、地址、起火部位、燃烧物质、火势大小、有无人员被困、进入火场路线以及联系人姓名、电话等。

2. 扑救

（1）当发生电器火灾时，要立即切断电源，用干粉灭火器或气体灭火器灭火。注意：不可泼水！

（2）如果油锅着火，应迅速关闭燃气阀门，盖上锅盖或湿布，还可以把切好的蔬菜倒入锅中。

（3）如果室内的沙发、棉被等物品着火，可立即用水浇灭。

（4）如果液化气罐着火，应立即关闭阀门，如无干粉灭火器，可用浸湿的被褥、衣物等捂盖灭火。

（5）如果身上着火，不要奔跑，而应立即躺倒，翻滚灭火或跳入附近的水池，其他人也可用厚重的衣物或被子覆盖着火部位灭火。

3. 撤离

如果火势较大，超过自己的扑救能力，应想方设法尽早撤离，具体措施如下。

（1）可用湿的折叠毛巾、口罩蒙鼻，用水浇湿身体，匍匐前进，因为烟气较空气轻飘于上方，贴近地面逃离是避免烟气被吸入的最佳方法。千万不要盲目地跟随人流相互拥挤、乱冲乱撞。撤离时，要朝明亮处或外面空旷地跑；火势不大时，要尽量往楼层下面跑；若通道被烟封阻，则应背向烟火方向离开，逃到天台、阳台处。

（2）缓降逃生，滑绳自救。千万不要盲目跳楼，可利用疏散楼阳台水管等逃生自救。也可利用身边的绳索、床单、窗帘、衣物自制简易救生绳，并用水打湿，紧拴在窗框、铁栏杆等固定物上，用毛巾、布条保护手心，顺绳下至一层或下至未着火的楼层脱离险境。

（3）大火袭来，假如用手摸到房门已感发烫，此时开门，火焰和浓烟将扑来。这时应关紧门窗，用湿毛巾、湿布堵塞门缝，或用水浸湿棉被，蒙上门窗，防止烟火渗入，用手电筒、挥舞衣物、呼叫等方式发出信号，寻求帮助。

（4）遇火灾时不可乘坐电梯，要向安全出口方向逃生，逃生时留心疏散通道、安全出口及楼梯方位指示，摸清道路，便于尽快撤离。如果房内有防毒面具，逃生时一定要戴上。

（二）灭火器

1. 干粉灭火器

干粉灭火器主要用来扑灭液体和气体火灾。

2. 二氧化碳灭火器

二氧化碳灭火器主要用于扑救贵重设备、档案资料、仪器仪表、600伏以下的电气设备及油类等的火灾，但不能扑救钾、钠、镁等轻金属的火灾。

3. 泡沫灭火器

泡沫灭火器不仅能扑救一般固体物质的火灾，还能扑救油类等可燃液体的火灾，但不能扑救带电设备和醇、酮、酯、醚等有机溶剂的火灾。

4. 1211灭火器

1211灭火器适用于电器、各种装饰物等贵重物品的火灾。使用时，将1211灭火器提到起火地点，拔去保险销，将喷嘴对准火源压下鸭嘴阀，即可将灭火剂喷出。

（三）绳结的技巧和方法

1. 称人结

称人结（图18-1）又被称为绳结之王，是世界上最受欢迎的结绳方法。称人结在绳索系在其他物体或者是在绳索的末端结成一个圈时使用，主要有以下3个特征。

（1）易结易解。称人结的结构非常简单，可以轻松打好结。在悬挂重物时，即使打结处变紧，也可以很容易地解开。

（2）高安全性。悬挂重物时，无须担心称人结会松开，它甚至可承受一个人坠落的重量。

（3）变化多，用途广。仅仅使用一个称人结，就可以应对各种状况。另外，以称人结法为基础可演变出多种变化，使其应用范围更加广泛。

图18-1　称人结

2. 渔人结

渔人结（图18-2）是在两根绳子上各打一个单结，然后将其连接起来，这种结构简单，但强度很高，也可以用在不同粗细的绳子上。除此之外，还可以利用单结技巧结出双重单结、固定单结、双渔人结、活索等。

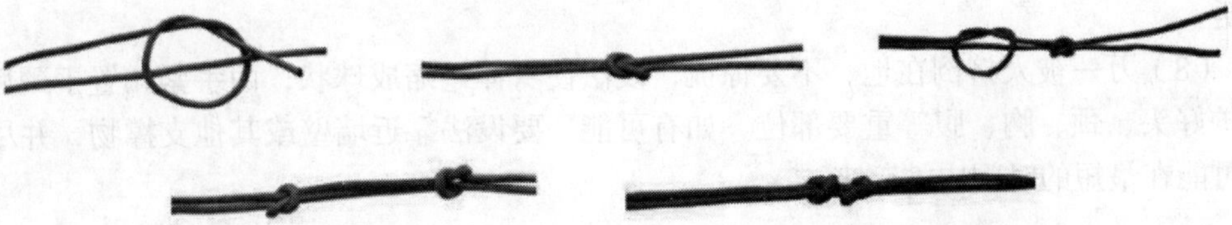

图18-2　渔人结

3. “8”字结

“8”字结的结目比单结大，适合作为固定收束或拉绳索的把手。“8”字结的打法十分简单、易记（图18–3）。它的特征在于即使两端拉得很紧，也依然可以轻松解开。在攀岩时经常用到“8”字结，在野外生活中，“8”字结具有举足轻重的作用。

图 18–3 “8”字节的打法

三、踩踏事件

踩踏事件是指在聚众集会时，因聚集人群过度拥挤，特别是在整个队伍移动时，部分人因行走或站立不稳而跌倒未能及时爬起，后面不明真相的人依然在前行，把跌倒的人踩在脚下引起的短时间内无法及时控制的混乱场面。踩踏事件是一种恶性循环导致群体性伤害的意外事件。

（一）踩踏事件的避险原则

（1）不要在人群拥挤的地方停留。

（2）在公共场所发生意外情况时，要听从工作人员指挥，有序撤离。

（3）发现慌乱人群向自己的方向涌来时，要快速躲到一旁或在附近的墙角蹲下，等人群过后再离开。

（4）一旦被卷入拥挤的人群，要保持镇静，顺人流方向走；不要弯腰提鞋、系鞋带或拾物。

（5）被人群拥着前行时，要撑开手臂放在胸前，背向前弯，形成一定的空间，以保持呼吸道畅通。

（6）在拥挤混乱的情况下，要两脚站稳，保持身体平衡，抓住身边的栏杆、柱子或看台的椅子等物。

（7）发现前面有人突然摔倒，立即停下脚步，并大声呼救，告知后面的人不要向前靠近。

（8）万一被人挤倒在地，不要惊慌，设法使身体蜷缩成球状，两手紧扣置于颈后，保护好头、颈、胸、腹等重要部位。如有可能，要设法靠近墙壁或其他支撑物，并尽一切可能在最短的时间内站起来。

(二) 应急救护原则

(1) 踩踏事故发生后，立即报警。要听从统一指挥，有序撤离。

(2) 检伤分类，先重伤后轻伤。

(3) 对呼吸、心脏骤停的患者立即实施心肺复苏术。

第四节　身体素质训练方法

一、速度素质的训练

在大学生体质测试的项目中，50米跑是一个能体现快速跑能力和反应能力的项目，是考查学生速度素质的项目。50米距离短，学生还没有加速到全速就已经过终点了，因此50米跑主要用于考查学生的起跑和加速的能力。

(一) 50 米跑的技术

50米跑的技术包括起跑技术、加速跑技术、途中跑技术和终点跑技术4个部分。

1. 起跑

(1) 动作要领：起跑预备时，两脚前后开立，惯用脚在前。两脚距离不能太大，前后一脚距离，脚左右间距与肩同宽。屈膝降重心，身体微前倾。目视身位前方2~3米的地面，注意力集中，听“跑”的口令或枪声。起跑蹬摆结合，脚蹬地和手摆臂缺一不可。

起跑和加速跑

(2) 易犯错误：注意力不集中，造成起跑慢；第一步跨出太大，出现停顿。

2. 加速跑

(1) 动作要领：起跑后，腿脚应积极下压，前脚掌着地，并迅速过渡到有力的后蹬，两臂配合两腿快速地前后摆动。加速跑初始步伐不要太大，身体前倾，不要起跑后立刻抬身或抬高重心，否则不利于加速。

(2) 易犯错误：起跑时两臂同时向后摆动，造成重心不稳；起跑后加速时上体抬起太快，摆臂无力。

3. 途中跑

(1) 动作要领：途中跑是指经起跑、加速跑后转入高速度跑的一段。50米跑的距离短，因此完成加速跑之后，途中跑的距离就非常短了。途中跑时，后蹬腿的髋关节、膝关节、踝关节要尽可能蹬直，积极送髋。摆动腿积极向前上方摆动，小腿随惯性折叠，并把同侧髋送出。头部保持正直，身体前倾。跑的动作要平稳，重心起伏要小。

(2) 易犯错误：身体重心后移形成“坐着跑”的姿势，身体上下起伏。

4. 终点跑

(1) 动作要领：终点跑可以采用直接冲刺跑过去，把终点定远5~8米，保持途中跑的高速度跑过终点，避免减速。

(2) 易犯错误：提前减速。

（二）50 米跑的辅助练习

1. 原地摆臂练习

原地摆臂练习是为向前运动提供动力和维持身体平衡的练习。

（1）动作要领：两手半握拳，肘关节弯曲成90° 角左右，肩部肌肉放松，手臂以肩关节为轴前后自然摆动，前摆时稍向内，后摆时稍向外。注意：摆臂时身体不要左右摇晃。

原地摆臂练习

（2）训练：快速摆臂15秒/组，做3~5组，组间间歇30秒。

2. 小步跑

小步跑是提高踝关节的力量、提高跑的频率的练习。

（1）动作要领：身体稍向前倾，大腿抬起与水平面成35° ~40° 角，大腿下压，小腿前伸，前脚掌着地，小步幅、快频率。

小步跑

（2）训练：①原地小步跑练习20秒/组，练习3~5组，组间间歇30秒；②10~20米行进间小步跑练习；③行进间小步跑过渡到途中跑。

3. 高抬腿

高抬腿是纠正50米跑中抬腿不高的缺点的练习。

（1）动作要领：身体稍前倾，两脚落地时，前脚掌着地，左右大腿交替抬起与地面成90° 角，前后摆臂要加快频率。

高抬腿

（2）训练：①原地高抬腿10秒/组，练习3~5组，组间间歇30秒；②15~20米行进间高抬腿；③行进间高抬腿过渡到途中跑。

4. 后蹬跑

后蹬跑是提高50米途中跑的步幅和体会后蹬，以及蹬与摆配合的练习。

（1）动作要领：上体稍前倾，支撑腿膝关节约成175° 角，大腿积极下压，小腿自然前伸，骨盆前送，积极完成“鞭打”动作，缓冲落地，两臂大幅度摆动。

后蹬跑

（2）训练：①20~30米后蹬跑；②后蹬跑过渡到途中跑。

二、立定跳远的训练

立定跳远是指不用助跑而以立定姿势开始的跳远，是集弹跳、爆发力、身体协调性和技术等于一体的运动。

（一）立定跳远的技术

完整的立定跳远动作由预摆、起跳腾空、落地组成。

1. 预摆

动作要领：两脚左右开立，与肩同宽。两臂前后摆动，前摆时，两腿伸直；后摆时，屈膝降低重心，上体稍前倾，手尽量向后摆。

预摆

2. 起跳腾空

动作要领：两脚快速有力地蹬地，踝、膝、髋依次爆发伸展，同时两臂稍屈，由后往前上方摆动，身体向前上方起跳腾空，并充分展体。头、肩、髋、膝、踝在同一条直线上，空中展体充分。

起跳腾空

3. 落地

动作要领：收腹举腿，小腿前伸，手臂前伸。落地时，把注意力集中放在前脚掌上，后脚跟先落地，然后将力量由后脚跟过渡到前脚掌，再用前脚掌扒地的力量将身体重心拉到前面来。同时，两臂用力往后摆动。

落地

(二) 立定跳远的辅助练习

1. 蹲跳起

蹲跳起可以帮助上身舒展发力，连贯的动作可以锻炼腿部股四头肌的力量和踝关节的力量。

(1) 动作要领：两脚左右开立，脚尖平行，屈膝向下深蹲或半蹲，两臂自然后摆。两腿迅速蹬伸，使髋关节、膝关节、踝关节充分伸直，同时两臂迅速有力地向前上方摆，最后用脚尖蹬离地面向上跳起。落地时用前脚掌着地，屈膝缓冲，两臂后摆，接着再跳起。

蹲跳起

(2) 训练：8~12次/组，重复3~5组。

2. 连续收腹跳

连续收腹跳锻炼核心力量和股四头肌的力量，可以帮助练习者找到落地收腹的感觉。

(1) 动作要领：两脚左右开立，跳起时上身稍向前，同时吸气，收缩腹部，膝关节尽量靠近胸部，使得身体成蜷起姿势，同时配合摆臂、呼气，前脚掌着地。

连续收腹跳

(2) 训练：8~12次/组，重复2~3组。

3. 连续蛙跳

连续蛙跳可以发展腿部整体的爆发力和髋关节的力量。

(1) 动作要领：两脚左右开立，间距与肩同宽，摆臂、收腹、下蹲协调，重心从脚跟过渡到前脚掌起跳，两手带起，45° 起跳、腾空，然后收腹，两脚前伸，手向后摆，脚跟先着地。第一次蛙跳的结束动作是第二次蛙跳的准备动作，两次蛙跳的过渡要顺畅自然。

连续蛙跳

(2) 训练：9~11次/组，完成2~3组。

三、耐力跑的训练

耐力跑是指人体在氧气供应充足的情况下长时间跑步的能力，是一项运动强度不大、持续时间较长的有氧运动，是机体与疲劳做斗争的能力。耐力跑的训练有助于学生掌握正确的耐力跑技术，发展有氧耐力，促进身心发展。下文以大学生的必测项目男生1000米跑和女生800米跑为例进行介绍。

(一) 耐力跑的动作要领

跑的过程中，头和上体正直，上体前倾，与地面的夹角约为85° 。两臂屈肘，轻松自然摆动，大腿前摆稍小，小腿自然折叠前伸，步伐均匀，保持重心平稳。跑的节奏良好，合理分配体力。同时，利用鼻和半张的口进行呼吸，注意呼吸节奏，通常采用“两三步一呼，两三步一吸”的节奏。

(二)耐力跑的训练方法

1. 持续跑

持续跑是发展耐力素质的主要练习形式。持续跑总负荷量较大，持续时间较长（不少于30分钟），没有明显间歇，强度较小且比较恒定。练习者选用适合个人运动量的均匀速度跑完全程，负荷强度控制在平均心率为130~150次/分。持续跑可在跑道、野外和公路上进行，一般采用匀速跑的方式。

2. 重复跑

重复跑是在规定的距离范围内反复跑多次，以大强度的跑速发展耐力素质，是提高跑的能力和耐力的主要手段之一。跑的距离、重复次数、每次跑完的休息时间均因人而异。重复跑常见的有男生400~600米重复跑、女生300~500米重复跑。

3. 变速跑或跑走交替

变速跑或跑走交替是一般耐力的训练，可分为快慢等段变速跑和快慢不等段变速跑。例如，100米加速跑+ 100米慢跑（走）、200米加速跑+100~200米慢跑（走）。变速跑总量一般控制在男生1600~2000米、女生1200~1500米。

4. 定时（定距）跑

定时（定距）跑主要发展一般耐力并且可被用于改进途中跑的速率感，如男生跑5~7分钟（1200~1500米）、女生跑3~5分钟（600~1000米）。

5. 间歇跑

间歇跑要求安排好距离、速度、练习量，间歇时间应较短，要在练习者体力尚未充分恢复的情况下即开始下一练习。1000米（800米）跑多采用200米、300米、400米相等或不相等的距离分段跑。跑后脉搏要求达到160~180次/分，脉搏恢复到120次/分左右，即开始下一次快跑。重复次数和组数按心率调整。

(三)耐力跑的心理训练

近年来，很多高校学生对1000米（800米）跑都表现出畏惧心理及厌恶情绪，究其原因主要有生理和心理两个方面。其中，生理原因如惧怕在中长跑测试过程中出现呼吸急促、胸闷气短、体乏无力、恶心难受的现象。心理原因如测试前的焦虑导致心理能量消耗大，造成心理上极大的疲劳。对此，教师可以进行如下引导：让学生理解1000米（800米）跑的生理特性，增强学生克服艰难的自信心。在1000米（800米）跑的过程中，人会出现让身体不适应的生理现象，特别是让学生失去信心的极点现象。教师应及时给学生解释极点现象的发作缘由、时间、过程，让学生理解1000米（800米）跑的生理特性。这将有利于学生克服对这一项目的恐惧，并坚定他们锻炼的动力。教师要鼓励学生用正确的方法加强锻炼，通过积极的体育思想教育，激发学生参加锻炼的积极性。

四、柔韧素质的训练

柔韧素质是指人体关节在不同方向上的运动能力，以及肌肉、韧带的伸展能力。坐位体前屈就属于柔韧素质的范畴。坐位体前屈是测试人体在静止状态下的躯干、髋等关节可达到的活动幅度，主要反映这些部位关节、韧带、肌肉的伸展性和弹性，以及身体柔韧素质的发展水平。

（一）坐位体前屈技巧

坐位体前屈技巧

（1）测试前一定要充分做好准备活动，重点是拉伸身体的后侧肌肉和韧带，始终保持身体肌肉有一定热度，尽量拉伸腰部。在两腿伸直的情况下身体前倾，同时伸展手臂，低头挺胸。训练时，配合深呼吸有利于韧带拉伸。

（2）使腹部慢慢靠近大腿，不要拱背。

（二）坐位体前屈的训练方法

1. 站位体前屈

站位体前屈

动作要领：两腿并立，腰、背部放松，上体前屈，两手下垂，尽量触地，上体与腿尽量贴近。加振动做体前屈，也可两手扶小腿后部做。4个8拍后，保持动作最大幅度15秒。

2. 盘坐体前屈

盘坐体前屈

动作要领：两腿屈膝盘坐，两脚掌相对，两手握住两脚，上体前屈，复原姿势后连续再做。4个8拍后，保持动作最大幅度15秒。

3. 直膝分腿坐压腿

直膝分腿坐压腿

动作要领：两腿尽量左右分开，坐在垫子上，两手体前扶地，从腿内侧去抓住两腿脚踝，重复3~5次，然后呼气、转体，上体前倾贴于一侧腿上，两手扶在身体前倾一侧腿的踝关节前部，两腿和腰部充分伸展。

4. 两手对拉法

两手对拉法

动作要领：两人面对面、脚对脚坐，两腿并拢伸直，两手互握。练习时，手拉手弹性屈伸，以达到加大弹性屈伸范围的目的。4个8拍后，可静力性拉伸10~15秒。要求：挺胸塌腰，不能用力过猛。

5. 站立压腿法

站立压腿法

动作要领：在高台前，一只脚放在高台上，另一侧腿支撑地面，呼气，两腿膝关节伸直，髋关节正对高台。上体前倾，贴近高台上大腿上部，两手扶踝关节，动力拉伸4个8 拍后，静止拉伸15~20秒，然后两腿交换练习。要求：伸展两腿，动作幅度尽量大。

6. 坐位压腿法

坐位压腿法

动作要领：两脚并拢，膝关节伸直，脚尖勾回，身体前扑，加振动用两手去抓两脚脚尖或两脚前脚掌。4个8拍后，保持动作最大幅度15秒。

进行坐位体前屈练习时不要急于求成，应循序渐进、由易到难、持之以恒、逐步提高。

五、力量素质的训练

仰卧起坐和引体向上分别是女大学生和男大学生身体素质的必测项目。

(一)仰卧起坐的训练

(1)仰卧起坐的正确动作。

身体仰卧于垫子上，两肩着地，两腿稍分开，屈膝成90° 左右的角，两手指交叉贴于脑后。由同伴压住踝关节，以固定下肢。坐起时两肘触及或超过两膝为完成一次，仰卧时两肩胛触垫。

(2)仰卧起坐的易犯错误。

① 两手未交叉于脑后。

② 两肘未触及膝关节。

③ 两肩未触垫。

④ 臀部借力，离开垫子。

⑤ 身体歪斜，错位借力。

(3)仰卧起坐的训练方法。

① 靠墙辅助练习。该方法适合基础薄弱的学生。将书包或枕头靠在墙上，制造斜坡，进行小幅度练习，感受腹部发力。

② 借力辅助练习。该方法借助手上的拉力来完成。动作要求：以腰腹力量为主，以手部借力为辅。(练习者抓住自己的裤子起身)

③ 两人合作拉手练习。该方法借助同伴的拉力来完成。动作要求：以腰腹力量为主，以手部借力为辅。

④ 两人合作拉手+击掌(拍肩)练习。该方法要求起身后与同伴击掌或拍同伴两肩，初步体会放手后腰腹部发力的感觉，增加练习的趣味性。

⑤ 两人合作抛接球练习。该方法要求同伴将球经过两腿传递给练习者，练习者接球后核心部位收紧，起身后迅速将球传回同伴。该动作可提高核心发力、提高腰腹力量。

(4)训练量：15~20次/组，完成3~5组。

(二)引体向上的训练

引体向上指依靠自身力量克服自身体重向上做功的垂吊练习。引体向上主要测试上肢肌肉力量和腰腹力量的发展水平，是衡量男性体质的重要项目之一。

(1)引体向上的标准动作。

学生两手正握杠，间距略比肩宽，发力拉起过程中不允许突然发力或身体摆动，上拉至下颌过杆，再下垂至手臂伸直。

(2)引体向上的训练方法。

① 澳式引体，也称反向划船。要求：挺胸，核心部位收紧，不要塌腰，有控制地下放至手肘微屈，不要过分伸直。训练：20个/组，重复3~5组。

② 引体维持。不要耸肩，核心收紧，上拉维持的时间尽可能久一点，慢慢放下，保持持续发力，最大限度地刺激肌肉。训练：10秒/组，重复2~3组。

③ 反手半程引体。反手握杠，上拉要求不变，下放至手肘弯曲90° 。训练：6个/组，重复2~3组。

④ 阻力带辅助引体。挺胸，核心收紧，慢放。训练：10个/组，重复2~3组。

⑤ 正握半程引体。上拉要求不变，下放至手肘弯曲90° 。训练：3~5个/组，重复

2~3组。

⑥离心引体向上，跳起向上引体。训练：8个/组，重复2~3组。

练习者可选一种或几种自己感觉舒服的方法进行练习，1周练习5天，休息2天，循序渐进，过渡到常规的引体向上。

拓展阅读

速度素质的训练

1. 提高动作速度的训练

大脑皮质神经过程的灵活性是实现高频动作的关键因素。为了改善和提高神经系统的灵活性，可变换各种刺激信号让练习者及时对其做出反应，也可以做各种高频率动作的练习，如牵引跑等。这些练习均可提高神经过程的灵活性，使练习者在不缩短步长的情况下发展步频，提高动作速度。

2. 发展磷酸原系统的供能能力

速度性练习是强度大、时间短的无氧训练，主要依靠磷酸原系统供能。因此，速度训练应着重发展磷酸原系统的供能能力。一般常用的方法是重复训练法。一般常用30~60米或10秒以内的短距离反复疾跑来发展磷酸原系统的供能能力。

3. 提高肌肉的放松能力

肌肉的放松能力对提高速度素质具有重要的意义。研究表明，肌肉放松练习对力量素质及速度素质的发展都有良好的作用。这种练习不仅有利于减少肌肉收缩时的阻力，而且有利于三磷酸腺苷的再合成及速度素质的提高。

4. 发展腿部力量

腿部力量对发展步长是十分重要的。腿部力量除利用杠铃等举重器械进行训练外，还可通过蛙跳、单腿连续跳、上坡跑及负重跑等方式进行训练。

思考与练习

1. 简述“体育与生存”课程的意义。
2. 简述心肺复苏的步骤。
3. 简述50米跑技术。
4. 简述立定跳远技术。
5. 简述耐力跑的训练方法。
6. 简述坐位体前屈的训练方法。
7. 简述引体向上的训练方法。

参考文献

References

[1] 邓树勋,陈小蓉 . 现代大学体育理论教程[M]. 广州：广东高等教育出版社,2006.

[2] 孙麒麟,顾圣益 . 体育与健康教程[M].5 版 . 北京：高等教育出版社,2013.

[3] 王健,何玉秀 . 健康体适能[M]. 北京：高等教育出版社,2010.

[4] 朱国权,陈雪红,吕金江,等 . 大学体育教程[M]. 北京：北京师范大学出版社,2007.

[5] 甄子会 . 大学现代体育[M]. 北京：高等教育出版社,2010.

[6] 季建成,邬燕红,王晓东 . 安全教育与正当防卫[M]. 杭州：浙江大学出版社,2006.

[7] 李文川 . 体育运动与科学健身[M]. 上海：上海交通大学出版社,2018.

[8] 王海京 . 救护员[M]. 北京：人民卫生出版社,2015.

[9] 马虹 . 陈式太极拳拳照图谱[M].2 版 . 北京：北京体育大学出版社,2008.

[10] 黄康辉,李小明 . 陈式太极拳简化练法[M]. 北京：北京体育大学出版社,2001.

[11] 全国体育院校教材委员会 . 排球运动[M]. 北京：人民体育出版社,1999.

[12] 常智,李善华,欧阳林 . 排球[M]. 桂林：广西师范大学出版社,2003.

[13] 连道明 . 软式排球运动[M]. 北京：人民体育出版社,2002.

[14] 葛春林 . 我国少年排球运动员智能特征的研究[M]. 北京：北京体育大学出版社,2003.

[15] 陈晋云 . 排球训练研究[M]. 太原：山西人民出版社,2001.

[16] 俞继英 . 奥林匹克排球[M]. 北京：人民体育出版社,2001.

[17] 黄心川 . 印度哲学史[M]. 北京：商务印书馆,1989.

[18] 高谊 . 普通高校体育与健康教程[M]. 天津：南开大学出版社,2016.

[19] 苏煜,尹博 . 极限飞盘运动[M]. 北京：北京体育大学出版社,2009.

[20] 林晓海 . 瑜伽经典教程[M]. 北京：中国纺织出版社,2007.

[21] 李育林,李亚楠 . 啦啦操运动[M]. 北京：高等教育出版社,2021.

[22] 武杰,刘凯,叶佳春 . 大学体育与健康 [M]. 北京：教育科学出版社,2015.

[23] 林仲华 . 普通高校网球教学中的步法训练探讨 [J]. 湖北体育科技,2009,28(4):466-467.

[24] 万鹏,赵欣,熊德 . 健身理论与实践教程 [M]. 四川：电子科技大学出版社,2022.